Unbekannte Helden der Weltgeschichte

Helge Hesse

Unbekannte Helden
der Weltgeschichte

1. Auflage 2009

© Eichborn AG, Frankfurt am Main, September 2009
Umschlaggestaltung: Christina Hucke
Motiv: Diego Velázquez,
Die Übergabe von Breda (Ausschnitt), © ullsteinbild
Lektorat: Dr. Barbara Werner van Benthem
Ausstattung, Typografie: Tania Poppe
Satz: Fotosatz Reinhard Amann, Aichstetten
Druck und Bindung: CPI – Clausen & Bosse, Leck
ISBN 978-3-8218-5710-7

FSC
Mix
Produktgruppe aus vorbildlich
bewirtschafteten Wäldern und
anderen kontrollierten Herkünften

Zert.-Nr. GFA-COC-001223
www.fsc.org
© 1996 Forest Stewardship Council

Eichborn Verlag, Kaiserstraße 66, 60329 Frankfurt am Main
Mehr Informationen zu Büchern und Hörbüchern aus dem Eichborn
Verlag finden Sie unter www.eichborn.de

Inhalt

Inhalt

Inhalt

Zu diesem Buch

In manchen Momenten der Weltgeschichte betraten Menschen die Bühne der Ereignisse, deren Namen selten in einem Geschichtsbuch oder in einem Lexikon zu finden sind, die aber bemerkenswerte Dinge taten, atemberaubende Abenteuer erlebten oder solch außergewöhnliche Schicksale zu meistern hatten, dass es ein Muss ist, von ihnen zu erzählen. Das will dieses Buch tun.

Wessen Geschichte es schließlich war, die mich auf die Idee brachte, über unbekannte Helden der Weltgeschichte zu erzählen, kann ich nicht sagen. Ich weiß nur: Bei Nachforschungen zu meinen bisherigen Büchern begegneten mir immer wieder ganz besondere Menschen, deren Erlebnisse mich fesselten und die ich dennoch nicht kannte. Ging ich ihren Schicksalen nach, war ich gebannt, verblüfft, schockiert, berührt.

Welche historische Rolle jeder einzelne Held dieses Buches spielte, ist verschieden. Sie waren Zeugen oder Akteure. Die einen riss ohne ihr Zutun der Sturm der Ereignisse mit, andere wiederum trieb die Abenteuerlust, der Ehrgeiz, der Kampf für Gerechtigkeit oder die Aussicht auf Reichtum. Sie handelten mutig, anpackend, stoisch oder ausdauernd.

Einige der Protagonisten sind in gewissem Sinne keine Helden, weil sie zum Teil verwerfliche Dinge taten, sich einer zumindest fragwürdigen Sache verschrieben oder in ihrer Beharrlichkeit zu weit gingen. Sie sind es dann aber wieder doch, weil sie auf besondere Weise handelten, sich in schwierigen Momenten außergewöhnlich tapfer zeigten, ungewöhnliche Kräfte entwickelten oder sich gegen alle Hemmnisse beharrlich treu blieben. Mancher Held indes fand seinen Weg in dieses Buch, weil er zu-

fällig zu einem bestimmten Zeitpunkt der Geschichte im Mittelpunkt der Ereignisse stand oder ihm eine schicksalhafte Funktion zufiel, er, wie es so schön heißt, zur richtigen Zeit am richtigen Ort war.

So begegnen wir auf den nachfolgenden Seiten vielen Arten
von Helden: den strahlenden, den zweifelhaften, den zufälligen
oder auch den tragischen Helden. Und so sind die Menschen,
von denen hier erzählt wird, Spiegelbilder der sehr unterschied-
lichen und manchmal überdenkenswerten eigenen Vorstellungen, die wir uns von einem Helden machen.

Noch eine Frage ist vorab zu klären. Sind die Helden in diesem Buch tatsächlich unbekannt? Machen Sie selbst den Test.
Gehen Sie die Namen im Inhaltsverzeichnis durch und prüfen
Sie, wer Ihnen schon einmal begegnet ist. Was mich betrifft, ich
kannte zuvor nur einen: Xenophon – und diesen allerdings von
einer ganz anderen Seite.

Natürlich ist der ein oder andere Held manchem Leser schon
vertraut. So wird derjenige, der sich intensiv mit dem Amerikanischen Bürgerkrieg auseinandergesetzt hat, vermutlich die Geschichte von Wilmer McLean ansatzweise kennen. Ein Fachmann
für Piraterie wird schon einmal dem Namen Samuel Bellamy begegnet sein. Eleonore Prochaska ist in Potsdam alles andere als
unbekannt. Kaum ein Kind in den USA kennt nicht Harriet Tubman, in Polen ist Witold Pilecki ein Held.

Letztlich aber hält dieses Buch für jeden Leser neue, über-
raschende Dinge und faszinierende Charaktere bereit. So mag
man ein ausgewiesener Kenner der Geschehnisse des Zweiten
Weltkriegs sein, aber vom Schicksal des Friedrich Lengfeld dennoch nichts gehört haben. Mancher, der viel über Englands Könige weiß, wird womöglich noch nie etwas von den Taten König
Raedwalds gehört haben, ebenso wie vom Schicksal der Lady
Jane Grey.

Doch nun genug der Vorrede. Ich wünsche Ihnen ein spannen-
des Lesevergnügen und bin überzeugt, wer dieses Buch gelesen
hat, wird etwas zu erzählen haben.

1. Xenophon – Der Philosoph, der die Söldner führte

»Es befand sich im Heer ein gewisser Xenophon aus Athen …«

So lässt der griechische Historiker und Philosoph sich selbst mitten in den dramatischen Schilderungen seines Buches *Anabasis* plötzlich eine Hauptrolle übernehmen und damit in die Weltgeschichte eintreten.

Anabasis, der Titel von Xenophons Bericht, bedeutet so viel wie »Hinaufmarsch« und schildert, wie ein Heer griechischer Söldner im Jahr 401 v. Chr. auszog, in Kleinasien die Barbaren zu befrieden. So hatte es der persische Prinz Kyros den Männern gesagt, als er sie anwarb. Doch was kaum einer wusste: Kyros führte weit anderes im Schilde und – sein Plan führte in die Katastrophe.

Nun war Kyros tot und mit ihm die meisten seiner Heerführer und Unterführer, die Strategen und Lochagen. Zurück blieb ein Heer von 10 000 griechischen Söldnern, führerlos, verzweifelt, fern der Heimat in Feindesland.

In diesem Augenblick schlug die Stunde des Xenophon.

»Im Ganzen ein vortrefflicher Mensch«

Die Welt des antiken Griechenland brachte viele große Geister hervor, doch vor die Aufgabe gestellt, eine Liste berühmter Namen jener Epoche zusammenzustellen, wird wohl nur wenigen Xenophon einfallen. Dabei führt nahezu jedes Lexikon seinen Namen. In Büchern über die antike griechische Geschichte und Philosophie fehlt er ebenso wenig. Lesen wir dann aber über ihn, vermittelt sich oft das Bild eines Mannes, dem man einen Platz in der ersten Reihe nicht so recht zugestehen will.

Die Beschreibungen über ihn verkneifen sich selten abschätzige Bemerkungen. Xenophon sei eben kein solch brillanter Denker wie sein Lehrer Sokrates oder sein Mitschüler Platon gewesen. Seine Schriften zur griechischen Geschichte, die die berühmten Arbeiten des Thukydides fortführten, lässt mancher Autor wissen, reichten in ihrer Qualität nicht im Geringsten an seinen Vorgänger heran. Zweifellos überragten ihn einige seiner Zeitgenossen auf dem einen oder anderen Gebiet, doch viele, die ihn beurteilen, erfassen nicht den Umfang und die Vielschichtigkeit seines Werks. Xenophons Persönlichkeit und seine Lebensleistung sind beeindruckend, und wäre es damals schon möglich gewesen, Filmaufnahmen zu machen, er wäre heute auch von seinem Erscheinungsbild einer der bekanntesten und schillerndsten der »alten Griechen«. Xenophon war nicht nur ein heller Kopf und wusste sich auszudrücken. Als »bescheiden und von äußerst vorteilhaftem Aussehen« beschrieb ihn Diogenes Laertios, der frühe Biograf der griechischen antiken Denker, und er urteilte: »Im Ganzen war er ein vortrefflicher Mensch.«

Xenophon umgab die Aura des schönen Abenteurers, eines klugen, aber unberechenbaren Bruder Leichtfuß. Der Athener traf manche Lebensentscheidung, die in seiner Heimat nicht wohlgelitten war. Er machte keinen Hehl aus seiner Sympathie für die Lebensweise der verfeindeten Spartaner, schloss sich ihnen später sogar an. Und weil er sich eben nicht nur in beschaulichen Säulengängen der Weltweisheit hingab, sondern in der Fremde nach den Herausforderungen des Lebens suchte, trug er selbst dazu bei, sich nicht unbedingt in den Ruf zu setzen, ein nur dem Denken verpflichteter Mensch und tiefschürfender Philosoph zu sein.

Sein Vater war wohlhabend und gehörte dem attischen Ritterstand an. Als Xenophon um 430 v. Chr. geboren wurde, ging die Blütezeit des demokratischen Athen unter schlimmen inneren und äußeren Umständen zu Ende. Die Stadt hatte sich im Jahr zuvor in einen Krieg mit dem rivalisierenden Sparta verstrickt.

Der große Politiker Perikles, dem Athen ein goldenes Zeitalter verdankte, führte die Bürger der Stadt in den Kampf.

Kriege waren in der Welt der antiken Griechen an der Tagesordnung: Belagerung, Besetzung, Vergeltung, Tribute, Versklavung. All dies waren auch die Instrumentarien der Machtentfaltung. Athen spielte die Klaviatur ebenso virtuos wie der Rivale Sparta. Doch der Peloponnesische Krieg änderte alles. Er dauerte 27 Jahre. Die Spartaner erschienen im ersten Kriegsjahr vor Athen, verwüsteten die Ernte und zogen sich wieder zurück. Im Jahr darauf brandschatzten sie aufs Neue. Nicht genug der Not, brach in Athen eine pestähnliche Seuche aus, die bis zu Xenophons Geburt etwa ein Drittel der Bevölkerung dahinraffte. Eines der Opfer war Perikles. Seine Strategie, sich hinter den Mauern der Stadt zu verschanzen und den offenen Landkrieg gegen die Spartaner zu meiden, war nicht aufgegangen.

In den Gräueln des Krieges ging die große Zeit Athens dahin, während auf dem Burgberg der Stadt, der Akropolis, gerade erst der Parthenon und die Propyläen errichtet worden waren. Der Peloponnesische Krieg endete 404 v. Chr. mit der Niederlage Athens. Von da an war die griechische Welt eine andere.

Der Stock des Sokrates

Dies war die Zeit, in der Xenophon aufwuchs. Der Jüngling übte sich in sportlichen und militärischen Dingen und frönte den Zerstreuungen der Jugend. Trinkgelage, Ringkämpfe und Wettspiele bestimmten seinen Tagesablauf.

Doch dann, eines Tages im Jahr 404 v. Chr., versperrte ihm Sokrates in einer Gasse mit einem Stock den Weg.

»Weißt du, wo man am besten etwas zu essen kauft?«, fragte der Denker.

»Auf dem Markt«, antwortete Xenophon.

»Und weißt du«, fragte Sokrates weiter, »wo die Menschen gut werden?«

Xenophon verneinte.

»Dann folge mir und lerne.«

So reihte Xenophon sich in die Riege der außergewöhnlichen Schülerschar des Sokrates ein, in der neben Platon auch andere namhafte Philosophen wie Phaidon, Aristippos, Antisthenes, Aischines und Euklid zu finden sind und von denen einige wiederum selbst philosophische Schulen gründeten. In den nächsten drei Jahren begleitete er den großen Philosophen auf dessen Spaziergängen, aß, trank, diskutierte mit ihm. Der Jüngling, der Sokrates auf dem von Raffael gemalten Fresko *Die Schule von Athen* versonnen zuhört, soll ihn darstellen.

Doch anders als seine Mitschüler, die sich ganz und gar dem Denken verschrieben, reizte den jungen Athener nicht nur die Welt der Gedanken, das Erlebnis im Kopf, sondern das Leben selbst. Xenophon suchte das Abenteuer.

In jenen Tagen, da er auf Sokrates traf und für Athen der Peloponnesische Krieg verloren ging, riss im August 403 v. Chr., unterstützt von dem siegreichen spartanischen Feldherrn Lysander, eine Gruppe wohlhabender Männer die Macht in dem Stadtstaat an sich. Die Herrschaft dieser »Dreißig Tyrannen« entwickelte sich rasch zu einem Terrorregime. Um ihre Macht zu festigen und sich zu bereichern, ließen sie wohlhabende und einflussreiche Athener töten. Zum Glück verloren sie im März des darauffolgenden Jahres ihre Macht. Doch Athen lag danieder.

Da empfing Xenophon 401 v. Chr. von seinem Freund Proxenos die Einladung, ihn im kleinasiatischen Sardes zu besuchen. Proxenos stand in den Diensten des Kyros und versprach, ihn mit dem persischen Prinzen bekannt zu machen. Das Angebot klang verlockend. Xenophon fragte Sokrates um Rat. Sollte er reisen und den Kontakt mit Kyros suchen? Kyros war der Zweitgeborene im persischen Herrscherhaus und es kursierten Gerüchte, er wolle seinem älteren Bruder Artaxerxes die Königswürde entreißen. Der hatte den Thron des mächtigen Perserreiches geerbt, obwohl er vermeintlich sehr viel weniger geeignet war.

Sokrates gab zu bedenken, man könne es seinem Schüler in Athen übel nehmen, sollte er in die Dienste des persischen Erbfeindes treten. Doch Xenophon wischte das Argument beiseite:

Auch die Athener hätten während des Krieges bereitwillig Geld von den Persern genommen! Letztlich konnte Sokrates sich nicht dazu durchringen, seinem Schüler zu- oder abzuraten. Daher empfahl er ihm, das Orakel in Delphi aufzusuchen und Apollon, den Weisesten der Götter, zu befragen.

Also machte sich Xenophon auf die Reise. Doch ehe er Delphi erreichte, stand sein Entschluss bereits fest. Er wollte in die Dienste von Kyros treten. So stellte er dem Orakel eine ganz andere Frage: Zu welchen Göttern müsse er denn beten, damit die Reise auf jeden Fall glücklich verliefe? Dann kehrte er zu Sokrates zurück. Der war über Xenophons Vorgehen verärgert, doch da er aber nun mal so gefragt habe wie geschehen, solle er eben reisen und auf die Antwort des Orakels vertrauen.

Xenophon segelte nach Sardes und traf dort auf Proxenos und Kyros. Der Prinz sammelte ein Söldnerheer für einen Feldzug in Kleinasien und stellte allen, die sich ihm anschlossen, hohen Lohn in Aussicht. Xenophon erklärte er, es ginge um eine Expedition gegen den aufständischen Stamm der Pisider. Ob er ihn begleiten wolle? Der Abenteuerhungrige zögerte nicht lange und trat als Berichterstatter, nicht als Soldat, in das Heer ein.

»Sehen sie euch mutlos, werden sie alle feige sein«

So zog das viele Tausend Mann starke Heer los, das sich aus griechischen Söldnern und Hilfstruppen aus allerlei Städten und Gebieten zusammensetzte, die unter Kyros' Herrschaft standen oder mit ihm verbündet waren. Bald stellte sich heraus, dass der Perserprinz ganz andere Pläne verfolgte. Nicht gegen die barbarischen Pisider wollte er ziehen, sondern gegen seinen Bruder und ihm die Herrschaft über das Perserreich entreißen. Die Söldner und Xenophon nahmen es hin. Die einen blieben aus Stolz, die anderen wegen des in Aussicht gestellten Lohns. So ließen sie Kleinasien hinter sich und zogen weiter durch Syrien und Mesopotamien.

Bei Kunaxa am Euphrat unweit von Babylon traf Kyros' Heer

auf die königlichen Truppen des Artaxerxes. Zwar gewannen die griechischen Söldner die Schlacht, doch standen sie am Ende als die eigentlichen Verlierer da. Denn Kyros war gefallen. Er hatte im Schlachtgetümmel seinen Bruder entdeckt und war mit seinen treuesten Kämpfern und Begleitern kurz entschlossen auf ihn zugestürmt. Würde er Artaxerxes töten, wären Schlacht und Krieg entschieden und das Reich sein! Doch es war Kyros, der fiel. Als er seinen Bruder durch einen Hieb gegen dessen Panzerung verletzte, traf ihn im gleichen Moment eine Lanze unter dem Auge. Der Kampf ging noch für Augenblicke weiter, dann kam der Tod. Die Treuesten von Kyros' Gefolge lagen neben ihrem gefallenen Herrn im Staub. Kyros' Kopf und die rechte Hand wurden abgehackt und aufgespießt.

So sah sich das siegreiche Heer führungslos mitten im Herzen des Feindeslands. In dieser Situation nahmen die griechischen Anführer und Unterfeldherren, die Strategen und Lochagen ein Verhandlungsangebot des Artaxerxes an und ritten in großer Zahl in dessen Lager. Dort allerdings erwartete sie Verrat. Sie wurden gefangen genommen und ermordet, auch Proxenos.

Xenophon wusste, führungslos, wie sie nun waren, drohte den Söldnern der sichere Tod. Nach einer Nacht, in der er kaum Schlaf gefunden hatte, trat er am Morgen vor einen Teil der ratlos auf dem Feld kauernden Schar und hob zu einer flammenden Rede an. Eindringlich sprach er ihnen Mut zu und drängte sie, den Kampf aufzunehmen. Ihr habt bewiesen, wie stark ihr seid! Habt Vertrauen in euch! Das Land sei reich und würde sie ernähren. Daher auf in den Kampf! Denn Verhandlungen mit Artaxerxes könne und dürfe es nun nicht mehr geben!

Xenophons Rede verfehlte ihr Wirkung nicht. Die letzten noch lebenden Strategen und Lochagen kamen zusammen und lauschten gebannt dem jungen Mann, der wohlgemerkt nicht als Soldat mit ihnen in das feindliche Land gezogen war. Gerade jetzt, rief er ihnen zu, sei es wichtig, Führung zu zeigen. Mit Mut und Zuversicht könnten sie sich und die Soldaten aus der verzweifelten Lage befreien!

»Sehen sie euch mutlos, werden sie alle feige sein.«

Beeindruckt von Xenophons Rede und Auftreten wählten ihn die Griechen zum Nachfolger seines getöteten Freundes Proxenos und damit zu einem ihrer neuen Führer. Mit Cheirisophos bildete er nun so etwas wie eine zweiköpfige Führungsspitze.

Am darauffolgenden Tag trat Xenophon in glänzender Rüstung vor die Soldner und teilte den Männern seinen Rettungsplan mit. Um schneller voranzukommen, sollten sie Wagen und Zelte zurücklassen. Für den Schutz des Trosses während des Marsches würde ein um diesen gebildetes Viereck bewaffneter Krieger sorgen. Der Weg des Heeres müsse an Ortschaften vorbeiführen, in denen man Lebensmittel holen oder erbeuten könne. Noch einmal mahnte er die neuen Anführer des Heeres, viel umsichtiger zu sein als ihre Vorgänger. Auch beschwor er die Disziplin jedes einzelnen Söldners. Als Xenophon die Soldaten um die Billigung seiner Vorschläge bat, hoben sie zustimmend ihre Hände. Dann brachen sie auf.

Schon bald wurde der Zug von Verbündeten des Artaxerxes unter Führung von Mithradates und Tissaphernes angegriffen – und sie blieben den Söldnern auf den Fersen.

Xenophon erkannte rasch, dass sie ihre Bewaffnung und Kampforganisation ändern mussten, wollte das Heer überleben. Sie benötigten Pferde, um dem Feind nachsetzen zu können, und Waffen, mit denen sie über die Entfernung kämpfen konnten. Daher ließ Xenophon Transportpferde aus dem Tross herausnehmen und fortan als Kavalleriepferde nutzen. Söldner aus Rhodos, die sich auf das Herstellen von Bleischleudern verstanden, wies er an, möglichst viele davon herzustellen. Vor allem die Schleudern erwiesen sich rasch als sehr erfolgreich, sie hielten sogar die persischen Bogenschützen auf Distanz.

Der Zug der Zehntausend

Die Perser griffen tagsüber an, wenn die Griechen marschierten, und lagerten nachts in sicherer Entfernung. Trotz aller feindlichen Attacken kamen die Griechen voran, wenn auch unter großen Verlusten. Immer mehr Verletzte und deren Waffen mussten getragen werden. Das Heer mühte sich nun durch die steil zum Tigris abfallenden Karduchenberge nach Armenien. Der Marsch geriet zu einem ständigen Wettlauf mit den feindlichen Kämpfern: Perser, ihre Verbündeten oder Krieger der Völker, deren Land sie gerade durchzogen. Immer wieder griffen sie den langen Zug der griechischen Söldner an, bevorzugt in Schluchten und an verengten Wegen. Fortwährend galt es, die Höhen von Bergen und Hügeln früher zu besetzen als der Feind.

Das Heer erreichte Westarmenien. Starker Schneefall machte ihnen zu schaffen, und bald sahen sie, dass Tiribazos, der dortige Statthalter des Großkönigs Artaxerxes, ihnen mit einem Heer folgte, obwohl er den ungehinderten Durchzug versprochen hatte. Sie durchschritten den Euphrat, dessen Quellen nicht weit sein sollten. Im tiefen Schnee starben des Nachts Tiere und Soldaten. Die erschöpften und frierenden Söldner zogen weiter, raubten Vorräte in den Dörfern und nahmen dort auch immer wieder Wegführer mit. Dann kamen sie in eine Gegend, wo die Menschen nur in Festungen lebten. Um an Nahrung zu kommen, mussten sie eines dieser Bollwerke erobern. Als dies gelang, stürzten sich die Bewohner von den Mauern in die Tiefe und in den Tod.

Der entbehrungsreiche Marsch dauerte schon Wochen und noch immer waren sie den Angriffen des Feindes ausgesetzt. Da erklomm die Vorhut eines Tages eine Hügelkette, und als die Soldaten oben angelangt waren, erhob sich Geschrei. Xenophon marschierte in der Gruppe der nachrückenden Soldaten und hatte gerade erst den Fuß des Hügels erreicht. Sofort befürchtete er, der Feind greife nun auch von vorne an. Die immer lauter werdenden Rufe schienen seine Befürchtung zu bestätigen.

Er sprang auf ein Pferd, um den Bedrängten mit anderen Reitern zu Hilfe zu eilen. Doch auf dem Weg zur Hügelspitze konnte er heraushören, was die Soldaten sich zuriefen und nach hinten weitergaben:

»Thalatta! Thalatta!«

»Das Meer! Das Meer!«

Endlich! Die ganze Armee geriet in Bewegung, die Soldaten zerrten die Maultiere den Hügel hinauf. Auf dem Kamm angekommen, sahen sie als Dunststreifen am Horizont das Meer. Sie fielen sich in die Arme und die Tränen liefen ihre Wangen hinab. Das Meer! Xenophon hatte sie zum erlösenden Meer geführt! Die nächste griechische Siedlung war nun nicht mehr weit. Nach kurzem Marsch erreichten sie die Stadt Trapezunt, das heutige Trabzon. Die Söldner waren in Sicherheit. Und der Sokrates-Schüler, der nie nur ein Philosoph sein wollte, hatte sie mit Mut, Umsicht und Geschick dorthin geführt. Die Griechen opferten den Göttern und hielten zu deren Ehren Wettkämpfe ab.

Wie ging es weiter? Cheirisophos schlug vor, Schiffe zu besorgen, die das Heer nach Hause brachten. Xenophon aber befürchtete, dass nun, da man nicht mehr unter ständiger Bedrohung marschierte, die Disziplin verloren gehe und das Heer zerfalle. Vielleicht würde Cheirisophos nicht genug Schiffe besorgen können. Man solle daher auch im Umland Nahrung beschaffen und zugleich auch möglichst viele Schiffe vor Ort in die Hand bekommen.

Die Tage zogen ins Land, die Söldner plünderten und Cheirisophos ließ mit den erhofften Schiffen auf sich warten. Schließlich beschloss das Heer, ohne ihn aufzubrechen und den Weg die Küste entlang – es ist die heutige Nordküste der Türkei am Schwarzen Meer – nach Westen zu nehmen. Die kranken, alten und verletzten Söldner wurden mit den Dirnen im Tross auf die wenigen Schiffe gebracht, die man bis dahin hatte erbeuten können. In Sinope stieß dann endlich auch Cheirisophos zu ihnen – mit nur einem Schiff. Xenophons Skepsis hatte sich als klug und angemessen erwiesen.

Die nächste Etappe sollte die Griechen nach Herakleia, ins heutige Ereğli, führen. Aber zuvor wollten die Soldaten des Söldnerheeres, das nun schon seit vielen Monaten wie eine wandelnde Demokratie geführt worden war, einen einzigen Führer wählen. Die Söldner schlugen Xenophon vor. Der war geschmeichelt und auch versucht anzunehmen, allerdings auch unsicher.

Sollte er tatsächlich die alleinige Verantwortung tragen? Xenophon befragte die Götter. Und die gaben ihm, wie er sagte, eindeutige Zeichen. Er beschloss, das Amt nicht anzunehmen. Also wählten die Söldner Cheirisophos.

Als sie nun zu Schiff nach Herakleia aufbrachen, geschah das, was Xenophon befürchtet hatte: Das Heer zerfiel und spaltete sich in drei Gruppen, die auf verschiedenen Wegen ihr Glück suchten. Xenophon stand an der Spitze von etwa 2000 Kriegern und fuhr mit ihnen an die Grenze Thrakiens, dem Land an der europäischen Küste des Schwarzen Meeres, das heute zu Bulgarien, Griechenland und der Türkei gehört. In Kalpe trafen die Heeresgruppen wieder zusammen. Cheirisophos hatte derweil durch ein Fieber den Tod gefunden.

Ein Jahr und drei Monate war das Söldnerheer nun unterwegs und noch immer nicht am Ziel. In Byzanz schloss Xenophon nach einigen Kämpfen und Verhandlungen mit spartanischen Vertretern der Gegend für sein Heer einen Söldnervertrag mit dem thrakischen Fürsten Seuthes. Doch Seuthes betrog sie um den versprochenen Sold und Xenophon führte die Söldner wieder zurück nach Kleinasien. Dort übergab er im Jahr 399 v. Chr. in Pergamon seine verbliebenen 6000 Männer an den spartanischen Feldherren Thibron, der diese in Dienst und Sold nahm. Xenophon selbst, der Athener, gehörte nur drei Jahre darauf dem Stab König Agesilaos II. von Sparta an, der zu jener Zeit in Kleinasien Krieg führte. Die beiden knüpften eine enge Freundschaft, und als Xenophon schließlich in die griechische Heimat zurückkehrte, tat er das an der Seite des Agesilaos. Anlass war der Korinthische Krieg, der von 395 bis 387 v. Chr. tobte. Sparta kämpfte gegen eine Koalition aus Athen, Theben und Korinth. Bei der Schlacht bei Koroneia im August 394 v. Chr. war Xenophon wahrscheinlich im Gefolge des Spartaners vor Ort, als es gegen seine Heimatstadt und deren Verbündete ging. Agesilaos und die Spartaner siegten und errangen ein letztes Mal die Vormachtstellung in der griechischen Welt.

Schreibrohr statt Schwert

Xenophon, als Verräter aus Athen verbannt, folgte Agesilaos nach Sparta. Dort beschenkte man ihn mit einem Landgut in Triphylien, das die Spartaner der Stadt Elis entrissen hatten. Andere Quellen sagen, er habe das Gut mit eigenem Geld gekauft.

Auf diesem Landsitz bei Skillous, zwischen Olympia und Sparta mitten auf dem Peloponnes gelegen, begann der Philosoph und Abenteurer in den nächsten zwei Jahrzehnten mit der Schriftstellerei, widmete sich seiner Familie und der Jagd und bewirtschaftete mit einigen Sklaven die Ländereien. Mit seiner Frau Philesia zog er die Söhne Gryllos, den er nach seinem Vater benannte, und Diodoros auf. Es war eine glückliche Zeit – bis Sparta 370 v. Chr. an Macht verlor und Xenophon nach Korinth flüchtete, da die Stadt Elis das Land, auf dem er wohnte, zurückeroberte.

Die letzten Jahre des vielseitigen Helden liegen im Ungewissen. Manche Quellen meinen, er sei in Korinth bis zu seinem Tod geblieben. Nach Diogenes Laertios kehrte er im Alter von 60 Jahren noch einmal in seine Heimatstadt zurück, da die Athener 367 v. Chr. das Verbannungsurteil aufgehoben hatten. Womöglich stellte er erst dort die meisten seiner umfangreichen Schriften fertig. Seine Söhne, in Sparta erzogen, kämpften nun in der attischen Reiterei.

Xenophon verstarb vermutlich im Jahre 354 v. Chr.

»Es befand sich im Heer ein gewisser Xenophon aus Athen …« So hatte Xenophon sich selbst in der *Anabasis* auf die Bühne der Weltgeschichte gebracht. Seine abenteuerlichen Erlebnisse als Heerführer des »Zugs der Zehntausend« sind mit diesem Werk noch heute Gegenstand des Griechischunterrichts. Über seine zweifellos wichtigen Schriften zur Philosophie jedoch scheiden sich die Geister. Von den vielen Autoren, die über Sokrates schrieben, der ja bekanntermaßen keine eigenen Schriften hinterlassen hat, ist Xenophon neben Platon der einzige, der ihn persönlich kannte. Die Art allerdings, wie er den großen Philosophen schilderte, trägt ihm bis heute Kritik ein. Während Platon in die

Tiefen von Sokrates' Denken vorgedrungen sei – wobei hier nicht geklärt ist, wieweit Platon dabei sein eigenes Denken propagierte –, schilderte Xenophon die Philosophie des gemeinsamen Lehrers weit weniger detailliert. Er beschrieb Sokrates zwar als vorbildlichen Bürger, zugleich aber auch als engstirnig und selbstgerecht. Diese Diskrepanz lässt für manche Autoren nur den einen Schluss zu: Xenophon habe das Denken des Sokrates zu wenig durchdrungen.

Diogenes Laertios dagegen rühmt ihn als den ersten Philosophen, der Geschichtswerke verfasste. Seine *Griechische Geschichte* verstand er als Fortsetzung des Werkes von Thukydides und ist eine der wichtigsten Quellen für diese Epoche. Auch Schriften zur Staatskunst hinterließ der Athener. Cicero und Caesar schätzten sie später sehr. Seine Texte *Oikonomikos* und *Poroi* zählen zu den ersten Werken wirtschaftstheoretischen Denkens. Schließlich verfasste Xenophon, den man ob seines schriftstellerischen Fleißes auch die »attische Biene« nannte, zwei Bücher zur Reiterei. *Hipparchiko* ließ sich über die Pflichten eines Anführers der Reiterei aus, *Peri Hippikes* enthielt ausführliche Ratschläge zu Pferdekauf, Pferdepflege, Schulung des Reiters und zum Kampf zu Pferde. Diese Reitlehre besitzt heute, nach nahezu 2000 Jahren, noch weitgehend Gültigkeit, denn anders als in der Reitlehre seiner Zeit predigte sie einen sanften Umgang mit dem Pferd.

Xenophon: Redner, Heerführer, Ökonom, Theoretiker der Reitkunst, Historiker, Philosoph. Man sollte ihn nicht vergessen.

2. Raedwald, ein König im Nebel der Zeit

Es gab eine Welt, die uns in der Zeit viel näher ist und uns doch weiter entfernt erscheint als die Welt des antiken Rom, sogar des antiken Griechenland, und zuweilen kann man glauben, sie sei uns sogar ferner als das alte Ägypten.

Die Rede ist vom frühen Mittelalter. Vieles aus jenen gut fünf Jahrhunderten ist hinter einem Schleier aus Mythen und Sagen weit in märchenhafte Ferne entrückt. Sie waren die Wiege großer Volkssagen, die von den Taten der Nibelungen oder des König Artus künden. Generationen von Historikern und Philologen haben versucht, Dichtung von Wahrheit zu trennen, sie haben sich gestritten und streiten immer noch. Helden wie Dietrich von Bern und Etzel finden ihre Entsprechung in realen Persönlichkeiten wie Theoderich und Attila. Doch gab es den deutschen Helden Siegfried? Verbirgt sich hinter ihm Arminius? Versenkte Hagen von Tronje den sagenhaften Schatz der Nibelungen im Rhein? Und wie verhält es sich mit dem legendenumrankten König Artus? Hat er je gelebt? Und wenn ja, wie bedeutend war er? Was wissen wir wirklich von den Herrschern in den ersten fünf Jahrhunderten nach dem Zusammenbruch der Antike?

Das Grab von Sutton Hoo

1939 grub der Archäologe Basil Brown in Sutton Hoo in der Nähe der Stadt Woodbridge im englischen Suffolk ein Langschiff aus, das in einer Kammer einen Schatz mit wertvollem Schmuck, Münzen, Waffen und Schalen barg. Das Schiff war 27 Meter lang und vermutlich auch benutzt worden. Denn man entdeckte Spuren, die von Reparaturen und Ausbesserungen herrührten. 28 Männer mögen es einst gerudert haben. Vergraben worden waren Schatz und Schiff im 7. Jahrhundert n. Chr.

Da keinerlei Hinweise auf eine Leiche zu finden waren, vermuteten manche Wissenschaftler, man habe ein Kenotaph, eine Gedenkstätte, gefunden. Doch die Anordnung der Beigaben legte rasch nahe: Hier war jemand bestattet worden. Von dem Körper des Toten war allerdings rein gar nichts mehr zu finden. Über die Jahrhunderte musste die Säure im Erdboden den Körper ebenso zersetzt haben wie das Holz des Schiffes. Denn auch das Schiff war im Grunde nicht mehr vorhanden. Nur seine Abdrücke konnten die Archäologen erkennen, diese jedoch sehr gut.

Mitten auf dem Schiff hatte man dem Verstorbenen eine zeltförmige Grabkammer aus Holz errichtet. Von den Beigaben stammten einige Silberschüsseln aus dem Mittelmeerraum, eine Bronzeschale war vermutlich ägyptischen Ursprungs. Obwohl die Grablegung nach heidnischem Brauch durchgeführt worden war, ließen zwei gefundene Löffel mit den Gravuren »Saulus« und »Paulus« auch auf einen christlichen Einfluss schließen. Dem Grab beigegebene Münzen ermöglichten schließlich eine zeitliche Einordnung: Der Tote war ein angelsächsischer Herrscher des frühen 7. Jahrhunderts.

Handelte es sich um einen der vielen Regenten, deren Namen man zuweilen aufgrund ihrer Erwähnung in Chroniken zwar kennt, doch von deren Leben und Taten ansonsten alles im Dunkel der Geschichte verschwunden ist? Oder standen die Archäologen und Historiker vor der unberührten Grabstätte eines Fürsten, von dem man bereits ein wenig mehr wusste?

Der mächtigste Herrscher dieser Gegend war um 625 der König von East Anglia gewesen. Er lebte und residierte wohl in Rendlesham nahe Sutton Hoo. Der Name des Königs war Raedwald. Er starb zwischen 617 und 631. War dies der Mann in der Grabstätte?

Römer, Angelsachsen, Skoten und Pikten

Raedwalds Volk lebte seinerzeit noch nicht sehr lange auf der britischen Insel. Die Angelsachsen waren in das Machtvakuum vorgestoßen, das die Römer nach einer über 360-jährigen Fremdherrschaft hinterlassen hatten. Im Jahr 410 n. Chr., die Völkerwanderung verheerte gerade Europa, hatte der weströmische Kaiser Honorius den verbliebenen Römern auf der Insel mitgeteilt, sie müssten sich künftig selbst schützen. Drei Jahre zuvor waren bereits zahlreiche Legionäre abgezogen. Britanniens wirtschaftlicher und kultureller Niedergang begann. Aufzeichnungen enden, Archäologen finden kaum Tonscherben oder Münzen aus der Zeit unmittelbar nach 400.

Schon bald brachen aus dem Norden die Skoten und Pikten ein. Aus den mythisch-legendären Schilderungen jener Tage ziehen viele Historiker den Schluss, irgendwann habe sich ein Aristokrat des Völkergemischs aus Kelten und Römern selbst zum König erhoben. Dieser Mann erscheint unter dem Namen Vortigern in einigen Chroniken, und er soll es auch gewesen sein, der Angeln, Sachsen und Jüten als Schutztruppen ins Land rief. Die germanischen Stämme kamen aus dem heutigen Dänemark und dem Norden Deutschlands. Ihre Anführer, die Brüder Hengest und Horsa (»Hengst« und »Pferd«) nahmen das Land in Besitz. Angeblich gründeten die beiden das Königreich Kent, aber ob es sie tatsächlich gegeben hat, ist umstritten. Jedenfalls erkämpften sich die Germanen im Süden nach und nach die Macht und unterwarfen die Briten, die teilweise durch den Einfluss christlicher Römer bereits Christen geworden waren.

Seit Mitte des 5. Jahrhunderts entstanden die angelsächsischen Königreiche, die mit Beginn des 6. Jahrhunderts belegt sind. Die Epoche von über 500 Jahren, in denen sie existierten, ging als Zeitalter der Heptarchie (griechisch für »sieben« und »Herrschaft«) in die Geschichte ein, weil vor allem sieben Königreiche die Geschicke lenkten: Kent, Essex, Sussex, Wessex, East Anglia, Mercia und Northumbria.

Allerdings führt die Bezeichnung Heptarchie aufgrund der

Anzahl der damals tatsächlich existierenden Königreiche in die Irre. Zeitweise bestanden weitere Königreiche, manche in der Machtfülle gleichbedeutend mit den bekannten sieben. So Lindsey, Hwicce und Surrey. Ihre Namen sowie die anderer Reiche scheinen einem Fantasy-Roman entsprungen wie Bernicia, Deira, das irisch-schottische Königreich Dalriada (gelegen im Westen Schottlands und Norden Irlands), das zwischen Dalriada und Northumbria gelegene Strathclyde oder Gwynedd rund um den Snowdon, den höchsten walisischen Berg. Die Herrscher der Reiche trugen Namen wie Gabhran, Aidan, Connad, Ferchar, Domnall Brecc (alles Könige von Dalriada), Ceorl, Penda, Pweada (Könige von Mercia im Herzen der Insel), Beli ap Rhun oder Iago ap Beli (Könige von Gwynedd).

In jener Zeit der Mythen und Sagen und in einem der letzten Jahre des 6. Jahrhunderts trat Raedwald seine Herrschaft als König von East Anglia an. Wie der Name seines Reiches vermuten lässt, lag es im heutigen Ostengland. Entstanden war es um 520 durch den Zusammenschluss von North Folk und South Folk. Seine Fläche bedeckte in etwa das heutige Cambridgeshire, Norfolk und Suffolk sowie Teile von Lincolnshire. Durch die Ereignisse der nächsten Jahre sollte sich die Macht auf der Insel neu verteilen und auch das Christentum in den Reihen der Herrscher und Regenten zunehmend an Einfluss gewinnen. East Anglias König Raedwald fiel dabei eine entscheidende Rolle zu.

Der Unruhestifter aus dem Norden

Die großen Veränderungen entstehen meist aus dem Kleinen, heißt es. Die Umwälzungen in diesem Falle nahmen ihren Anfang in einem kleinen Königreich und wurden von dessen Herrscher ins Rollen gebracht.

Mit Aethelfrith, so sein Name, begann laut Überzeugung des Historikers Frank Stenton die durchgehende Geschichte Englands. Er sei der größte Führer der Angeln in frühmittelalterlicher

Zeit gewesen. Sein Königreich Bernicia lag im heutigen Südosten Schottlands.

Wie Raedwald trat er seine Herrschaft um 593 an. Schon zur Jahrhundertwende kämpfte er in der Schlacht von Catterick gegen die Britenkönige Mynyddog Mwynfawr und Cynan. 603 brachte er König Aidan und den irisch-schottischen Kämpfern Dalriadas bei Daegsastan solch große Verluste bei, dass sie fortan keinen weiteren Angriff mehr auf ihren östlichen Nachbarn wagten. Nur ein Jahr später dehnte Aethelfrith seine Macht gen Süden auf das sehr viel größere Königreich Deira aus. Edwin, der fast 18-jährige Bruder des kurz zuvor verstorbenen Königs von Deira, musste fliehen. Aethelfrith verschmolz nun Deira und Bernicia zum Königreich Northumbria. Die Herrschaft versuchte er durch eine Hochzeit mit Edwins Schwester Acha zu legitimieren. Doch solange Edwin noch lebte, fühlte er sich seiner Macht nicht sicher.

Also setzte er dem Rivalen nach. Edwin indes floh in Britannien von einem Reich zum anderen, immer bedroht von Aethelfriths Nachstellungen. Schließlich fand er zwischenzeitlich Schutz in Mercia, wo er Cwenburh, die Tochter von König Ceorl, zur Frau nahm. Das Paar bekam zwei Söhne: Osfrith und Edfrith.

Doch auch mit Familie blieb Edwin bedroht. Als er sich im nordwalisischen Königreich Gwynedd aufhielt, fiel das Heer seines Verfolgers dort ein. In der Schlacht von Caerllion, dem heutigen Chester, besiegte Aethelfrith um 613 die vereinigten Truppen der Könige von Gwynedd, Powys und Rhôs. Jeder, der sich Aethelfriths Ziel entgegenstellte, Edwins endlich habhaft zu werden, lief Gefahr, den Schwertern seiner Männer zum Opfer zu fallen. Der Chronist Beda Venerabilis vermerkte 200 Jahre später, dass in der kurz nach dem Waffengang von Chester geschlagenen Schlacht bei Bangor Hunderte Geistliche zum Schlachtfeld zogen, um für den Sieg über den Aggressor zu beten. Aethelfrith sprach nun zu seinen Kämpfern: »Obwohl sie nicht bewaffnet sind, so beten sie zu ihrem Gott gegen uns und sind daher unsere Gegner.« Also befahl er, die Gottesmänner anzugreifen. Laut Beda fanden 1200 Mönche auf grausame Weise den Tod. Auch die Abtei von Bangor ließ Aethelfrith zerstören. Gwynedd war besetzt und Aethelfriths Reich größer als je zuvor – doch Edwin, dem Rivalen, gelang aufs Neue die Flucht.

Der Ausgang der Schlachten von Chester und Bangor wird heute als einer der Gründe für das fortan beginnende Auseinanderdriften der Briten in jene in England und jene von Wales gesehen. Aethelfrith indes mag in jenen Tagen gedacht haben: Was nutzt mir die zunehmende Größe meines Reichs, wenn mir meine Krone noch immer nicht sicher ist? Edwin musste aus dem Weg geräumt werden.

Raedwald, der Pragmatiker und Retter

Edwin hatte sich mittlerweile an Raedwalds Hof geflüchtet, und der König von East Anglia versprach, ihn zu beschützen. Ob seine Familie mit ihm gekommen war, darüber schweigen die Quellen.

Als Aethelfrith erfuhr, wo Edwin sich aufhielt, schickte er Gesandte zu Raedwald, die ihm Gold und Silber für Edwins Tod boten. Doch Raedwald lehnte ab. Aethelfrith gab nicht auf, eine zweite Abordnung versprach noch größere Schätze. Doch Raedwald blieb eisern. Schließlich kamen Aethelfriths Gesandte ein drittes Mal. Sie boten noch mehr Schätze, doch sie brachten auch eine Drohung mit. Sollte Raedwald Edwin nicht tot oder lebendig ausliefern, würde Aethelfrith Raedwald den Krieg erklären.

Raedwald war nun verunsichert. Er glaubte, dem Heer aus dem Norden hoffnungslos unterlegen zu sein. Konnte ihm eine List aus der Zwickmühle helfen? Raedwald versuchte es. Er versprach, Edwin zu töten oder auszuliefern, gab diesem aber gleichzeitig die Gelegenheit zur abermaligen Flucht. Edwin aber lehnte ab.

Was tun? Sollte Raedwald nun doch den Krieg gegen Aethelfrith wagen? Während der Regent in seinen Gemächern über East Anglias Schicksal und das seines Gastes grübelte, erhielt Edwin des Nachts Besuch von einem geheimnisvollen Fremden.

Vermutlich war es Paulinus, einer der Missionare, die in Canterbury wirkten. Dieser ließ Edwin wissen, Raedwald werde ihn letztlich unterstützen, und erklärte außerdem, Edwin selbst werde eines Tages womöglich der mächtigste König, den England je gesehen habe. Und so malte Paulinus die Zukunft des bis dahin ständig bedrohten Aristokraten in den schönsten Farben aus. Im Gegenzug nahm er ihm dann das Versprechen ab, sich christlich taufen zu lassen, sobald die Prophezeiung eintrete.

Derweil griff auf Raedwalds Seite dessen Frau in das Geschehen ein. Der König von East Anglia war durch den Einfluss von Ethelbert von Kent zum Christentum konvertiert, praktizierte aber – sicher ist sicher – nach wie vor auch die alten heidnischen Riten. In seinem Tempel in Rendlesham gab es, so glauben die Historiker, sowohl einen christlichen als auch einen heidnischen Altar. Seine Gemahlin allerdings, deren Name in der Geschichte verloren ging, war noch immer eine überzeugte Heidin und soll ihn später laut Beda Venerabilis wieder mehr und mehr vom Christentum fortgezogen haben. Sie erinnerte ihren Gatten an sein Versprechen, das er Edwin gegeben hatte. Ein König, nahm sie ihn in die Pflicht, habe sein Wort zu halten, und kein Gold der Welt dürfe ihn dazu verleiten, die auszuliefern, die sich unter seinem Schutz befänden.

Da endlich entschloss Raedwald sich, Edwin treu zu bleiben. Zumal es neben Ehre und Moral auch ganz pragmatische Gründe dafür gab. Falls er die Truppen rasch sammelte und Aethelfrith überraschte, könnte er den notorischen Aggressor vielleicht doch besiegen. Dann würde Aethelfrith vom Thron gestoßen und Raedwalds Verbündeter Edwin ihm nachfolgen. In aller Eile rief Raedwald nun sein Heer zusammen und zog los.

Am Fluss Idle südlich des heutigen Bawtry im Norden von Nottinghamshire kam es zur Schlacht. Wir befinden uns noch immer im Jahr 616. Raedwald teilte seine Truppen in drei Formationen, die von ihm, seinem Sohn Raegenhere und von Edwin geführt wurden. Den alten römischen Legionen gleich zogen die Kämpfer aus East Anglia in strenger Schlachtordnung in den Kampf. Aethelfrith, dessen Krieger an Zahl tatsächlich unterlegen waren, gleichwohl aber über eine weit größere Kampferfahrung verfügten, stürzten in loser Schlachtordnung voran. Mit Wucht wollten sie die Ordnung des Gegners zerschlagen. Es wurde ein Gemetzel Mann gegen Mann.

Als Aethelfrith im Kampfgewühl Raegenhere erblickte, hielt er ihn irrtümlich für Edwin. Im Glauben, den Mann, den er seit Jahren jagte, endlich durch eigene Hand beseitigen zu können, ließ Aethelfrith seine Krieger gegen Raegenheres Schar anrennen und es gelang ihm tatsächlich, bis zu ihm vorzudringen und ihn zu erschlagen. Raedwald war Zeuge, als sein Sohn fiel. In besinnungsloser Wut brach er durch die Linien, kämpfte sich bis zu Aethelfrith vor und nahm blutige Rache. Der König von Northumbria lag tot auf dem Feld.

Christentum oder nicht?

Raedwalds Heer hatte gesiegt und Edwin bestieg, wie von Paulinus prophezeit, den Thron von Northumbria. Seine Söhne blieben an seiner Seite. Was jedoch aus seiner Frau Cwenburh wurde, liegt im Dunkeln. Wir wissen nur, Edwin heiratete ein zweites Mal. Aethelburg, Edwins zweite Frau, war die christliche Schwester von Eadbald, dem König von Kent. Dieses Königreich war die Speerspitze der Christianisierung in Britannien. Ethelbert, der Vater von Edwins Schwiegervater, war jener König gewesen, der Raedwald damals zur Taufe drängte. Dessen Frau wiederum, die Merowingerin Bertah, hatte einst ihren Kaplan mit nach England gebracht und in Canterbury eine Kirche weihen lassen. Auf Bitten Ethelberts, den man später heiligsprach, schickte Papst Gregor I. dann Missionare nach Südengland, so auch den Benediktinermönch Augustinus, der 597 mit 40 Glaubensbrüdern in Kent landete und erster Erzbischof von Canterbury wurde.

Und Edwin? Die nächtliche Prophezeiung des Paulinus hatte er nicht vergessen. Auch Eadbald erwartete, dass er durch die Heirat mit seiner Schwester dem Christentum beitrat. Doch der

Schwiegersohn zögerte. Erst als 626 ein Attentat auf ihn vereitelt wurde, schwor er, sollte er den Anstifter ausfindig machen und beseitigen können, endgültig Christ zu werden. Es gelang und Edwin fand zum Christentum. Sein einstiger nächtlicher Besucher Paulinus wurde 627 in seinem Reich Bischof des neu errichteten Bistums York.

Am 12. Oktober 633 fiel Edwin in der Schlacht von Hatfield Chase gegen den heidnischen König Penda von Mercia. Mit ihm fiel sein Sohn Osfrith. Edfrith, der andere Sohn, wurde später von den Häschern Pendas ermordet. Aus dem Heiden Edwin, der einst sein Land verlassen musste und durch ganz Britannien floh, war am Ende ein König und christlicher Märtyrer geworden. Man sprach ihn später heilig.

Raedwald hingegen regierte East Anglia vermutlich bis zum Jahr 624. Dank seines Einsatzes für den geflohenen Edwin gegen den machtbesessenen Aethelfrith vergrößerte er nicht nur seinen Einfluss in der britischen Heptarchie, sondern erwies – ob gewollt oder nicht – der Ausbreitung des Christentums in England einen wichtigen Dienst. Man kann ihn als Held sehen, der das Versprechen hielt, das er seinem Schutzbefohlenen gegeben hatte. Man kann in ihm aber auch den Pragmatiker sehen, der die beste Lösung für sich und sein Reich suchte.

Denn das Geld, so vermutet der Historiker Norman Scarfe, das Aethelfrith ihm als Belohnung bot, habe Raedwald trotz allem genommen. Es läge nun als Grabbeigabe in Sutton Hoo.

3. Als Álvar Núñez Cabeza de Vaca vom Eroberer zum Medizinmann wurde

Die Indianer nannten ihn und seine drei Begleiter »Kinder der Sonne«. Ihr Ruf eilte ihnen schon Tage voraus, von Stamm zu Stamm, von Dorf zu Dorf. Die vier hatten die Kraft, so hieß es, Kranke nur durch wenige Worte zu heilen, und ihr Zauber könne sogar Tote wieder zum Leben erwecken.

»Kinder«? Die Männer waren groß, bärtig und fast nackt. Keiner der sie begleitenden Indianer wusste, wie prächtig sie einst ausgesehen hatten, damals, als sie an der Küste des Kontinents eingetroffen waren. Mit Pferden, Waffen und schweren Helmen, in glänzenden Rüstungen und bunten Kleidern hatten sie ihre mächtigen Schiffe verlassen, fest entschlossen, das Land für ihren König jenseits des Meeres im fernen Spanien zu okkupieren und den Menschen des Landes ihren katholischen Glauben aufzuzwingen, über sie zu herrschen und ihnen ihre Reichtümer zu entreißen, um selbst im Überfluss zu leben.

Doch die vier »Kinder der Sonne« sahen schon lange nicht mehr aus wie Eroberer. Seit Monaten streiften sie in langen erschöpfenden Märschen von Dorf zu Dorf. Nur noch ein paar Fetzen Stoff trugen sie am Leib und sie waren abgemagert bis auf die Knochen. Geschwüre und Narben bedeckten ihre von Wind und Sonne gegerbte Haut. Qualen und Entbehrungen hatten sich in die Gesichter gegraben. Die Umstände, die sie in diesen beklagenswerten Zustand gebracht hatten, waren ebenso abenteuerlich wie jene Ereignisse, die noch vor ihnen lagen.

Mit Narváez in die Neue Welt

Ihr Anführer Álvar Núñez Cabeza de Vaca war um 1490 im andalusischen Jerez de la Frontera zur Welt gekommen und ein entfernter Verwandter des späteren Zerstörers des Inkareichs Francisco Pizarro. Den Familiennamen Cabeza de Vaca, zu Deutsch »Kuhkopf«, trug er von mütterlicher Seite: Ein Vorfahre hatte im 13. Jahrhundert während der Zeit der Reconquista einer christlichen Armee den Weg über einen Pass gewiesen, indem er dort einen Kuhkopf platzierte. Alfons VIII. besiegte daraufhin mit seinem Heer am 16. Juli 1212 die Mauren unter dem Kalifen Muhammad an-Nasir und verlieh danach Cabeza de Vacas Vorfahren diesen Namen.

Im Alter von etwa 20 Jahren schloss sich Cabeza de Vaca den spanischen Truppen an, die seinerzeit in Italien kämpften. Doch in das größte Abenteuer seines Lebens – eine Höllenfahrt voller Schrecken, Entbehrungen und fantastischer Wendungen – geriet er 17 Jahre später, als er sich 1527 einer Expedition des Conquistadors Pánfilo de Narváez anschloss.

Narváez schien auf den ersten Blick eine geborene Führernatur zu sein. Er war groß gewachsen, trug einen roten Bart und seine sonore, weit tragende Stimme klang, als »käme sie aus einer Höhle«. Dennoch war der kastilische Adlige vielleicht einer der unfähigsten Führer der ohnehin sehr zweifelhaften Zunft spanischer Eroberer, der Conquistadoren. Will man milde urteilen, so kann man sich auf die Aussage beschränken, Narváez handelte als Kommandeur ungeschickt und glücklos. Vermutlich aber waren sein Ehrgeiz und seine Sucht nach Ruhm und Reichtum weit größer als seine Fähigkeiten.

Cabeza de Vaca hätte gewarnt sein müssen, denn schon einmal war Narváez dramatisch gescheitert: Nachdem er bei der Eroberung Kubas und Jamaikas als »mutig gegen die Indianer« aufgefallen war, hatte der Gouverneur von Kuba, Diego de Velázquez, ihm 1520 eine besonders heikle Expedition anvertraut. Er sollte in Mexiko Hernán Cortés festnehmen und die Eroberung des Landes vollenden. Cortés jedoch zog mit nur 250 Soldaten den

1100 Männern von Narváez entgegen und besiegte ihn. Berühmt-berüchtigt wurde das tragische Schicksal des »Trosses des Narváez«. Schutzlos von ihrem Anführer zurückgelassen, fielen Spanier, Einheimische und aus Afrika stammende Sklaven in die Hände von einheimischen Kriegern, die diese in den nächsten Monaten auf grausame Weise den Göttern opferten, oft verbunden mit einem rituellen Kannibalismus. Narváez selbst verlor bei den Kämpfen gegen Cortés ein Auge und geriet für zwei Jahre in Gefangenschaft, bevor er nach Spanien zurückkehren durfte. Dort ernannte ihn Kaiser Karl V. zum Adelantado, einem Verwalter mit richterlichen und Regierungsvollmachten für einen Landstrich, den der Begünstigte allerdings erst selbst erobern musste.

Die Region sollte Florida sein, wo Narváez binnen eines Jahres zwei Städte mit mindestens 100 Einwohnern zu gründen, mehrere Garnisonen einzurichten und zwei Festungen zu bauen hatte. Sogleich begann er mit den Vorbereitungen. Das gesamte Vermögen, das seine Frau während seiner Gefangenschaft bei Cortés klug verwaltet und vermehrt hatte, steckte der Conquistador in die Finanzierung, überdies nahm er Schulden auf und versprach zahlreichen Kapitalgebern große Reichtümer. Kurzum, für den mittlerweile in seine späten Fünfziger gekommenen Narváez hing vom Erfolg des Unternehmens alles ab.

Am 17. Juni 1527 lief die Flotte von fünf Schiffen und 600 Mann, darunter fünf Franziskanermönche, aus dem Hafen der südspanischen Küstenstadt Sanlúcar de Barrameda aus. Auch Cabeza de Vaca fuhr mit, als Schatzmeister und stellvertretender Kommandeur. Von Anfang an verlief die Reise unter einem schlechten Stern. In Santo Domingo, beim ersten Stopp in der Neuen Welt, desertierten bereits 140 Männer. Sie glaubten, auf der Insel eine bessere Zukunft zu haben als in den Gegenden, die noch vor ihnen lagen. Kurz vor Kuba, wo Cabeza de Vaca Proviant im Auftrag von Narváez kaufen wollte, gingen zwei Schiffe im Sturm verloren. Dann saß die Flotte für zwei Wochen auf Riffen fest. Fast die Hälfte der 80 Pferde starb jämmerlich.

Am 13. April, dem Karfreitag des Jahres 1528, erreichte Narváez mit nur noch 400 Männern in der Nähe des heutigen Tampa

Bay die Küste Floridas. Dort rammte er eine Fahne in den Sand und nahm das Land für die spanische Krone in Besitz. Indianer aus einem Dorf in der Nähe kamen an den Strand und überreichten Fisch und Fleisch. Das Auftreten der »Eroberer« fiel jedoch wohl wenig vertrauenerweckend aus, denn als sie nach Sonnenaufgang das Indianerdorf aufsuchten, waren die Bewohner verschwunden. Als einzigen »Schatz« fanden sie zwischen den Netzen ein Glöckchen aus Gold.

In den nächsten Tagen vertrieben die Spanier die Indianer der gesamten Gegend. Einige nahmen sie gefangen, um mehr über die Dörfer oder Städte im Landesinnern zu erfahren. Gab es dort die erhofften Reichtümer? Die Verständigung war schwierig, denn es fehlte an einem Dolmetscher. Aus den Zeichen der Indianer schlossen sie, im Norden läge eine prächtige Stadt der Apalachee-Indianer mit viel Gold und ausreichend Nahrung. Narváez beschloss, mit ein paar Leuten dorthin aufzubrechen.

Cabeza de Vaca indes versuchte, seinen Kommandeur eindringlich von diesem Vorhaben abzubringen. Die Männer hätten nur unzureichend Proviant, jeder nur ein Pfund Zwieback und ein Pfund Speck. Die Pferde seien erschöpft und abgemagert. Auch habe man keinen sicheren Hafen als Basis. Wage man sich ins Landesinnere, könne man mangels Dolmetschern und Karten den richtigen Weg kaum in Erfahrung bringen. Besser, man fände zuerst einen sicheren Hafen und Ort für die Besiedlung. Denn das bisher bekannte Gelände an dieser Küste sei für diese Ziele ungeeignet.

Narváez aber ließ sich nicht beirren. Mit 300 Männern, fünf Franziskanermönchen und den noch verbliebenen 40 Pferden brach er auf. Die Schiffe sollten derweil die Küste entlangsegeln, um später ihn und seine Leute wieder an Bord zu nehmen. Cabeza da Vaca sollte die Flotte befehligen. Hätte er dem Folge geleistet, wäre ihm in den nächsten Jahren viel Leid erspart geblieben und vielleicht wäre auch das Schicksal der gesamten Expedition ein anderes gewesen. Doch Cabeza de Vaca bestand darauf, Narváez ins Landesinnere zu begleiten, denn er wollte eher sein Leben riskieren, als seine Ehre verlieren. Vor dem Aufbruch ließ er Narváez noch eines wissen: Er war fest davon überzeugt, der Conquistador würde seine Schiffe niemals wiedersehen. Cabeza de Vaca sollte recht behalten.

Gestrandet

Die Reise durch ein Land, in dem es keinerlei Wege gab, sondern nur Morast, Dickicht und dichten Wald, wurde rasch zur Tortur. Die Pferde waren in den Sümpfen eher eine Last als eine Hilfe. Die Männer hungerten und wurden von Millionen von Mücken attackiert. Krankheiten suchten sie heim. Immer wieder griffen Indianer an.

Nach über drei Wochen erreichten die Spanier endlich den Ort, für den sie alle Mühen auf sich genommen hatten. Der Anblick war niederschmetternd. In 40 niedrigen Hütten mit Dächern aus Schilf wohnten arme Apalachee-Indianer, die sich von nichts anderem als angebautem Mais ernährten. Narváez und seine Männer raubten alle Vorräte und zogen frustriert weiter nach Südwesten, um dort an der Küste auf ihre Flotte zu treffen. Doch die ausgeplünderten Apalachee setzten ihnen nach und machten ihnen den Rückweg zur Hölle. Ihre Bögen hatten eine solche Durchschlagskraft, dass die Pfeile, wie Cabeza de Vaca später berichtete, selbst die Rüstungen und Kettenhemden durchbohrten.

Einige Spanier gerieten während des blutigen Weges in Gefangenschaft der Indianer und umgekehrt Apalachee-Krieger in die Gewalt der Spanier. Am Ende ihres Zuges durch die Wildnis hofften die unglücklichen Eroberer auf das Dorf Aute zu treffen. Dies, so hatten gefangene Indianer berichtet, läge nahe der Küste und sei reich an Nahrung. In der Nähe von Aute wurde Cabeza de Vaca an der Spitze eines Erkundungstrupps vorweggeschickt. Er sollte einen Zugang zum Meer suchen und stieß auf eine Bucht, in deren seichtem Wasser sie große Mengen an Austern fanden. Mit ihren zahlreichen Kranken und Verletzten, die von den kraftlosen Pferden getragen worden waren, ließen sich die

Spanier am Strand nieder. Doch von den Schiffen, die sie an der Küste aufnehmen sollten, fehlte jede Spur. Auch nach Tagen waren sie nicht zu sehen.

Die Männer waren demoralisiert. 60 von den 300, die einst aufgebrochen waren, hatten den Tod gefunden, die noch lebten, waren am Ende ihrer Kräfte. Doch hier konnten sie nicht bleiben. Sie beschlossen, Schiffe zu bauen, um mit ihnen die Küste von Mexiko zu erreichen, und schmolzen nun ihre Sporen, Helme, Steigbügel und Waffen ein, um daraus Sägen, Äxte und Nägel zu fertigen. Sie pflückten Palmenblätter und nahmen sie zum Abdichten der Fugen. Aus ihren Hemden nähten sie Segel. Jeden dritten Tag schlachteten sie ein Pferd, aßen dessen Fleisch, fertigten aus der Haut Wasserbehälter und flochten aus Mähne und Schwanzhaaren Seile. Derweil litten die Männer Hunger, auch wenn sie immer wieder in Aute einfielen, um Lebensmittel zu rauben.

Dann war es so weit. Nach Wochen harter Arbeit hatten sie fünf etwa 13 Meter lange grob gezimmerte Boote mit flachen Bordwänden fertiggestellt. Jedes sollte fast 50 Männer tragen! Gefährlich überladen, stachen sie am 22. September 1528 in See. Die Expedition war nun seit fünf Monaten unterwegs.

Keiner von ihnen wusste, wie man ein Schiff lenkt oder navigiert. Alle Seeleute hatten sie auf den verschwundenen Schiffen zurückgelassen. Die waren längst nach Veracruz gesegelt, im von ihren Navigatoren bestätigten Irrglauben, Narváez und seine Expedition seien nahe an einer spanischen Siedlung, die mehr oder minder mühelos zu erreichen sei. Doch zwischen den erschöpften Männer am Strand und dem nächsten spanischen Posten lagen noch über 3 000 Kilometer.

Für die Männer in ihren selbst gebauten Nussschalen begann eine Seereise ins Ungewisse. Wochenlang dümpelten sie mit ihrer beklagenswerten Flotte die Küste entlang Richtung Westen. Sie hatten kaum etwas zu essen, an manchen Tagen gab es für jeden nur eine halbe Hand mit rohem Reis. Noch schlimmer als der Hunger war der Durst. Die Wasserbehälter aus den Pferdehäuten verfaulten. Viele Männer erkrankten und starben. Und an der Küste griffen Tag für Tag die Indianer an. Sie attackierten sie in Booten oder überfielen die Spanier, wenn sie nachts an einem Strand lagerten.

Im Mündungsgebiet des Mississippi wurden die fünf Schiffe durch Stürmen und Strömungen getrennt. Die Wasserlandschaft erschien den gescheiterten Eroberern als ein Gewirr aus Flussarmen und Inseln. Dann warf eine Welle das Boot, in dem Cabeza de Vaca saß, mit einem weiten Bogen an einen Strand – so weit, »wie ein Hufeisen geworfen werden kann«.

Die »Insel des schlechten Schicksals«

Wo waren sie? Cabeza de Vaca schickte einen seiner Männer los, die Lage zu erkunden. Lope de Oviedo kletterte auf einer Anhöhe auf einen Baum und sah, dass sie auf einer Insel gestrandet waren. Das heutige Galveston Island liegt mit über 43 Kilometern Länge und einer Breite von maximal fünf Kilometern vor dem texanischen Festland. Die Spanier nannten das Eiland die »Insel des schlechten Schicksals«.

Oviedo meinte, Weidegründe gesehen zu haben, und schloss daraus, es müsse Christen auf der Insel geben. Cabeza de Vaca war skeptisch. Daraufhin ging Lope de Oviedo ins Landesinnere und entdeckte einen Pfad, der ihn zu verlassenen Indianerhütten führte. Die Bewohner arbeiteten gerade auf den Feldern. Oviedo nahm aus dem Dorf einen Topf, ein paar Fische und einen kleinen Hund mit. Auf dem Rückweg versperrten ihm plötzlich drei indianische Bogenschützen den Weg und wenig später sahen sich Cabeza de Vaca und seine Kameraden von Hunderten Indianern umstellt. Die boten einen äußerst befremdlichen Anblick, hatten durchstochene Brustwarzen, in denen ein Schilfrohr steckte, und auch durch ihre durchbohrten Unterlippen war ein Schilfrohr geschoben.

Wären die Indianer zum Angriff übergegangen, die entkräfteten Spanier hätten sich nicht wehren können. Kaum einer von ihnen war noch in der Lage, sich auf den Beinen zu halten.

Cabeza de Vaca versuchte mit den Kriegern ins Gespräch zu kommen, verschenkte Glasperlen und kleine Glöckchen. Die Indianer ihrerseits überreichten ihm schließlich als Zeichen der Freundschaft einige Pfeile. Per Zeichensprache gaben sie zu verstehen, sie würden mit Wasser und Essen zurückkehren. So brachten sie am nächsten Tag Fisch und Wurzeln. Auch ihre Frauen und Kinder kamen, um die Fremden zu bestaunen. Dann kehrten die Indianer in ihr Dorf zurück.

Versorgt und leidlich gekräftigt, versuchten die Gestrandeten indes, mit ihrem angeschlagenen Boot wieder in See zu stechen. Aber die Brandung warf sie immer wieder zurück. Drei Männer ertranken in den Wogen. »Nackt, wie an dem Tag, an dem sie geboren waren«, schrieb Cabeza de Vaca, und so »dünn, dass unsere Knochen leicht zu zählen waren«, lagen sie am Strand. Sie hatten alles verloren. Es war November und es war kalt.

Als die Indianer am frühen Morgen erneut erschienen, waren sie erschrocken über den Zustand der Schiffbrüchigen, welche ihnen nun durch Zeichensprache zu verstehen gaben, was geschehen war. Als Beweis lagen zwei der Toten am Strand. Die Indianer setzten sich zu ihnen und begannen laut zu weinen.

Was konnten die Spanier in ihrer verzweifelten Lage tun?

Cabeza de Vaca schlug seinen Männern vor, sich von den Indianern in ihr Dorf führen zu lassen. Die allerdings fürchteten, sie würden dort geopfert werden. Doch Cabeza de Vaca setzte sich über ihre Bedenken hinweg und bat die Indianer um Schutz. Diese nahmen sie freundlich auf, gaben ihnen eine Hütte und versorgten sie mit Nahrung und Wasser.

Einer nach dem anderen

Die Mannschaft eines weiteren Bootes hatte ebenfalls in der Obhut von Indianern der Insel überlebt. Man traf sich später wieder. Das dritte und vierte Boot, so sollte Cabeza de Vaca lange Zeit nach seinen Abenteuern erfahren, strandeten an anderen Stellen oder Inseln des Mündungsgebiets des Mississippi. Eines davon war jenes, in dem Narváez gefahren war. Der blieb nach der Havarie seines Bootes über Nacht an Bord und trieb in einem aufkommenden Sturm unbemerkt hinaus. Er wurde nie wieder gesehen. Das fünfte Boot strandete auf einer anderen Insel. Die Indianer dort töteten die Besatzung.

Dann kam der harte Winter über die »Insel des schlechten Schicksals«. Die Indianer ernährten sich von Wurzeln oder legten Fischreusen aus. Doch irgendwann war kein Fisch mehr zu fangen. Also gruben die Spanier mit den Indianern mühsam nach Wurzeln. Die waren erst halbwegs genießbar, wenn man sie zwei Tage lang röstete. Doch selbst dann schmeckten sie bitter und führten zu Bauchschmerzen.

Nur manchmal gelang es den Indianern, Wild oder Fisch zu erlegen. Aber die karge Natur gab einfach zu wenig her. So aßen Indianer und Spanier im Grunde alles, was nur halbwegs essbar war. Spinnen, Schlangen, Ameisennester, Eidechsen, Würmer, Rinde, Holz, Erde und sogar Hirschdung. Viele der Spanier starben an Erschöpfung und an ihren Verletzungen. Für einige von ihnen wurde schließlich der Hunger so unerträglich, dass sie ihre gestorbenen Kameraden aßen. Als die Indianer dies bemerkten, waren sie entsetzt. Bald waren nur noch 15 Spanier am Leben. Als dann auch noch mit einem Male viele Indianer erkrankten und starben, verschlechterte sich das Verhältnis dramatisch. Die Einheimischen hegten den Verdacht, ihre Gäste seien der Grund für das Sterben. So wurden die letzten noch lebenden Spanier von den Indianern versklavt, einige sogar getötet.

Die Spanier hatten vermutlich die Ruhr zu den Indianern gebracht. Und diese hielten die Fremden nun auf bestimmte Art für Herren über Leben und Tod. Wer Krankheiten verbreite, so folgerten sie, der könne sie auch wieder fortnehmen.

Bei den Indianern der »Insel des schlechten Schicksals« war es üblich, nur in ernsten Fällen den Medizinmann zu holen. Alle leichteren Erkrankungen und Blessuren heilte man gemeinsam – auf oft seltsame Weise. Zuweilen wussten sie sich nicht anders zu helfen, als die Krankheit aus dem Kranken »herauszupusten«. Also bedeuteten sie den Spaniern, sie sollten nach all dem Leid, das sie gebracht hatten, nun das Gegenteil bewirken. Man gab ihnen zu verstehen, auch sie hätten zu pusten. Die lachten darüber. Doch als die Indianer ihnen das ohnehin kärgliche Essen strichen, gaben sie nach.

Die letzten Spanier, selbst nur noch ein Hauch von Leben, versuchten ihr Glück, indem sie sich vor die Kranken stellten, ein Kreuz machten und beteten. Wie Cabeza de Vaca niederschrieb, mit Erfolg. Doch der kam ihm teuer zu stehen. Die Indianer gaben ihn zu einem Medizinmann auf der »Insel des schlechten Schicksals«, seine Kameraden auf eine andere Insel. So verloren sie sich in einer Odyssee zwischen verschiedenen Dörfern und Stämmen aus den Augen.

Bei dem Medizinmann erkrankte Cabeza de Vaca schwer. Doch wie durch ein Wunder erholte er sich wieder und floh zu einem anderen Stamm und kurz darauf zu einem weiteren. Dieser Stamm war mit seinen Nachbarn verfeindet und trieb daher keinen Handel. Das war seine Chance. Fortan wanderte er auf der »Insel des schlechten Schicksals« als Händler von Dorf zu Dorf, verkaufte Perlen, Früchte und Muscheln, deren Schalen man als Werkzeug nutzte, und brachte es sogar zu einem gewissen Ansehen. Fast sechs Jahre lebte Cabeza de Vaca so allein unter den Indianern. Sein Ziel jedoch, sich eines Tages nach Mexiko Stadt, dem vor Jahren von Cortés eroberten Tenochtitlán, durchzuschlagen, verlor er nie aus den Augen.

Aber er wollte sich nicht ohne den letzten anderen überlebenden Spanier auf den gefährlichen und ungewissen Weg dorthin begeben. Wie er mittlerweile erfahren hatte, waren die meisten seiner übrig gebliebenen Kameraden während seiner Krankheit auf das Festland übergesetzt, um nach Mexiko zu gelangen. Der außer ihm letzte Spanier in der Gegend war Lope de Oviedo, jener Mann, der einst das erste Indianerdorf ausfindig gemacht hatte. Er lebte etwas entfernt bei einem anderen Stamm. Jedes Jahr, so Cabeza de Vaca, sei er zu ihm gereist und habe auf ihn eingeredet, doch Oviedo vertröstete ihn. Zog er mittlerweile das Leben bei den Indianern einer weiteren gefahrvollen und ungewissen Odyssee vor? Schließlich gelang es Cabeza doch, Oviedo zum Mitkommen zu bewegen. Sogar einige Indianer begleiteten sie, als sie aufbrachen.

Sie waren schon einige Zeit auf dem Festland unterwegs, da stießen sie auf andere Indianer, von denen sie Unglaubliches erfuhren. In einiger Entfernung lebten Männer, die so aussähen wie sie. Es seien einmal mehr gewesen, nun lebten nur noch drei von ihnen. Sie seien Gefangene eines Indianerstamms, der sie sehr schlecht behandelte.

Cabeza de Vaca wollte sofort dorthin geführt werden. Doch Oviedo bekam es mit der Angst. Er beschloss, mit einigen Frauen der sie begleitenden Indianer in deren Dorf zurückzukehren. Cabeza de Vaca versuchte ihn von seinem Entschluss abzubringen. Vergebens. So trennten sich ihre Wege.

Nun ganz auf sich allein gestellt, ließ sich Cabeza de Vaca zu einem Platz führen, an dem alle zwei Jahre zu einer bestimmten Zeit viele Nüsse wuchsen. Dort, so hieß es, würden die besagten Indianer mit den Spaniern bald eintreffen. Tatsächlich: Die Indianer erschienen, um die Nüsse zu verspeisen, in ihrer Begleitung waren die gefangenen Kameraden Alonso del Castillo, Andres Dorantes und dessen Sklave, der dunkelhäutige Maure Estevanico.

Überglücklich trat Cabeza de Vaca vor sie. Alle vier Männer konnten das Glück des unverhofften Wiedersehens nach all den Jahren der Entbehrungen nicht fassen. Sie alle hatten sich mittlerweile dem Leben und den Anforderungen der Indianer angepasst und zum Teil deren Sprache gelernt. Besonders geschickt war Estevanico, der sogar die Zeichensprache beherrschte.

Cabeza de Vaca beschloss, bei seinen Kameraden zu bleiben und mit ihnen gemeinsam zu einem günstigen Zeitpunkt die Flucht zu wagen. Dafür würde er zunächst noch einmal das Los der Sklaverei auf sich nehmen.

Die Odyssee der »Kinder der Sonne«

Aber es vergingen Monate, sogar Jahre, in denen sie in verschiedenen Indianerdörfern leben mussten, Cabeza de Vaca litt zwischenzeitlich bei seinem Stamm sogar so stark, dass er versuchte zu fliehen. Aber die Indianer fingen ihn ein und drohten, ihn zu töten.

Erst als eines Tages die Kaktusfeigen wieder reiften, gelang den vier Männern endlich die Flucht. Bei Vollmond trafen sie sich in einem Kaktusfeigenfeld. Von dort schlichen sich Cabeza de Vaca, Dorantes, Estevanico und nach einigen Schwierigkeiten auch Castillo davon. Immer in Angst, die Indianer könnten ihnen nachsetzen, fanden sie schließlich bei einem Stamm freundliche Aufnahme. Dort hatte man bereits von ihnen gehört – und vor allem von ihren Heilkünsten.

Die Spanier begannen nun, von einem Stamm zum anderen zu wandern. Laut Cabeza de Vaca heilten sie Schwerkranke und Verkrüppelte, er selbst, so erzählte er später, erweckte einen Mann, den die Indianer für tot geglaubt hatten, wieder zum Leben. Die Indianer »zahlten« mit Geschenken, meistens Pfeile und Bögen, Feuersteine und Kaktusfeigen. Denn das war das Wertvollste, was sie besaßen.

Von Dorf zu Dorf erzählte man bald, die »Kinder der Sonne« seien unterwegs. Aus den Eroberern, die einst hochmütig ihre Flagge in den Sand der fremden Welt gerammt hatten, waren zuerst Gestrandete, dann Gefangene, dann Sklaven und schließlich Heilkundige geworden, die nun wie diejenigen durch das Land liefen, die sie einst hatten unterjochen wollen: nackt und barfuß. Nur nachts bedeckten sie sich mit Fellen gegen die Kälte. Wie bei Schlangen schälte sich ihre Haut zweimal im Jahr.

Die weitere Reise der Spanier auf der Suche nach der nächsten Siedlung ihrer Landsleute geriet zu einer nahezu endlosen und beschwerlichen Odyssee. In einem weit ausholenden Zickzack wanderten sie jahrelang durch Texas, Arizona, Mexiko und New Mexico. Ihr Weg verlief nicht direkt, da sie in dem feindlichen und unwirtlichen Terrain den Routen der Indianer vertrauen mussten. Zudem waren sie in dem kargen Land auf die wenige Nahrung angewiesen, die sie meist geschenkt bekamen. Als die wundertätigen »Kinder der Sonne« von Stamm zu Stamm weitergereicht zu werden, erspart ihnen, auf eigene Faust durch das unbekannte Land zu irren.

Estevanico leistete für die Vierergruppe wertvolle Dienste. Seine Sprachkenntnisse und seine Begabung, mit den meisten Indianern sofort einen freundlichen Kontakt aufbauen zu können, waren nicht zu ersetzen. Daher ging er zuweilen voran, und dank seiner gewinnenden Persönlichkeit sprang für ihn dabei die eine oder andere Liebesnacht in einem Dorf heraus. Die drei anderen »Kinder der Sonne« jedoch suchten, um ihren geheimnisvollen Nimbus zu wahren, nur selten das Gespräch mit den Indianern, die ihnen ihrerseits in immer größeren Scharen folgten, um von den Wunderheilern zu profitieren. Es bildete sich eine Art Kettensystem. Einige Indianer kündigten ihr Kommen an und forderten vorab Bezahlung für die Wundertaten. Zahlte ein Dorf nicht, konnte es zu Plünderungen kommen, worauf sich die beraubten Indianer ebenfalls dem Tross anschlossen, um sich durch Raub oder Erpressungen im nächsten Dorf für das ihnen genommene Eigentum zu entschädigen.

So zogen die »Kinder der Sonne« und ihr seltsames Gefolge von zeitweise 4000 Menschen am Fuß einer Gebirgskette entlang. Als erste Europäer sahen sie Bisons. So war später Cabeza de Vaca, der Mann, der nach dem Kopf einer Kuh benannt war, derjenige Europäer, der die Tiere erstmals beschrieb: als bräunlich-schwarze Kühe mit Haar wie bei einem Schafspelz. In einem Dorf erhielten sie smaragdartige Steine geschenkt. Man erzählte ihnen erneut von reichen Orten im Norden. Doch die Indianer warnten sie, dorthin zu gehen.

Eines Tages sah Castillo bei einem Indianer eine Gürtelschnalle, in die ein Hufeisennagel eingearbeitet war. Die Indianer erzählten, Männer mit Pferden und Bärten wie die »Kinder der Sonne« seien bei ihnen gewesen und hätten mit ihren Lanzen zwei ihres Stammes getötet. Endlich ein Hinweis auf »Christen«! Endlich kamen sie ihren Landsleuten näher! Doch zugleich wurde den »Kindern der Sonne« in jenen Tagen das Herz schwer, denn sie sahen, wie verwüstet das an sich reiche Land war, das sie jetzt durchquerten. Die Bewohner waren vor den Eroberern in die Berge geflohen, die Dörfer niedergebrannt und viele Menschen grausam getötet oder in die Sklaverei verschleppt worden.

Wieder unter »Christen«

Im Frühjahr 1536 trafen Cabeza de Vaca und seine Gefährten im Golf von Kalifornien unweit des Meeres auf spanische Sklavenjäger. Diese wussten nicht, wie ihnen geschah, als sie der halb nackte Mann aus Haut und Knochen in Spanisch ansprach und aufforderte, ihn zu ihrem Hauptmann zu bringen. Cabeza de Vaca bat seine Landsleute umgehend, die Grausamkeiten gegen die Indianer einzustellen. Die Indianer forderte er auf, in ihre Dörfer zurückzukehren. Es war nutzlos. Das Morden und die Versklavung nahmen kein Ende. Von einem Stützpunkt zum anderen weitergereicht, gelangten die »Kinder der Sonne« schließlich nach Mexiko-Stadt. Sie waren endlich am Ziel.

Cabeza de Vaca kehrte nach Spanien zurück. Am 9. August 1537 traf er in Lissabon ein und reiste an den spanischen Königshof weiter. Tief enttäuscht von der brutalen Vorgehensweise der Spanier in Amerika kämpfte er für eine Strategie der friedlichen Koexistenz mit den Indianern. Doch er fand so gut wie kein Gehör.

So landete, Jahre nach der brutalen Ankunft von Narváez, im Jahr 1539 ein neuer rücksichtsloser Eroberer an der Südküste Nordamerikas: Hernando de Soto traf mit seiner Expedition auf einen weiteren Überlebenden der Expedition des Narváez. Juan Ortiz schloss sich der Expedition als Fährtensucher und Dolmetscher an, starb jedoch in deren weiterem Verlauf.

Cabeza de Vaca verfasste derweil in Spanien einen Bericht über seine Erlebnisse, der 1542 veröffentlicht wurde. In den Jahren der Entbehrungen hatte er eine tief greifende innere Wandlung durchgemacht. Der Hochmut des Eroberers war Demut gewichen und einem Verständnis für die Indianer, denen es seit Generationen gelang, in einer oft grausamen Wildnis zu überleben.

Zwei Jahre vor der Veröffentlichung erhielt Cabeza de Vaca 1540 das Amt eines Gouverneurs am Rio de la Plata im heutigen Paraguay. Dort war er der erste Europäer, der die Wasserfälle von Iguazú sah. Dann rebellierten seine eigenen Männer gegen ihn, setzten ihn gefangen und brachten ihn zurück nach Spanien. Nach acht Jahren Arrest starb er verarmt um 1557.

4. Lady Jane Grey: Das Mädchen, das neun Tage Königin von England war

Jane Grey war 15 Jahre alt und schon verheiratet, als sie an jenem 9. Juli 1553 nach London reiste und in Syon House zu ihrer Überraschung auf eine Vielzahl von Gästen sowie die versammelte Verwandtschaft traf. Ihre Eltern und Schwiegereltern hatten sich in dem Palast eingefunden und natürlich ihr Ehemann.

Die Ehe mit dem nur wenig älteren Guildford Dudley war erst vor wenigen Wochen geschlossen worden. Der junge Mann war zwar von einer angenehmen Erscheinung und Frauen anderen Gemüts mochten in ihm samt seiner mächtigen Familie durchaus Reizvolles entdecken, doch Jane Grey liebte ihn nicht. Ihr Reflex, ihn von sich fernzuhalten, entsprang womöglich einer tiefen Abneigung gegen Guildfords Eltern und deren brennende politische Ambitionen. Diese jedoch einten sie mit Janes Eltern.

Janes Vater Henry Grey war ein Freund von Guildfords Vater und von nicht minder hungrigem Ehrgeiz, während Janes Mutter, die dominante und herrschsüchtige Francis Brandon, ihren Töchtern niemals verzieh, keine Söhne geworden zu sein. Beide hatten Jane keine Wahl gelassen. Sie musste die Frau des Sohnes von John Dudley, Herzog von Northumberland, werden, jenes Mannes, der so mächtig war, dass er sich selbst zum Vorsitzenden des Regentschaftsrates ernannte und als graue Eminenz hinter dem jungen kranken König Edward VI. im Grunde der eigentliche Regent von England war.

Zu ihrer Überraschung sah sich Jane Grey an diesem Tag in Syon House im Mittelpunkt der Gesellschaft. Einige der Anwesenden verbeugten sich vor ihr. Andere küssten ihr die Hand, jemand sprach sie als Souveränin an. Angst stieg in ihr auf.

Plötzlich trat ihr Schwiegervater John Dudley, der Herzog von Northumberland, vor die Versammelten und teilte ihnen mit, der junge König Edward VI. sei soeben verstorben und habe kurz vor seinem Tode noch verfügt, dass weder seine katholische Halbschwester Maria noch seine anglikanische Halbschwester Elisabeth den Thron erben sollten. Daher sei Lady Jane Grey die neue rechtmäßige Königin von England.

Die Anwesenden knieten nieder und huldigten ihrer neuen Herrscherin. Die, heißt es, sank ohnmächtig zu Boden.

Niemand half ihr auf, als sie wieder zu sich kam, und ihre Tränen versiegten schnell. Lady Jane sprach zu den Umstehenden: Die Krone stehe ihr nicht zu und sie erstrebe sie auch nicht. Maria sei die rechtmäßige Erbin. Tumult brach los. John Dudley und die Eltern redeten auf das Mädchen ein, beschworen ihre Verantwortung gegenüber dem Volk, der Krone, dem Glauben, den sie zu schützen habe. Obendrein habe sie dem Willen von Vater und Mutter zu gehorchen! Jane gab nach. Wenn Gott die Krone für sie vorgesehen habe, werde sie sich fügen. Sie empfing die Huldigungen und den Treueid Dudleys, der Regentschaftsratsmitglieder, des anwesenden Hochadels.

Lang lebe die Königin!

Schachspiel der Macht

Wenn die Rede auf die Königinnen Englands kommt, wird Lady Jane Grey selten genannt. Die nur neun Tage währende Regierungszeit der jugendlichen Königin und ihr tragisches Ende fielen in eine Phase der Unsicherheit in der englischen Monarchie während der Herrschaft des Hauses Tudor. Auf seltsame Weise vereinte Lady Jane Grey die Widersprüche und Veränderungen jener Tage in ihrer Person.

Als man sie 1553 zur Königin ausrief, geschah dies nur sechs Jahre nach der langen Regentschaft des berühmt-berüchtigten

Heinrich VIII., der sich seinerzeit von seiner ersten Frau scheiden lassen wollte und sich darüber mit der katholischen Kirche in Rom überwarf. Daraufhin gründete er die anglikanische Kirche und machte eine eigene Form des Protestantismus in England zur Staatsreligion. Heinrich ging nacheinander sechs Ehen ein. Zwei seiner Frauen ließ er hinrichten.

Nach dem Tod des fürchterlichen Königs war ihm sein Sohn Edward als Edward VI. auf den Thron gefolgt. Dieser war noch ein Kind von gerade neun Jahren, als er Herrscher Englands wurde. Wie Jane Grey kam er im Oktober des Jahres 1537 zur Welt. Sein Schicksal sollte das von Jane entscheidend beeinflussen.

In den nur sechs Jahren, die der kränkliche Knabe auf dem Thron saß, lagen die eigentlichen Regierungsgeschäfte in der Hand eines 16-köpfigen Regentschaftsrats, den noch Heinrich eingesetzt hatte und dem als Lordprotektor Edward Seymour, Herzog von Somerset, vorstand. Unter den Einflüsterern des Kindkönigs setzte sich schließlich John Dudley gegen den zunehmend unbeliebt gewordenen Edward Seymour durch. Dudley ließ ihn festnehmen, des Hochverrats anklagen und am 22. Januar 1552 im Tower hinrichten.

Dudley, der spätere Herzog von Northumberland, wurde de facto der neue Lordprotektor, ohne den Titel jedoch zu führen. Doch sein ganzes Bestreben richtete er fortan darauf, seine Quasi-Regentschaft dauerhaft zu sichern. Dabei verfolgte er zwei Strategien: Er versuchte seinen Einfluss auf den jungen König zu festigen, wozu auch das Versprechen gehörte, ihn bereits mit 16 Jahren für volljährig erklären zu lassen. Gleichzeitig begann er sich um eine ihm genehme Nachfolge Edwards zu kümmern, denn jeder im engen Umfeld des jungen Königs rechnete damit, dass dieser nicht alt werden würde. Tatsächlich löste eine Krankheit die nächste ab, auf die Blattern folgten die Masern, und schließlich besiegte eine Erkältung den entkräfteten Körper des schon länger an Schwindsucht leidenden Monarchen. Edward starb drei Monate vor jenem Geburtstag, der ihm die Volljährigkeit hätte bescheren sollen. Wem würde die Regentschaft nun zufallen?

Dudley, der seit Monaten fieberhaft an einer ihm genehmen Regelung der Thronfolge arbeitete, wollte vor allem Edwards Halbschwester Maria als Königin verhindern. Sie war katholisch, und an katholischem Besitz, der nach Heinrichs Abfall von der Kirche in Rom in großem Umfang beschlagnahmt worden war, hatte Dudley sich schamlos bereichert. Der ideale Regent, das war für ihn von Anfang an ausgemachte Sache, war protestantisch und würde, einmal auf dem Thron, seinen Einfluss nicht gefährden. Prinzessin Elisabeth hätte es anstelle ihrer Halbschwester Maria sein können. Doch starrköpfig, wie diese war, wies sie alle Bemühungen Dudleys zurück. Zuerst verweigerte sie die Verlobung mit dessen noch verheiratetem Bruder, dann die Ehe mit Dudleys Sohn Guildford. Aber es gab noch andere Möglichkeiten.

Die Lösung fand sich in der ältesten Tochter von Dudleys engem und ebenso nach Macht und Einfluss strebendem Freund und Wegbegleiter Henry Grey. Der radikale Protestant hatte 1551, im selben Jahr, da Dudley zum Herzog von Northumberland erhoben worden war, den Titel eines Herzogs von Suffolk verliehen bekommen. Vor allem aber stand Greys älteste Tochter Jane nach Maria und Elisabeth an dritter Stelle der Thronfolge, da seine Frau die Tochter von Heinrichs Schwester Maria Tudor war.

So weit, so gut. Doch wie konnte Jane auf der Liste der Thronanwärterinnen an Maria und Elisabeth »vorbeirücken«? Auch dafür wusste Dudley einen Weg. Kurz vor dessen Tod überredete er Edward, seine Halbschwestern Maria und Elisabeth testamentarisch von der Thronfolge auszuschließen, was eine willkürliche Änderung des von Heinrich erlassenen *Act of Succession* von 1543 bedeutete, der Maria als Erste und Elisabeth als Zweite der Thronfolge vorsah, sollte Edward keine Nachkommen haben.

Der Regentschaftsrat stimmte der Änderung zu. Nun, nach der willkürlichen Entfernung von Maria und Elisabeth – sie wurden zur Rechtfertigung dieses Schrittes als illegitime »Bastards« bezeichnet –, rückte Lady Jane Grey auf der Thronfolgeliste an die oberste Stelle. Um sich zudem seines Einflusses auf die junge Frau zu versichern, verabredete John Dudley mit seinem Freund

Henry Grey die Vermählung mit seinem 16-jährigen Sohn Guildford, jener Jüngling, der schon Elisabeth angedient worden war.

Am Pfingstsonntag 1553 feierte man Hochzeit in Durham House, der Londoner Residenz der Dudleys. Das Fest war so hastig angesetzt worden, dass Janes Garderobe vom königlichen Hof hatte geliehen werden müssen. Und da man gerade dabei war, arrangierten die ehrgeizigen Dudleys und Greys noch weitere vielversprechende Verbindungen für ihre Kinder. Janes jüngere Schwester Catherine vermählte sich mit dem Sohn des Earl von Pembroke, Dudleys Tochter, die auch Catherine hieß, heiratete Lord Hastings, während Janes jüngste Schwester Lady Mary Grey mit ihrem Cousin Lord Arthur Grey Verlobung feierte. An ein und demselben Tag hatten es die Dudleys und Greys geschafft, die mächtigsten Familien am Hof zu verbinden.

Einsame Jugend

Wusste Jane Grey am Tag ihrer Vermählung, was auf sie zukam? Vermutlich. Sie war gebildet, sie war intelligent. Sie kannte ihre Position auf der Liste der möglichen Thronfolger. Zweifellos erahnte die junge Frau den Lauf der Dinge. Doch was hätte sie dagegen unternehmen können?

Nach der Hochzeit bezog sie zunächst keinen gemeinsamen Haushalt mit Guildford. Stattdessen floh sie förmlich nach Suffolk Place in Westminster, dem Wohnsitz ihrer Eltern. Erst auf Drängen der Schwiegermutter, die ihr mitteilte, der junge König sei sehr krank und Jane habe sich bereitzuhalten, zog sie zu Guildford nach Durham House. Was sollte sie tun? Auch wenn sie nicht Königin werden wollte, ihrer Pflicht als überzeugter Protestantin, ja Calvinistin war sich Jane durchaus bewusst. Musste sie nicht versuchen, die Katholikin Maria vom Thron fernzuhalten? Aber war sie, die 15-Jährige, all dem gewachsen, was da kommen konnte? Furcht und Ungewissheit nährten womöglich die ominöse Erkrankung, die Jane in jenen Tagen schwächte. Sie selbst behauptete später, auch in einem Brief an ihre Rivalin

Maria, man habe sie vergiften wollen. Doch zu diesem Zeitpunkt hätte wohl noch niemand ein Interesse daran gehabt. Für ihr unmittelbares Umfeld war sie die wichtigste Schachfigur im Spiel um die Macht. Vielleicht war Janes Krankheit der einzige – halbherzige – Versuch, dem Schicksal und der Familie etwas entgegenzusetzen, allem zu entfliehen.

Jane Grey war im Oktober 1537 in Bradgate, dem Anwesen der Greys in Leicestershire, zur Welt gekommen. Ihren Vornamen erhielt sie zu Ehren der Königin Jane Seymour, deren jüngst geborener Sohn Edward als lang ersehnter Thronfolger von Heinrich VIII. in überschwänglichen Festen gefeiert wurde. Die ersten Jahre blieb Jane in der Obhut der Amme Ellen in einer Kinderstube fernab von den Eltern, die ihr von Anfang an weder Zuneigung noch Liebe entgegenbrachten. Sehr früh bereitete man sie auf das Leben als Herrin eines Adelshauses vor. Neben »weiblichen Fertigkeiten« wie Musik, Stickerei und Tanz hatte das Mädchen vor allem »weibliche Tugenden« wie Fügsamkeit und stille Zurückhaltung zu lernen. Mit neun Jahren kam sie 1546 in den Haushalt von Catherine Parr, der letzten Frau Heinrichs VIII. Dort erfuhr sie neben einer exzellenten Ausbildung auch die Liebe, die sie von ihren Eltern nicht kannte. Catherines protestantischer Glaube übte großen Einfluss auf das Mädchen aus. Anfang 1547 starb Heinrich VIII., worauf die Königswitwe mit ihrem Haushalt vor die Tore Londons zog. Einige Zeit lebte Jane dort mit der vier Jahre älteren Prinzessin Elisabeth zusammen, die von Catherine Parr jedoch bald fortgeschickt wurde, um ihren Ruf zu schützen. Ihr neuer Mann Thomas Seymour interessierte sich wohl ein wenig zu stark für die 14-Jährige.

Als Catherine Parr 1548 ihr einziges leibliches Kind zur Welt brachte, war Jane Patin, und als diese kurz darauf im Kindbett starb, führte sie den Trauerzug der geliebten Pflegemutter an. Jane kehrte ins Haus ihrer Eltern zurück, die nun ihre Vormundschaft für die eigene Tochter gegen eine stattliche Summe von 2000 Pfund an Thomas Seymour verkauften. Der versprach, die junge Frau mit König Edward zu verheiraten, der durch Seymours Verbindung mit Catherine Parr sein Neffe geworden war. Doch

Seymour setzte mit seiner Ungeduld den Plänen selbst ein Ende. Als er um eine Audienz beim König ersuchte und nach langem, erniedrigendem Warten schließlich gewaltsam in dessen Gemächer eindrang, nahm man ihn fest. Es folgte eine Anklage wegen Hochverrats. Das Todesurteil unterzeichnete sein Bruder. 1549 wurde Thomas Seymour enthauptet.

Erneut kehrte Jane in ihr Elternhaus zurück. Erneut war der Empfang kühl. Im Jahr 1550 besuchte der Humanist und zeitweilige Tutor Elisabeths Roger Ascham das Anwesen der Greys in Leicestershire. Die Familie vergnügte sich gerade auf der Jagd, so traf Ascham allein die knapp 13-jährige Jane bei der Lektüre von Platons *Phaidon* in Griechisch an. Warum sei sie nicht bei den anderen? Einer der größten Vorteile, die Gott ihr gegeben habe, entgegnete Jane, seien ihre harten und strengen Eltern und ihr so milder und sanftmütiger Lehrer: »Bin ich in der Gesellschaft meiner Eltern, ob ich spreche, schweige, sitze, stehe oder gehe, esse, trinke, vergnügt bin oder traurig, ob ich sticke, spiele, tanze oder irgendetwas anderes tue, ich muss es so perfekt machen, wie Gott die Welt schuf. Denn sonst werde ich verhöhnt oder fürchterlich bedroht, ja manchmal mit Nadeln traktiert, gekniffen, gestoßen oder auf andere Weise, die ich nicht nennen möchte.«

Es sei die Hölle, doch dann dürfe sie endlich zu dem freundlichen und zuvorkommenden Mister John Aylmer gehen (einem Freund Aschams, der später Bischof von London wurde). Die Dinge, die er lehre, ließen sie alles andere vergessen. Und wenn sie wieder fortgerufen werde, müsse sie weinen, »denn alles andere außer meiner Stunden des Lernens ist voller Kummer, Leid und Furcht für mich. Und daher ist mein Buch eine solche Freude und bringt mir täglich mehr davon, dass alle anderen Freuden nur klein dagegen sind.«

Beim Abschied versprach Jane, Ascham bald einen Brief auf Griechisch zu schicken. Sie suchte zunehmend Zuflucht in Büchern, in den Wissenschaften, in Sprachen. Sie beherrschte Italienisch, Französisch, Latein und lernte Hebräisch. Die 15-Jährige stand im Briefkontakt mit dem Schweizer Reformator Heinrich Bullinger, dem Nachfolger Zwinglis. Dessen Schüler John Ulmer besuchte sie in England und berichtete in Briefen an seine Schweizer Freunde begeistert von Janes hoher Bildung und ihrem liebenswürdigen Wesen.

Die Ehe, die Jane mit Guildford Dudley eingehen musste, stand unter dem Versprechen von Janes Mutter, das Mädchen könne ihr Leben wie gewohnt weiterführen, müsse nichts an ihrem Alltag ändern. Doch als Edward VI. starb, traten die Umstände ein, auf die die Greys und Dudleys hingearbeitet hatten.

Königin wider Willen

Edwards kurzes Leben endete am 6. Juli 1553. Noch wusste Jane nicht, dass sie schlagartig in eine neue Phase ihres jungen Lebens geraten war. Dies geschah erst drei Tage später. Bis dahin hielt John Dudley den Tod des Königs geheim. Er brauchte Zeit, um seinen Trumpf ausspielen zu können. Jane musste nach London gebracht und die Thronrivalin Maria gefangen gesetzt werden.

Zu Dudleys Ärger erhielt Maria, die in Framlingham Castle im ostenglischen Suffolk weilte, rechtzeitig eine Warnung und floh nach Norfolk. Dort ließ sie sich am 10. Juli als rechtmäßige Königin ausrufen. Es war der Tag nachdem man Jane in Syon House mitgeteilt hatte, sie sei die neue Königin Englands. Maria sammelte Truppen, um nach London zu ziehen.

Jane fuhr an jenem 10. Juli in der königlichen Barke in einer Bootsprozession auf der Themse zum Londoner Tower, wo sich damals traditionell alle englischen Monarchen vor ihrer Krönung aufhielten. Unter die Schaulustigen hatte sich der Genueser Kaufmann Baptista Spinola gemischt. Von ihm stammt die einzige überlieferte genauere Beschreibung der jungen Frau. Jane erschien ihm »sehr klein und dünn. Doch sie ist hübsch geformt und anmutig. Sie hat schmale Gesichtszüge und eine wohlgeformte Nase, der Mund ist geschmeidig und die Lippen sind rot. Ihre gebogenen Augenbrauen sind dunkler als ihr Haar, das eher rot ist. Ihre Augen funkeln und haben eine rotbraune Farbe. Ihre Haut ist schön und nicht gezeichnet von den Pocken, doch sie ist sommersprossig. Sie hat weiße Zähne und ein schönes Lächeln.« Lady Jane, so der Kaufmann, habe Schuhe mit Korkabsätzen getragen, damit sie größer wirke. Das Kleid aus grünem Samt habe wundervoll zu ihrem roten Haar gepasst. Jane war an diesem Tag in Grün und Weiß, den Farben der Tudors, gekleidet. Auch ihren Gatten Guildford beschrieb der Kaufmann. Der sei hochgewachsen, mit hellem Haar, und habe seiner Frau sehr große Aufmerksamkeit geschenkt.

Im Tower erfolgte Janes öffentliche Ausrufung zur neuen Regentin. Sie unterzeichnete das Dokument ihrer Proklamation mit »Jane, die Königin«.

Noch immer hatte sie sich nicht mit ihrer neuen Rolle abgefunden. Als zwei Tage später, am 12. Juli, der Lord Treasurer eine Auswahl von Kronjuwelen in die königlichen Gemächer brachte, auch die Krone gehörte dazu, weigerte sich Jane zunächst, diese in die Hand zu nehmen oder gar aufzusetzen. Sie habe die Krone nie verlangt! Inständig bat man, sie möge diese wenigstens kurz aufsetzen, um zu sehen, ob sie passe. Jane gehorchte widerwillig. Bei diesem Anlass erfuhr sie, dass auch Guildford zum König erhoben werden sollte. Was das bedeutete, ahnte sie sofort. Er sollte als Marionette seines Vaters fungieren.

Entschlossen erklärte Jane, ihrem Ehemann die Königswürde zu verweigern. Allenfalls einen Herzogtitel könne sie ihm in Aussicht stellen, doch das habe das Parlament zu entscheiden. Guildford war entsetzt. Es kam zu einem heftigen Streit, schließlich rannte der junge Dudley wütend und in Tränen aufgelöst zu seiner Mutter. Doch Jane blieb hart.

Indessen riefen Herolde auf den Plätzen Londons Lady Jane Grey als neue Königin aus. Unter den Menschen allerdings kam kein Jubel auf. Die meisten hielten Prinzessin Maria für die rechtmäßige Thronfolgerin und im Umland bekannten sich immer mehr Städte und Grafschaften zu ihr. Man wusste, Dudley steckte hinter Janes Inthronisierung, und der war aufgrund seiner Machenschaften selbst bei Protestanten verhasst.

In den nächsten Tagen erkrankte Jane erneut. Die Haut löse sich von ihrem Rücken ab, ließ sie wissen. Wieder sagte sie, man wolle sie vergiften. Am 13. Juli zeigte sich dann eindeutig, wen das Volk als Königin sah – und wen nicht. In London wurden die Rufe nach Maria so laut, dass Jane die Tore des Towers schließen und sich den Schlüssel übergeben ließ. Janes Schwiegervater zog Maria mit einem Heer entgegen. Kaum jemand jubelte ihm zu, viele der Soldaten desertierten und John Dudley floh schließlich auf seinen Landsitz. In London erklärte ihn der Regentschaftsrat für abgesetzt. Am 18. Juli wurde er verhaftet.

Am Abend des 19. Juli riefen auch die Londoner Maria als Königin aus. Jane, so heißt es, saß gerade beim Abendessen, da trat ihr Vater ein und teilte ihr mit, sie dürfe die königlichen Kleider fortan nicht mehr tragen. Die Tochter soll diese Nachricht mit Erleichterung aufgenommen haben. Dieser Moment sei eine größere Freude für sie als jener wenige Tage zuvor, in dem sie aus Gehorsam gegenüber den Eltern die royalen Gewänder angelegt habe.

Dann zogen Wachen auf. Jane und Guildford waren Gefangene. Dem Lord Treasurer musste die junge Frau, die nur neun Tage Königin von England gewesen war, jeglichen Schmuck aushändigen, den man ihr zuvor mehr oder minder aufgedrängt hatte. Als Pfand hatte sie nun sogar ihren eigenen dazuzugeben, da angeblich Stücke fehlten.

Am 3. August zog Maria begleitet von ihrer Halbschwester Elisabeth im Triumph in London ein. Während Jane im Tower ihres weiteren Schicksals harrte, zögerte Maria, die Cousine hinrichten zu lassen. Die 37-Jährige kannte Jane seit deren früher Kindheit. Zunächst vergab sie deren Mutter, und auch den Vater ließ sie wieder frei. Jane aber blieb in Haft, an der Westseite des Towers in Nummer 5 Tower Green neben dem Queens House. Guildford war wenige Schritte entfernt mit seinem Vater und den Brüdern im Beauchamp Tower untergebracht, in dem heute noch der in Stein eingeritzte Name »Iane« zu lesen ist. Ob die Inschrift von Guildford stammt, konnte weder bewiesen noch widerlegt werden. Vielleicht hat auch sein Vater den Namen eingraviert. Guildfords Mutter hieß ebenfalls Jane.

John Dudley wurde mit mehreren seiner Mitverschwörer des

Hochverrats angeklagt. Elf von ihnen verurteilte das Gericht zum Tode, aber nur drei der Urteile wurden vollstreckt. Eines davon war das über John Dudley, den einstmals mächtigsten Mann Englands. Die Exekution fand am 22. August statt.

»Ein zerbrochenes und zerschlagenes Herz«

Der Gesandte des Kaisers des Heiligen Römischen Reiches drang derweil auf Maria ein, auch Jane hinrichten zu lassen. Ihre Krone sei bedroht, solange diese noch lebe. Maria zögerte. Zunächst einmal wurde Jane am 13. November 1553 gemeinsam mit ihrem Gatten in der Londoner Guildhall unter Vorsitz des Bürgermeisters Thomas White der Prozess gemacht. Jane, seit einem Monat 16 Jahre alt, ließ die Verhandlung ruhig und in Würde über sich ergehen. Das Gericht befand das Ehepaar des Hochverrats für schuldig. Das Mädchen sollte bei lebendigem Leib verbrannt werden oder »geköpft, sofern es der Königin gefällt«. Doch nach wie vor schonte Maria ihr Leben.

Dann brach zu Beginn des Jahres 1554 die sogenannte Wyatt-Rebellion aus, zu den Führern – allesamt Protestanten – gehörte Janes Vater. In Zusammenhang gebracht wurde die Rebellion mit der Nachricht, Maria wolle den Prinzen Philipp von Spanien heiraten. Dessen Botschafter intervenierte immer eindringlicher wegen Janes Hinrichtung. Spätestens als Maria zu Ohren kam, dass in jedem Ort, den die Rebellen betraten, Lady Jane Grey als wahre Königin ausgerufen wurde, war das Schicksal ihrer Cousine besiegelt.

Als man Jane am 8. Februar 1554 mitteilte, sie werde am nächsten Tag geköpft, antwortete sie: »Ich bin bereit und froh, meine elenden Tage zu beenden.« Dann verschob man die Exekution auf den 12. Februar. Maria schickte ihren Beichtpriester John Feckenham, um Jane in letzter Minute noch zum katholischen Glauben zu bekehren und sie auf ihre Hinrichtung vorzubereiten. Jane nahm zwar den geistlichen Beistand an, hielt aber an ihrem protestantischen Bekenntnis fest. Kurz vor der Hinrichtung verfasste sie Briefe an ihren Vater und die Schwester Catherine. Ihrem Vater Henry Grey, der seine Tochter für Macht und Einfluss preisgegeben hatte, verzieh sie großmütig. Der Schwester sandte sie ihre Bibel, versehen mit einer Widmung: »Es wird dich lehren zu leben und zu sterben.«

Guildford Dudley wünschte Jane vor seiner Hinrichtung noch einmal zu sehen. Sie verweigerte das Treffen. Die Quellen sind uneins, ob sie mit der Begründung ablehnte, sie wolle in ihrer religiösen Vorbereitung auf die Exekution nicht gestört werden, oder ob sich die Gemahlin wider Willen nicht fähig glaubte, eine Begegnung durchzustehen.

Ein anonymer Tagebuchschreiber erzählt, Jane habe am Fenster gestanden, als Guildford den letzten Gang zum Tower Hill außerhalb der Festungsmauern antrat, wo traditionell die männlichen Delinquenten öffentlich hingerichtet wurden. Kurze Zeit darauf sah Jane einen Pferdekarren unter ihrem Fenster vorbeifahren, der Guildfords enthaupteten Körper zurückbrachte. Den abgetrennten Kopf trug ein Soldat in ein Stück Stoff gehüllt hinterher. Sie weinte.

Guildford starb nach zeitgenössischen Quellen gefasst und »trockenen Auges«. Seine letzten Worte waren: »Betet für mich.«

Die Vorbereitungen für ihre eigene Hinrichtung konnte Jane aus ihrem Fenster beobachten. Das Schafott für sie wurde wenige Meter vor der Kapelle St. Peter ad Vincula auf dem Tower Green errichtet. Dies war als besondere Gunst zu werten, da die Hinrichtung außerhalb der Öffentlichkeit, sozusagen »privat«, vonstattenging. Meist wurde Frauen dieses »Privileg« zuteil, wie schon vor Jane den Frauen Heinrichs VIII., Anne Boleyn und Catherine Howard. Für den Monarchen hatte die nicht öffentliche Hinrichtung allerdings auch den Vorteil, dass die Menge nicht plötzlich mit der Delinquentin sympathisierte.

Nun bereitete sich der Zug der wenigen vor, die Jane zum Richtblock begleiteten. Feckenham schritt voran. Jane folgte, ein Gebetbuch in den Händen. Hinter ihr ging Sir John Bridges, der Leutnant des Towers, danach kamen Janes Kindermädchen

Ellen, ein Diener und ihre Hofdamen Mrs Tilney und Mrs Jacob, die unablässig weinten.

Obwohl die Hinrichtung nicht »öffentlich« war, hatten sich nicht wenige Menschen an der Richtstätte versammelt. Während Jane auf dem Weg zum Schafott in ihrem Gebetbuch lesend den Rasen überquerte, führte sie Sir John am Arm. Am Richtblock angekommen, bat sie darum, noch einige Worte sagen zu dürfen. In einer kurzen Rede bekannte sie, ihr Handeln gegen die Königin sei falsch vor dem Gesetz gewesen: Doch »vor Gott wasche ich meine Hände in Unschuld und auch in Eurem Angesicht, Ihr guten Christenmenschen!« Mit beiden Händen umklammerte sie ihr Gebetbuch und fragte, ob sie noch ein Gebet sprechen dürfe. Feckenham bejahte. Jane kniete nieder und betete in englischer Sprache alle neunzehn Verse des 51. Psalms: »Gott sei mir gnädig in Deiner Huld, tilge meine Frevel nach Deinem reichen Erbarmen.« Die Umstehenden lauschten betreten: »Sättige mich mit Entzücken und Freude! Jubeln sollen die Glieder, die du zerschlagen hast.« Mit inniger Andacht sagte die junge Frau die Verse auf:

»Das Opfer, das Gott gefällt, ist ein zerknirschter Geist, ein zerbrochenes und zerschlagenes Herz wirst du, Gott, nicht verschmähen.«

Feckenham soll die Fassung verloren haben, worauf Jane sich zu ihm beugte und ihn küsste. Sir John überreichte sie ihr Gebetbuch, in das sie eine Widmung für ihn hineingeschrieben hatte. Ihrer Hofdame Tilney gab sie Handschuhe und Taschentuch. Dann öffnete Jane ihre Kleidung um den Hals. Der Scharfrichter reichte ihr eine Binde, um die Augen zu bedecken. Er kniete vor ihr nieder und bat, wie es üblich war, seine Delinquentin um Vergebung.

»Sehr gerne«, antwortete sie.

Jane trat nun auf das ausgebreitete Stroh vor dem Richtblock: »Ich flehe Sie an, töten Sie mich schnell.«

Sie ging auf die Knie und deutete auf die Binde: »Werden Sie diese abnehmen, bevor ich mich draufgelehnt habe?«

»Nein, Madame«, erwiderte der Scharfrichter.

Da verband sich Jane die Augen. Als sie fertig war, begann sie nach dem Richtblock zu tasten. Sie war zu weit entfernt und schaffte es nicht, ihn zu berühren.

»Was soll ich tun? Wo ist er?«, rief sie, noch immer auf Knien suchend.

Erst nach wenigen Augenblicken trat einer der Umstehenden auf sie zu und half ihr zum Richtblock. Kniend legte sie ihren Kopf darauf, streckte noch einmal ihren Körper und sagte:

»Herr, in Deine Hände empfehle ich meinen Geist.«

Dann sauste die Axt herab und tötete Jane mit einem Schlag.

Der Geist einer Heldin

Eine Woche später wurde auch Janes Vater hingerichtet. Janes Mutter Frances dagegen kam davon. Dafür, dass sie sich für das Leben ihrer Tochter eingesetzt hätte, gibt es keine Hinweise. Bereits vier Wochen nach deren Hinrichtung schockierte sie die Öffentlichkeit, denn sie heiratete Adrian Stokes, einen einflussreichen Mann an Marias Hof. Manche Historiker meinen, sie wollte auf diese Weise rasch eine Distanz zu der Verschwörung herstellen, in die sie verstrickt war. In der Tat verzieh ihr die Königin und Frances durfte mit ihren beiden überlebenden Töchtern am Hof bleiben.

Marias Schergen verfolgten die Protestanten in ihrer letztlich fünf Jahre dauernden Regentschaft erbarmungslos, und so ging sie mit dem zweifelhaften Beinamen *Bloody Mary* in die Geschichte ein. Diesen soll übrigens ihre Nachfolgerin für sie geprägt haben. Marias Halbschwester, die einstmals die Ehe mit Guildford Dudley ausgeschlagen hatte, bestieg Ende 1558 als Elisabeth I. den Thron. Sie, die zwei von Dudleys Söhnen als Ehemänner verschmäht hatte, zeigte bald, dass ihre Abneigung nicht allen Dudleys galt. Robert, ein jüngerer Bruder Guildfords und in jenen Schicksalstagen zeitweilig wie Jane im Tower gefangen, war später ein Favorit der Königin und gehörte – der Familientradition verpflichtet – zu den Einflüsterern am Hofe.

Guildford Dudley und Jane Grey fanden ihre letzte Ruhe in der Kapelle St. Peter ad Vincula im Tower. Janes Geist aber soll nach wie vor im Londoner Tower spuken, als wolle er erinnern an jenes Mädchen, dem kein Ausweg blieb und das sein Schicksal so heldenhaft trug. Er wurde über die Jahrhunderte mehrfach gesehen, immer am Tag ihrer Hinrichtung.

5. Ruprecht von der Pfalz: ein Hund in der Schlacht, Biberpelze und gläserne Tränen

Fast hätte man den Säugling in der Prager Burg vergessen. Als die Meldung hereinplatzte, der Feind sei nahe, rannte alles und versuchte sich zu retten. In der ausbrechenden Panik ließ ihn die Kinderfrau in den weitläufigen Räumen des Palastes einfach liegen. Doch der kleine Junge schrie und strampelte so heftig, dass er zu Boden fiel. Einer der Bediensteten wurde auf den Lärm aufmerksam, packte das Bündel und warf den kleinen Ruprecht – immerhin den drittältesten Sohn des Königs – auf einen der letzten aus dem Palast fliehenden Wagen.

Im Auge des Sturms

Flucht, Unruhe, Krieg und Kampf. Ruprechts Leben begann in einer besonders stürmischen Zeit. Als er eine Woche vor dem Heiligen Abend des Jahres 1619 in Prag zur Welt kam, regierte sein Vater, der protestantische Kurfürst von der Pfalz Friedrich V., noch nicht lange als König von Böhmen. Im Land tobte der Krieg, seit im Mai 1618 beim sogenannten Prager Fenstersturz protestantische böhmische Aufständische drei Beamte des katholischen Kaisers des Heiligen Römischen Reiches kurzerhand aus einem Fenster der Prager Burg geworfen hatten. Der Dreißigjährige Krieg fiel ins Zeitalter der Gegenreformation, in dem die katholische Kirche nach der durch Martin Luther 1517 ausgelösten Reformation fortwährend versuchte, den Protestantismus wieder zurückzudrängen. Und er war zugleich die blutigste Phase dieser Epoche, in der die Glaubenskrieger weite Teile Mitteleuropas, vor allem Deutschlands, verheerten.

Die protestantischen böhmischen Landstände – Vertreter von Adel, Klerus und Städten – hatten Friedrich die Krone durch Wahl verliehen. Aber seine Position war vergleichsweise schwach. Die Entscheidung für ihn entsprang einzig dem Wunsch, den Kandidaten des katholischen Kaisers davonzujagen. Kaiser Ferdinand II. indes drohte nun, mit Truppen in Böhmen einzufallen, um die verlorene Königskrone zurückzugewinnen. Hofräte und viele protestantische Fürsten hatten Friedrich zum Verzicht geraten, auch die Vereinigten Niederlande. Doch da er sich als »Kreuzritter des Protestantismus« sah, nahm Friedrich die Königswürde an. Ende September begab er sich auf die beschwerliche Reise nach Prag, begleitet von seiner mit Ruprecht hochschwangeren Frau Elisabeth, die das Kind im neuen Reich zur Welt bringen sollte. Das Königspaar hoffte damit, Sympathien beim Volk zu gewinnen. Und die Menschen in Prag begrüßten den Tross aus 100 Wagen überschwänglich. Friedrich gab sich volkstümlich, schwamm in der Moldau und ließ Silbermünzen in die Menschenmenge werfen. Am 4. November 1619 wurde er im Veitsdom gekrönt.

Der neue König regierte jedoch ungeschickt und glücklos, bald war sein Kredit bei der Bevölkerung verbraucht. Da weder er noch seine Frau die Landessprache beherrschten, bestimmten Deutsch sprechende Beamte das Leben am Hofe. Wie die Menschen empfanden, blieb ihm und seiner Regierung fremd. Vor allem Friedrichs strikter, bilderfeindlicher Calvinismus geriet in Konflikt mit dem toleranteren böhmischen Protestantismus, der die Verehrung von Reliquien und religiösen Darstellungen nach wie vor duldete. Als sein Hofprediger Abraham Scultetus am 21. Dezember 1619, vier Tage nach Ruprechts Geburt, in einem mehrtägigen Bildersturm zahllose Heiligenbilder und -statuen vernichten ließ, wandte sich das Volk vom König ab.

Früh kursierte in Flugschriften für Friedrich der Spottname »Winterkönig«, schon als er noch Inhaber der Krone war. Unter diesem Namen ging er schließlich in die Geschichtsbücher ein.

Im Spätherbst 1620 wurde dann die Vorhersage vom König, der Böhmen nur einen Winter regierte, zur Wahrheit.

Kaiserliche Truppen hatten Mitte 1620 Friedrichs Stammland, die nahezu schutzlose Pfalz, besetzt. Nun marschierte Maximilian von Bayern mit seinem Heer auf Böhmen zu, während von Norden her die Truppen unter Georg von Sachsen einfielen. Friedrichs Heer war schlecht organisiert, bunt zusammengewürfelt und unzureichend ausgerüstet. Es bezog Anfang November auf dem Gipfel des Weißen Berges vor den Toren Prags Stellung. Als der König am Morgen des 8. November zu seinen Truppen eilen wollte, traf er am Prager Stadttor auf seine flüchtenden Soldaten. Die kaiserlichen Gegner hatten das Heer am Tag zuvor am Weißen Berg vernichtend geschlagen. Nun floh auch Friedrichs Familie mit dem Hofstaat – und dem in letzter Sekunde auf einen Wagen geworfenen, erst wenige Monate alten Ruprecht.

Der Weg führte zunächst nach Breslau. Friedrich verlor nicht nur die böhmische Krone, sondern auch seine pfälzischen Erblande. Jahre des Exils folgten, in denen der entmachtete König fortwährend versuchte, seine Pfründe wenigstens in der Pfalz zurückzuerobern. Doch auch an der Spitze seiner Ende 1622 in Den Haag gebildeten Exilregierung zeigte er erhebliche Führungsschwächen und eine seltsame Gewichtung der Prioritäten. Die Beamten hielt er stets knapp bei Kasse, während der Hof in Saus und Braus lebte. Die finanziellen Zuwendungen, die Friedrich von den verbündeten Mächten England und den Niederlanden erhielt, reichten hinten und vorne nicht.

Dann starb Anfang 1629 Ruprechts älterer Bruder Heinrich Friedrich bei einem Schiffsunglück in der Nähe von Haarlem. Heinrich hatte durch seinen wachen Verstand und seine Persönlichkeit nicht nur Hoffnungen beim Vater, sondern bei vielen Territorialherrschern geweckt. Sie waren nun zunichte. Der »Winterkönig« von Böhmen verwand den Tod seines Thronfolgers nie. Er starb Ende 1632.

Da war Ruprecht noch nicht einmal 13 Jahre alt, hatte sich aber als schwieriges Kind in stürmischen Zeiten durch Leichtsinn und Starrköpfigkeit längst den Spitznamen »Ruprecht der Teufel« verdient. Früh zeigte er eine außergewöhnliche Intelligenz und lernte leicht. Schon als Dreijähriger plapperte er unbekümmert in drei Sprachen. Seine ersten Worte sollen »Gelobet sei Gott!« auf Böhmisch beziehungsweise Tschechisch gewesen sein. Mit fünf sprach er neben Deutsch, Englisch und Tschechisch auch Niederländisch und Französisch. Den »toten« Sprachen Latein und Griechisch verweigerte er sich, die würde er später ohnehin nicht brauchen. Denn für Ruprecht stand fest: Er wollte Soldat werden.

Der Junge lernte also nur, was er für richtig hielt, das allerdings besonders schnell und besonders gründlich. Gerade mal zehn Jahre alt, studierte er an der Universität von Leiden. So ist es kein Wunder, dass der polyglotte Ruprecht sich als Erwachsener ausgezeichnet in Kunst und Mathematik auskannte.

Seit frühester Kindheit war er eng verbunden mit den Geschwistern Elisabeth und Moritz. Der Bruder war nur wenig jünger, und da beide fast immer zu zweit auftraten, dachten viele, sie seien Zwillinge. Ruprecht übernahm die Rolle des Anführers und Moritz schloss sich ihm an, egal was er tat. Elisabeth, nur wenig älter und ebenso vielseitig gebildet, stand zeit seines Lebens in einem innigen und liebevollen Verhältnis zu Ruprecht. Sie war die weibliche Seelenverwandte in der Familie. Mit ihr führte er später wissenschaftliche Experimente durch und gemeinsam sammelten sie Naturobjekte. Jahrelang korrespondierte Elisabeth mit René Descartes und war diesem bis zum Tod eine wichtige Gesprächspartnerin. Der Philosoph widmete ihr 1649 sein Traktat *Die Leidenschaften der Seele*.

Und Ruprecht erreichte sein Ziel: Bereits als 14-Jähriger kämpfte er an der Seite des Statthalters der Vereinigten Niederlande, Friedrich Heinrich von Oranien, gegen die Spanier, so auch 1633 bei der Belagerung von Rheinberg. Dann ging er 1635 mit seinem zwei Jahre älteren Bruder Karl Ludwig nach England. König Karl I. und die Mutter Elisabeth waren Geschwister und beide wiederum Sprösslinge der berühmten Familie Stuart, Kinder von König Jakob I. und Enkel der tragisch-berühmten Maria Stuart.

Nun sollte Ruprecht in »Onkel Karls« Reich seine weitere Ausbildung erhalten, wo die Engländer einen Narren an ihm fraßen. Der Urenkel von Maria Stuart machte Furore. In Oxford erreichte der Prinz seinen Abschluss zum Magister Artium. Man traute ihm Großes zu. William Laud, der Erzbischof von Canterbury, wollte ihm ein eigenes Bistum geben und der einflussreiche Thomas Howard, Earl of Arundel, eine Expedition nach Madagaskar anvertrauen. Dort sollte Ruprecht als eine Art Radschah fungieren, doch noch nicht einmal 18 Jahre alt, lehnte er alle diese mehr oder weniger verlockenden Angebote ab.

Ruprecht war zu der stattlichen Körpergröße von über 1,90 Meter aufgeschossen und, wie mehrere Porträts des berühmten Malers Anthonis van Dyck aus jenen Jahren belegen, zu einem gut aussehenden jungen Mann mit dunklem, langem Haar herangewachsen. Als er 1637 aus England auf das europäische Festland zurückkehrte, zog es ihn dorthin, wo er am liebsten war – in die Schlacht.

Ruprecht, der Teufel

Ruprecht quoll über vor Tatendrang und in den deutschen Landen tobte noch immer der Dreißigjährige Krieg, in dem Gegnerschaften und Allianzen ständig wechselten. An der Spitze eines holländischen Heeres sollte der pfälzische Prinz im selben Jahr seine Heimat von den katholischen Besatzern befreien. Doch während man Truppen für die Mission aushob, half dieser zunächst seinem Bruder Moritz bei der mehrmonatigen Belagerung von Breda. 1638 zog Ruprecht dann mit seinen Soldaten Richtung Pfalz. Bei Rheine führte er den ersten Kavallerieangriff, am 17. Oktober 1638 kämpfte er in der Schlacht bei Vlotho an der Weser aufseiten der protestantischen Truppen mit seinem Bruder Karl Ludwig gegen die Katholische Liga und musste eine Niederlage hinnehmen. Karl Ludwig konnte mit Müh und Not entkommen, Ruprecht aber geriet in die Gefangenschaft des Generals Hatzfeld und wurde weit entfernt im Schloss des österreichischen

Linz inhaftiert. Dort vertrieb er sich die Zeit mit dem Studium militärischer Lehrbücher – und einem neuen Gefährten. Thomas Howard, mittlerweile englischer Botschafter in Wien, schenkte ihm einen weißen Pudel. Der Hund namens Boy eroberte rasch das Herz des Prinzen, und dessen Biograf Eliot Warburton kommentierte trocken:

»Es ist schon seltsam, diesen draufgängerischen und rastlosen Mann dabei zu beobachten, wie er sich daran erfreut, einem Hund die Disziplin beizubringen, die er selbst nie erlernt hat.«

1641 gab Ruprecht sein Ehrenwort, nie wieder gegen das Heilige Römische Reich zu Felde zu ziehen. Daraufhin ließ man ihn frei. König Karl I. von England und der mächtige französische Kardinal Richelieu hatten Druck ausgeübt. Ende Dezember traf Ruprecht in Den Haag ein. Dort war schnell eine neue Schlacht in Sicht. Als Kommandant der Kavallerie zog er im gerade ausgebrochenen Englischen Bürgerkrieg für seinen Onkel gegen das Heer des von den Puritanern beherrschten Parlaments.

Der Bürgerkrieg war das Ergebnis jahrelang schwelender Konflikte. Das Parlament hatte König Karl 1628 in der *Petition of Rights* weitreichende Rechte abgetrotzt – an die sich der Regent nicht hielt. Zudem nahmen die vielen puritanischen Parlamentarier ihm übel, eine Katholikin geheiratet zu haben. Karl I. wiederum löste das Parlament kurzerhand auf, als dieses ihm dringend benötigte Steuereinkünfte verweigerte. Derweil vertieften sich im Land die religiösen Gräben zwischen Katholiken und Protestanten, von denen Letztere auch untereinander zerstritten waren, vornehmlich in staatstragende Anglikaner und radikale Puritaner. Ab 1629 regierte Karl ohne Parlament, doch dann kam er 1640 nicht darum herum, es wieder einberufen zu lassen. Der König brauchte Gelder für den Krieg gegen die Schotten, die sich als überzeugte Presbyterianer – einer Variante des Puritanismus – gegen die fortschreitende Anglikanisierung wehrten. Die Bewilligung zog sich hin, Karl verlor die Geduld und löste das Parlament schon nach drei Wochen am 5. Mai erneut auf. Erst im November traten die Parlamentarier wieder zusammen, worauf Karl I. mit Bewaffneten in das Unterhaus eindrang, um einen der

Wortführer gegen ihn, den Abgeordneten John Pym, zu verhaften. Karls staatsstreichähnliches Vorgehen brachte nun nicht nur das Parlament, sondern die gesamte Bevölkerung von London gegen den Monarchen auf.

Der König floh nach Oxford und sammelte dort seine Anhänger. Das war der Beginn des Englischen Bürgerkriegs – und der Neffe aus der Pfalz war sofort mit von der Partie.

Es war eine Zeit des Übergangs im Kriegshandwerk. Musketen und Kanonen verdrängten die Schwerter, Lanzen und Piken. Doch die Reiterei blieb nach wie vor eine bedeutende, oft entscheidende Waffe. Die frühen Erfolge der royalistischen Kavallerie gegen das Parlamentsheer waren Ruprechts Führungskunst zu verdanken. Sein getreuer Gefährte Boy war stets an seiner Seite. Der Hund hatte mittlerweile die Herzen bei Hofe erobert. Sagte man »Charles«, sprang er vor Freude.

Der erst 23-jährige General gewann mit seinen Reitern am 23. September 1642 bei Powick Bridge eines der ersten Gefechte. Dabei wurden er und sein Bruder Moritz verwundet. Doch bereits einen Monat später schlugen sie am 23. Oktober 1642 die Truppen des Parlaments in der ersten großen Feldschlacht bei Edgehill in die Flucht. Ruprecht, vom Erfolg mitgerissen, setzte dem Gegner nach und verließ mit den Reitern das Schlachtfeld, wo er allerdings in diesen Momenten dringend gebraucht wurde. Diese Fehlentscheidung kostete die Königlichen vermutlich den Sieg und so gab es weder Gewinner noch Verlierer. Dennoch, unmittelbar nach dem Ende der Schlacht von Edgehill wollte Ruprecht den durch das Gefecht gewonnenen strategischen Vorteil nutzen und mit seiner Kavallerie auf London vorrücken. Karl I. verbot diesen Schachzug und vergab damit die Chance, den Konflikt gleich in den Anfängen für die Sache der Royalisten zu entscheiden. So sollte der Englische Bürgerkrieg schließlich vier Jahre dauern – und Karl seine Hauptstadt London erst als Gefangener des Parlaments wiedersehen.

Der »verrückte Cavalier«

Am 26. Juli 1643 eroberte Ruprecht nach schweren Verlusten Bristol, danach ganz Lancashire. Längst war »Prince Rupert« landauf, landab als »der verrückte Cavalier« berühmt. »Cavaliers« hießen die Anhänger König Karls I. Der Begriff kommt aus dem Lateinischen und leitete sich von dem Wort *caballarius* für »Reiter« ab. Ein Cavalier legte Wert auf bunte Kleidung, oft mit Spitzen oder Rüschen, und hatte langes Haar. Ruprecht galt als der archetypische Cavalier. Die Art, wie ein Mann seine Haare trug, zeigte in diesen Tagen seine politische Gesinnung. Die Anhänger des puritanischen Parlamentsheeres schnitten als Kontrast zu der ihrer Ansicht dekadent-verweichlichten Mode des Hofes ihr Haar sehr kurz zu einer Art Rundschnitt, weshalb sie den Namen »Rundköpfe« erhielten.

Besonderes Aufsehen erregte Ruprecht auf dem Schlachtfeld durch seinen weißen Pudel. Viele der gegnerischen Soldaten fürchteten das Tier, denn sie hielten Boy für eine Art Schutzgeist. Der Hund wurde berühmt. Unter den Anhängern der Parlamentarier kursierten sogar satirische Flugschriften über ihn. Es hieß, Boy schliefe in Ruprechts Bett und er werde öfter geschoren als sein Besitzer. Andere Gerüchte wollten wissen, der Hund könne sich unsichtbar machen und so auf der feindlichen Seite spionieren.

In der Schlacht von Marston Moor am 2. Juli 1644 erschoss ein Soldat der gegnerischen Seite das Tier. »Prince Rupert« verlor nicht nur einen treuen Kameraden, sondern mit der Schlacht auch seinen Ruf der Unbesiegbarkeit. 4 000 seiner Männer wurden getötet, während das Parlamentsheer »nur« 300 Tote beklagen musste. Der Puritaner Oliver Cromwell jubelte in seinem Bericht an das Parlament: »Gott machte sie unter unseren Schwertern zu Stoppeln auf dem Kornfeld.« Cromwells Elitereiterei, die »Ironsides«, hatten den Kampf entschieden. So hießen sie bald nach dem Spitznamen Cromwells, den ihm Ruprecht nach der verlorenen Schlacht gegeben haben soll: »Old Ironside«.

Der »verrückte Cavalier« wurde 1644 zum Herzog von Cumberland erhoben und kämpfte unverdrossen weiter für seinen

König, auf den jedoch zunehmend dunklere Schatten fielen. Am 31. Mai 1645 nahm Ruprecht die Stadt Leicester ein, worauf nur einen Monat später in der Schlacht von Naseby eine schwere Niederlage folgte. Karl I. floh nach Oxford.

Da Ruprecht die Lage für aussichtslos hielt, übergab er im September die Stadt Bristol an Lord Fairfax. Wütend enthob ihn sein Onkel des Kommandos. Dies wiederum entfachte den Zorn des Neffen, der verlangte, vor ein Kriegsgericht gestellt zu werden. Nur auf diese Weise könne er seinen Ruf wiederherstellen. Tatsächlich kam Ruprecht vor den Richter. Er wurde freigesprochen, doch die Gunst des Königs hatte er verspielt.

Nach dem Fall Oxfords im Juni 1646 und der Niederlage der königlichen Truppen wurde Ruprecht gemeinsam mit seinem Bruder Moritz vom siegreichen Parlament aus England verbannt. Fortan kämpften sie mit der französischen Armee in Flandern, während Karl nach Newcastle in den Schutz schottischer Truppen floh. Am 16. Juli 1646 gab er von dort den Befehl an die königlichen Truppen, die Waffen niederzulegen. Doch der Frieden hielt nicht lange. Schon 1647 begann der »zweite Bürgerkrieg«, nachdem es Karl gelungen war, die Schotten auf seine Seite zu ziehen. Sogleich nahmen Ruprecht und Moritz zur See den Kampf gegen jenes England auf, das nun zu einer Republik geworden war. An der Spitze des Staates stand der mittlerweile unangefochtene Anführer des puritanischen Parlaments Oliver Cromwell. Er nannte sich Lordprotektor. Die ihm vom Parlament angetragene Königswürde hatte er abgelehnt.

Ruprecht fungierte als Großadmiral der Royalisten, Moritz wurde 1648 Vizeadmiral in der von ihm geführten Flotte. Von seinem Stützpunkt Kinsale in Irland versorgte »Prince Rupert« die königliche Garnison auf den Scilly-Inseln mit Nachschub und jagte Cromwells Schiffe im Ärmelkanal. Der erhoffte Erfolg blieb allerdings aus. Vom Feind bedrängt, wich er nach Lissabon aus, dann nach Toulon und Kap Verde. Schließlich floh er nach einer Niederlage gegen Cromwells Admiral Robert Blake in die Karibik, wo er als Freibeuter gemeinsam mit Moritz englischen Schiffen nachstellte. Die Prince Rupert Bay auf Dominica ist nach ihm benannt. Dort hatten die Brüder ihren bevorzugten Stützpunkt eingerichtet. In England indes besiegte Cromwell die Schotten. Karl I. wurde vor Gericht gestellt und am 30. Januar 1649 enthauptet.

Liebeshändel im Schloss

Ruprecht kehrte 1652 nach Deutschland zurück. Er kam gesundheitlich angeschlagen, ohne Land und Besitz und traf mit der Kunde ein, dass Moritz vermutlich tot war. Der hatte die von den Parlamentariern gestohlene *Defiance* befehligt, ein kleines Schiff mit zehn Kanonen, und war mit diesem in einem schweren Sturm nahe der Jungferninseln verschollen. Jahre später wurden Gerüchte laut, der Bruder lebe eventuell noch. Man habe ihn in den Händen der Türken auf einer Galeere gesehen. Dann hieß es, er sei in Algier als Gefangener von Piraten. Doch Moritz sollte nie wieder auftauchen.

Als Ruprecht am Hof von Heidelberg eintraf, kam es erneut zu Spannungen zwischen ihm und dem älteren Bruder Karl Ludwig, der seit 1649 als Kurfürst Karl I. Ludwig wieder in der Pfalz regierte. Der Westfälische Friede hatte dem Dreißigjährigen Krieg 1648 ein Ende gesetzt. Ruprecht forderte nun seinen Anteil am pfälzischen Familienbesitz. Karl Ludwig aber, der neuerliche Schwächungen des Hauses befürchtete, zeigte sich wenig geneigt, nennenswerte Zugeständnisse zu machen.

Doch nicht nur die finanziellen Streitigkeiten vertieften die Kluft zwischen den Brüdern, ganz andere Turbulenzen belasteten zusätzlich ihre Beziehung.

Karl Ludwig war unglücklich verheiratet mit Charlotte von Hessen-Kassel, einer äußerst unangenehmen Person. Sie triezte die Bediensteten, brüllte, schrie, wenn es nicht nach ihrem kurfürstlichen Willen ging – und das war oft der Fall. In dieser spannungsgeladenen Atmosphäre fiel eine junge Hofdame besonders auf: Marie Luise von Degenfeld, die Tochter eines Feldherrn. Ruprecht war bezaubert von der hübschen und sanftmütigen Person. Der wagemutige Haudegen, der sich bislang mehr dem Krieg als dem weiblichen Geschlecht gewidmet hatte, schickte der Angebeteten einen Liebesbrief. Durch unglückliche Umstände geriet dieser in die Hände der Kurfürstin Charlotte, die nun ihrerseits glaubte, ihr Schwager mache ihr Avancen. Mit gespielter Empörung stellte sie ihn eines Abends zur Rede, denn in Wahrheit fühlte sie sich von dessen Worten sehr geschmeichelt. Ruprecht allerdings erklärte ihr, der Brief sei nicht an sie, sondern an Marie Luise gerichtet.

Damit nahm eine amouröse Affäre ihren Lauf, die jedem Bühnenstück Ehre machte. In ihrer Eitelkeit gekränkt, stürmte Charlotte in das Zimmer Marie Luises und begann, es zu durchwühlen. Hatte sie sich vor dem Gespräch mit Ruprecht womöglich noch Hoffnungen auf eine Affäre mit ihrem Schwager gemacht, so erwartete sie nun eine besonders böse Überraschung. In einem Kästchen, das sie aufbrach, fand sie Liebesbriefe an Luise, verfasst von ihrem eigenen Mann Kurfürst Karl Ludwig! Auch zahlreiche Schmuckstücke hatte er seiner Angebeteten geschenkt. Charlotte war außer sich, ließ die Schwestern des Kurfürsten, Sophie und Elisabeth, sowie Karl Ludwig höchstpersönlich rufen. Als die Schwestern eintrafen, berichtet Sophie in ihren Memoiren, eskalierte die Situation. Charlotte versuchte ihre Nebenbuhlerin zu schlagen, während der Kurfürst sich schützend vor seine Geliebte stellte. Mit Marie Luises Schmuck in den Händen lief Charlotte im Zimmer auf und ab, dann stürzte sie auf die Schwestern zu: »Prinzessinnen, schaut her, das alles ist der Lohn der Hure, das alles ist nicht für mich bestimmt.« Als der Kurfürst seine Frau aufforderte, die Juwelen derjenigen, der sie gehörten, zurückzugeben, warf sie diese kreuz und quer durch das Zimmer und kreischte: »Wenn sie mir nicht gehören sollen, nun, dann sind sie da, und da, und hier!«

Nach diesen Ereignissen versuchte Karl Ludwig mit allen Mitteln, die Scheidung zu erreichen, was ihm schließlich gelang. Charlotte blieb in einem Flügel des Schlosses wohnen. Am 6. Januar 1658 gingen der Kurfürst und Marie Luise von Degenfeld eine morganatische »Ehe zur linken Hand« ein. So bezeichnete man die Ehe von Adeligen mit einem Partner von niedrigerem Stand. Marie Luise gebar ihm 13 Kinder. Sie wurde zur Raugräfin erhoben und ihre Kinder zu Raugrafen ernannt. Gleichwohl verzichtete sie auf alle dynastischen Erbrechte.

Ob es die Liebesverwicklungen waren oder seine hartnäckig vorgetragenen Eigentumsansprüche, Ruprecht verließ den Hof mit den Worten, nie mehr einen Fuß auf den Besitz seines Bruders zu setzen. Das Verhältnis blieb für immer zerrüttet.

»Prince Rupert«, der Pelzhändler

Vorübergehend ließ sich Ruprecht in Mainz nieder, bis 1660 Karl II., ein Sohn Karls I., aus dem Exil nach London zurückkehrte und die Monarchie in England wiederherstellte. »Prince Rupert« wurde Privatsekretär am Hof des neuen Königs und spielte in den nächsten Jahren eine maßgebliche Rolle bei der noch einmal aufblühenden absolutistischen Macht des Königtums in England. Als Berater in Fragen der Marine kümmerte er sich in erheblichem Maße auch um Kunst und Wissenschaften. Eigenhändig fertigte er Radierungen und Mezzotintoarbeiten von Soldaten, Bettlern und biblischen Szenen an, für die man ihn lobte und feierte. Die Schabkunst des Mezzotinto, die durch den fließenden Verlauf von Hell und Dunkel eine besonders plastische Bildwirkung erzielt, wurde durch ihn in England erst bekannt. Einige seiner Blätter sind erhalten und verraten eine außergewöhnliche Meisterschaft. Doch der rastlose Ruprecht wandte sich schon bald neuen Herausforderungen zu. Nach 1664 existiert kein Blatt mehr von seiner Hand.

Seine wissenschaftlichen Interessen gab Ruprecht dagegen nie ganz auf. 1660 gehörte er zu den Gründungsmitgliedern der Royal Society. Er entwickelte eine spezielle Art von Schießpulver und errichtete eine Mühle in den Marschen von Hackney, in der eine neue Methode der Bohrung von Gewehrläufen zur Anwendung kommen sollte. Darüber hinaus soll der rastlose Prinz aus der Pfalz auch die nach ihm benannten *Prince Rupert Drops* erfunden haben (in Deutschland als Bologneser Tränen bekannt): tropfenförmiges Glas, das aufgrund von sofort nachlassender Oberflächenspannung zu Staub zerspringt, wenn man es am hinteren Ende des Tropfens abbricht. König Karl II. machte sich angeblich oft und gerne den Spaß, einen solchen Glastropfen jemandem in die Hand zu drücken, um dann dessen erstauntes Gesicht zu sehen, wenn er den Schwanz des Glastropfens abbrach und dieser zersprang.

1669 folgte das letzte große Abenteuer des Prinzen. Ruprecht lernte die Pelzhändler Radisson und des Groseilliers kennen, die an den Großen Seen in Nordamerika geforscht und gejagt hatten und nun am britischen Hof um Unterstützung für ihre unternehmerischen Ideen warben. Auf ihren Entdeckungsreisen hatten sie erfahren, wie reich die Weiten Nordamerikas an Bibern waren. Ihre Berichte überzeugten den adeligen Abenteurer von der Lukrativität des Pelzhandels. Ruprecht charterte zwei Schiffe, mit denen seine beiden neuen Schützlinge 1668 nach Nordamerika aufbrachen, und bewegte König Karl II., eine Handelskompanie ins Leben zu rufen. 1670 wurde die Hudson Bay Company gegründet und Ruprecht ihr erster Gouverneur. Die Company existiert noch heute als eines der ältesten Großunternehmen der Welt. Damals erhielt sie vom König das Monopol für den Pelzhandel in der Bucht und auf allen Flüssen in ihrem Einzugsgebiet. Das ihr zugeteilte Land umfasste weite Teile des heutigen Kanada. Zu Ehren Ruprechts taufte man das Gebiet von fast vier Millionen Quadratkilometern Fläche auf den Namen »Ruperts Land« oder »Prince Ruperts Land«. So hieß es fast 200 Jahre lang, bis die Region 1868 an das junge Kanada abgetreten wurde. Das ehemalige Ruperts Land macht mehr als ein Drittel der heutigen Staatsfläche Kanadas aus.

Der Sohn des »Winterkönigs« und Urenkel Maria Stuarts, der in seinem Leben zahllose Schlachten schlug, unabsichtlich einen Ehekrieg auslöste und schließlich den Pelzhandel ins Britische Königreich brachte, stieg 1672 in den Rang eines Admirals auf. Im Jahr darauf folgte er niemand Geringerem als dem König selbst als Lord High Admiral.

Ruprecht von der Pfalz starb unverheiratet 1682. Er hinterließ eine Tochter und einen Sohn. Die Engländer bestatteten ihren »Prince Rupert« wie all ihre Nationalhelden in der Londoner Westminster Abbey.

6. Samuel Bellamy, der Seeräuber aus Liebe

Als sie am Abend das Licht löschte und zu Bett ging, tobte an der Küste von Cape Cod ein schwerer Sturm. Maria Hallett mochte an die aufgepeitschten Wellen denken, die selbst das stolzeste Schiff und den besten Seemann in große Not bringen konnten. Draußen auf dem Meer türmten sich die Wellenberge weit über zehn Meter auf.

Ihre Gedanken an die stürmische See mischten sich unweigerlich mit der Sorge um den Mann, den sie liebte. Der war vor nunmehr einem Jahr hinausgefahren und hatte versprochen, mit einem großen Schiff voller Reichtümer zurückzukehren. Die Zeit war für Maria seitdem nicht leicht gewesen. Nicht nur sehnte sie sich nach ihm, auch hatte sie mittlerweile ein Kind ihrer Liebe geboren. Der Junge war kurz nach der Geburt gestorben, und zu dem Leid des Verlusts kam die Ächtung im sittenstrengen Eastham. Ein uneheliches Kind! Unter den Puritanern, viele von ihnen Nachkommen der Pilgerväter, war die Verfehlung unverzeihlich. Es heißt, man habe Maria aus dem Dorf gejagt. Fortan lebte sie außerhalb, irgendwo an der Küste.

Der Mann, der Marias Herz gewonnen hatte, war ein junger Kapitän, von großer Statur und dunklem, langem Haar. Als er eines Abends, so will es die Legende, aus einem Gasthaus kam, hörte er einen lieblichen Gesang. Verzückt folgte er der Stimme und dann, unter einem Baum, stand er vor ihr. Die schöne junge Frau hatte flachsblondes Haar und blaue Augen. Sie war erst 15 Jahre alt. Samuel Bellamy verliebte sich auf den ersten Blick in sie.

Die gesunkene Schatzflotte der Spanier

Bellamy war 1689 im englischen Devonshire zur Welt gekommen. Seine Mutter starb bei der Geburt. Später lebte er in Canterbury, fuhr schon früh zur See und diente in der englischen Flotte während des Spanischen Erbfolgekriegs, der von 1701 bis 1714 tobte. Als er danach wie viele Seeleute arbeitslos wurde, ging er nach Nordamerika. Bellamy ließ Frau und Kind zurück und traf 1715 in Cape Cod ein, dort, wo 95 Jahre zuvor die *Mayflower* die Pilgerväter an Land gesetzt hatte.

Dies alles weiß man sicher über ihn. Manche Versionen der Geschichte von Sam Bellamy und Maria Hallett meinen, ihre Eltern hätten die Verbindung zu dem mittellosen Seemann abgelehnt. Eine andere Version erzählt, sie sei bereits verheiratet gewesen und Bellamy in jenen Tagen nach Eastham gekommen, um Geld für seinen Plan aufzutreiben, mit Gold beladene spanische Galeonen zu heben, die vor Floridas Küste gesunken waren.

Letzteres ist wohl wahrscheinlicher. Den entscheidenden Hinweis gibt die Authentizität Marias. In manchen Berichten von Samuel Bellamy und seiner großen Liebe erscheint diese auch als Goody Hallett. *Goody* ist ein Spitz- oder Rufname, der verschiedene Bedeutungen haben kann. Rief man sie Goody, weil sie sehr schön war? Maria wird immer als gut aussehend beschrieben. Auf Deutsch heißt *Goody* so viel wie »Bonbon« oder »Leckerbissen«. Vielleicht war Maria aber eine gute Seele und man gab ihr daher den Rufnamen Goody? Noch eine dritte Möglichkeit ist denkbar. In den Registern von Cape Cod konnte eine Maria Hallett bislang nicht nachgewiesen werden, dafür aber eine Goody Hallett. Goody war auf Cape Cod eine häufig gebrauchte Anrede für eine Frau – so wie Goodman für Männer. *Goody Hallet* hieß demnach nichts anderes als »Frau Hallett«. Jene Goody Hallett in den Registern, vielleicht unsere Maria Hallett, war mit einem John Hallett verheiratet, einem wohlhabenden Pflanzer, der irgendwann entschied, zur See zu fahren. Seine junge Frau – dass sie erst 15 Jahre alt war, war damals nicht sehr ungewöhnlich – könnte sich in ihrer Einsamkeit einem anderen zugewandt haben.

Samuel Bellamys Hoffnungen auf das Heben eines Goldschatzes entsprangen einem konkreten Hintergrund. Die spanische Schatzflotte war mit elf Schiffen am 31. Juli 1715 im Sturm vor Florida gesunken. Historisch gesichert ist auch, dass er in dem reichen Juwelier und Silberschmied Paulsgrave Williams in Eastham einen Partner fand, der bereit war, ein Schiff auszurüsten. So mag er durchaus an jenem Tag auf der Suche nach Finanziers für sein ehrgeiziges Unternehmen der jungen verheirateten Maria Hallett begegnet sein.

Über Paulsgrave Williams' Motive, sich Bellamy anzuschließen, lässt sich wiederum nur spekulieren. War es die Gier nach noch mehr Reichtum? Oder das Umfeld, in dem er lebte? Seine Mutter stammte von den englischen Königinnen des Hauses Plantagenet ab. Williams selbst wuchs auf Block Island auf, einem Eiland vor der Küste von Rhode Island, das von Piratenmythen umrankt war. Der berühmte Kapitän Kidd soll dort einen Teil seines Schatzes vergraben haben. Eine von Williams' Schwestern heiratete einen Partner Kidds, eine andere einen ehemaligen Piraten von Rhode Island. Paulsgrave Williams war bereits in mittlerem Alter, hatte eine Frau und zwei Kinder, als Bellamy ihn überredete, auf Schatzsuche zu gehen.

Im Herbst 1715 stachen die beiden Abenteurer in See. Ihre Träume von spanischen Schätzen zerschlugen sich jedoch bald. Mit leeren Händen wollten Bellamy und Williams aber nicht in die Heimat zurückkehren. So schlossen sie sich Anfang 1716 der Piratenflotte von Henry Jennings an, dann wenige Monate später auf den Bahamas der Mannschaft des Benjamin Hornigold. Unter dessen Piraten befand sich ein gewisser Edward Teach, der später als Blackbeard auf den Meeren Angst und Schrecken verbreitete. Vor allem die Kunde von seinem dämonischen Äußeren ließ manches Schiff schon vor dem ersten Kanonenschuss kapitulieren. Es hieß, Blackbeard behänge sich mit mehreren Dolchen und Pistolen und ginge stets mit glimmenden Lunten in den Kampf, die er sich in den schwarzen Bart flocht.

Das »Goldene Zeitalter der Piraten«

Die Zeit zwischen 1680 und 1725 wird häufig romantisierend das »Goldene Zeitalter der Piraten« genannt. Diese Jahrzehnte brachten eine Vielfalt von Abenteurern und legendären Gestalten hervor. Die Bukaniere rekrutierten sich im 17. Jahrhundert aus französischen Gesetzlosen, lebten ursprünglich auf der Insel Hispaniola und gingen aus Gegnerschaft gegen die Spanier auf Beutezüge. Ermuntert von England und Frankreich überfielen sie mit kleinen Schiffen und Ruderbooten die viel größeren spanischen Schiffe meist im Schutz der Nacht.

Während die Bukaniere auf Booten fuhren, die ihnen Gouverneure in der Karibik zur Verfügung stellten, waren die Freibeuter auf staatlichen oder königlichen Schiffen unterwegs. Der legendäre Sir Francis Drake hat zum Beispiel im 16. Jahrhundert nicht nur geraubt und gebrandschatzt, sondern stand auch hoch in der Gunst der Königin Elisabeth I. von England. Die Piraten dagegen bewahrten sich jegliche Freiheit. Sie waren jene unabhängigen Seeräuber, die selbst die Schiffe besaßen, mit denen sie auf Kaperfahrt gingen.

Es waren die Geschicke der Weltgeschichte, die den Piraten dann zu ihrer besten Zeit verhalfen: Während des Spanischen Erbfolgekrieges verbündete sich Spanien mit England und Holland gegen Frankreich. Nach 1714 schlossen sich viele Seeleute, die jahrelang in den Flotten der Kriegsparteien gekämpft hatten, den Seeräuberschiffen an, die meist schon während des Krieges mit Kaperbriefen vor allem in der Karibik, an der nordamerikanischen Atlantikküste, aber auch an der Küste Westafrikas und im Indischen Ozean Jagd auf Handelsflotten machten. Ob Kaperbrief oder nicht, war ihnen nun egal. Fortan waren sie Piraten – und auf eigene Beute aus. Davon gab es genug. Denn zahllose Handelsschiffe befuhren die Weltmeere, beladen mit Gold, Silber und Gewürzen, die aus den Kolonien nach Europa gebracht werden sollten.

In jenen Jahren stießen Bellamy und Williams dazu. Der Mann, auf den Maria Hallett an der Küste Cape Cods sehnsüchtig wartete, zeigte Führungstalent und stieg in Hornigolds Piratenflotte zum Kapitän auf. Ende April 1716 erhielt er den Befehl über die neu erbeutete Schaluppe *Mary Anne*. Bald kam es zum Konflikt unter den Piraten. Der Brite Hornigold weigerte sich, Schiffe seiner eigenen Nation anzugreifen, was die Mannschaft nicht mehr akzeptieren mochte. Im August 1716 zerfiel die Flotte, und Samuel Bellamy ging nun gemeinsam mit dem französischen Piratenkapitän Olivier La Bouche recht erfolgreich auf Raubzug vor den Jungferninseln. Handelsschiff um Handelsschiff fiel ihnen in die Hände.

Ende 1716 machte Bellamy den gekaperten Rahsegler *Sultana* zu seinem Flaggschiff, während Paulsgrave Williams neuer Kapitän auf der *Mary Anne* wurde. Dann, zu Beginn des Jahres 1717, trennte ein Sturm La Bouche von Bellamy und Williams, die fortan auf ihren Raubfahrten als Piratenkapitäne nur noch zu zweit waren.

Black Sam

Die beiden Kumpane entwickelten sich zu recht ungewöhnlichen Seeräubern. Williams trug noch immer seine bürgerliche Kleidung, den Rock und die weiße Perücke, die seinerzeit in Mode war. Nur seine mittlerweile von der Sonne gebräunte Haut widersprach der Erscheinung, die im Ganzen eher an einen Landedelmann denken ließ. Bellamy sah schon eher wie ein Pirat aus. Seine lange, rabenschwarze Haarmähne, die ihm den Namen Black Sam einbrachte, trug er meist zu einem Pferdeschwanz gebunden. War es kalt, hüllte er sich in einen schweren Mantel mit Aufschlägen, dazu kamen modische Kniehosen mit Seidenstrümpfen und Schuhe mit silbernen Schnallen. Bellamy hatte damit ein wenig die exzentrische Art übernommen, in der die Piraten jener Tage sich zu kleiden pflegten, doch sein Verhalten war nicht immer das jener ungnädigen Seeräuberkapitäne, die für ihre Grausamkeit bekannt waren. Dies zeigte sich bei den Geschehnissen um das britische Schiff *Whydah*.

Im Februar oder März 1717 nahmen Bellamy und Williams zwischen Kuba und Hispaniola in der Passage der Winde die Verfolgung eines Dreimasters auf, der Sklaven nach Jamaika gebracht hatte. Benannt war das Schiff nach dem Ort Ouidah, einem Umschlagplatz für Sklaven an der westafrikanischen Küste im heutigen Benin.

Die *Whydah* war ein seinerzeit hochmodernes Schiff. Es hatte bei einer Länge von etwa 33 Metern die Ladekapazität von rund 700 Sklaven und war dazu bestimmt, im berühmt-berüchtigten Dreieckshandel zwischen Afrika, Großbritannien und der Karibik eingesetzt zu werden. Mit Stoffen, Werkzeug und leichten Waffen segelten die Schiffe nach Afrika, tauschten die Waren in Sklaven ein, pferchten diese unter grausigsten Bedingungen unter Deck zusammen und fuhren sie in die Karibik. Von dort kehrten die Schiffe mit Gold, Silber, Zucker und Indigo zurück nach Großbritannien. Je mehr Sklaven lebend die Karibik erreichten, desto höher war der Profit. Daher waren die Schiffe so konstruiert, dass sie sehr große Geschwindigkeiten erreichen konnten.

Nun befand sich die *Whydah* auf dem Rückweg in die Heimat, schwer beladen mit vermutlich wertvoller Fracht. Drei Tage lang verfolgten Bellamy und Williams das Objekt ihrer Begierde, bis Kapitän Lawrence Prince die *Whydah* kampflos übergab. Rum, Zucker, Melasse und Luxusgüter, darunter angeblich ein Rubin von der Größe eines Hühnereis, sowie natürlich das Schiff selbst fielen den Piraten in die Hände. Auch eine gewaltige Menge Gold gehörte zur Beute.

Bellamy beschloss, die *Whydah* zu seinem neuen Flaggschiff zu machen. Die Besatzung eines von Piraten gekaperten Schiffes musste im Allgemeinen mit dem Schlimmsten rechnen, mit Folter, Ermordung, Versklavung. Doch der Seeräuber freundete sich mit dem Kapitän an und schenkte diesem und seiner Mannschaft nicht nur die Freiheit, sondern obendrein die *Sultana*, mit der sie davonsegeln durften. Die *Whydah* ließ er von den ursprünglich 18 Kanonen zu einem mächtigen Piratenschiff mit 28 Kanonen aufrüsten, auf dem statt einer 50-köpfigen Mannschaft nun 150 Männer die Meere befuhren. Rund 30 bis 50 von ihnen waren Schwarze, meist ehemalige Sklaven, die sich nach und nach den Piraten angeschlossen hatten.

»Ich bin ein freier Prinz«

Die Mannschaft lebte nach den seinerzeit unter Piraten üblichen Regeln. Die Beute wurde gerecht geteilt, wobei Kapitän und Schiffsoffiziere höhere Anteile erhielten. Jeder hatte sich klaren Vorschriften auf dem Schiff zu unterwerfen. Wichtige Entscheidungen wurden durch Abstimmung getroffen, bei denen jeder Mann eine Stimme hatte. So scheint es auch gewesen zu sein, als die *Whydah* im April 1717 eine Schaluppe aufbrachte, die ein gewisser Kapitän Beer befehligte. Laut Captain Charles Johnson – der die zweibändige *General History of the Robberies and Murders of the Most Notorious Pirates* verfasste und hinter dem manche ein Pseudonym von Daniel Defoe vermuten – wollte Bellamy nach der Plünderung das Schiff an Beer zurückgeben. Doch Black Sam wurde von seiner Mannschaft überstimmt, die entschied, die Schaluppe zu versenken. Beer und seine Leute sollten an der Küste Neuenglands an Land gesetzt werden.

Während die Piraten das Schiff plünderten, erklärte Bellamy dem Kapitän, wie sehr er es bedauere, dass er das Schiff nicht zurückgeben könne: »Denn ich mag es nicht, wenn ich irgendjemandem Unannehmlichkeiten mache, die nicht zu meinem Vorteil sind.« Noch ehe Beer dem tieferen Sinn dieser Aussage nachgehen konnte, fuhr der Seeräuber fort: »Doch sei's drum mit der Schaluppe. Wir müssen sie versenken, denn sie könnte für euch von Nutzen sein.«

Bellamy war vielleicht ein wenig unglücklich darüber, dass er überstimmt worden war. Vielleicht fürchtete er auch, vor Beer als durchsetzungsschwach dazustehen. Also erging sich der Piratenkapitän in einer Schimpftirade, die besagter Charles Johnson so wiedergab: Beer sei nur »ein hinterlistiges Hündchen wie all die anderen, die dazu beitragen, von Gesetzen regiert zu werden, welche die Reichen zu ihrer eigenen Sicherheit gemacht haben. Denn diese feigen Welpen haben nicht den Mut, auf andere Weise das zu verteidigen, was sie durch Gaunerei erworben haben. Verdammt seien sie alle, verdammt für ein Rudel ausgekochter Schurken, und auch du, der ihnen dient, verdammt für ein Päckchen hühnerherziger Strohköpfe.« Doch damit nicht genug: »Sie verteufeln uns, sie tun es, diese Halunken. Dabei gibt es nur einen Unterschied: Sie rauben die Armen unter dem Dach des Gesetzes aus, wahrlich, und wir plündern die Reichen aus unter dem Schutz unseres eigenen Mutes. Solltest du dann nicht einer von uns sein, als vor diesen Gaunern zu kriechen?«

Beer antwortete, sein Gewissen erlaube es ihm nicht, die Gesetze Gottes zu brechen. »Du bist ein Schurke mit einem Teufelsgewissen« fuhr Bellamy ihn an, »und ich bin ein freier Prinz, und ich habe so viel Autorität, um Krieg gegen die ganze Welt zu führen, wie jener, der Hunderte von Segelschiffen auf See besitzt und eine Armee von 100 000 Männern im Feld, und mein Gewissen sagt mir, es gibt nichts zu diskutieren mit wehleidigen Hündchen, die Vorgesetzten erlauben, sie zu ihrem Vergnügen auf Deck herumtreten zu lassen.« Nach dieser Tirade schonte Samuel Bellamy großmütig Beers Leben und ließ ihn ziehen. Andere Piratenkapitäne hätten ihn mit seiner Mannschaft im Meer ertränkt.

Auf ihrem weiteren Beutezug durch die karibischen Gewässer fiel Bellamy und seiner Crew die jamaikanische Fregatte *Tanner* in die Hände. Auch sie hatte große Mengen an Indigo, Silber und Zucker geladen. So barg die *Whydah* schließlich einen der größten jemals bekannten Piratenschätze in ihrem Rumpf. Bellamy und Williams fuhren nun die nordamerikanische Atlantikküste hinauf. Vor Virginia kaperten sie noch einmal vier Schiffe und nahmen davon eins in ihre Flotte auf. In dem gerade mal einen Jahr ihrer Raubfahrten hatte die Piratenbande über 50 Schiffe ausgeraubt, aber nie die Gelegenheit gehabt, ihre Beute in Sicherheit zu bringen.

Noch 250 Meter bis zum Ziel

Mit der *Whydah* nahm Bellamy Kurs auf Richmond Island vor der Küste von Maine. Zwischendurch aber wollte er einen Abstecher nach Cape Cod machen. Seit über einem Jahr war er von seiner geliebten Maria getrennt, und Eastham, der Ort, in dem sie wohnte, lag nah an der Küste. Wollte er sie wiedersehen?

In der Nacht vom 26. auf den 27. April 1717 segelten sie mitten hinein in einen Sturm, der das schwer beladene Schiff mit meterhohen Wellen zur Küste trieb. Bellamy versuchte verzweifelt, die *Whydah* wieder in tiefere Gewässer zu steuern, doch sie lief auf eine Sandbank und bekam in der schweren Brandung rasch Schlagseite. Dann rollte eine gigantische Welle über das Schiff, riss eine Kanone aus ihrer Vertäuung, Fässer und Kanonenkugeln schnellten über das Deck. Die *Whydah* kenterte und zerbrach in zwei Teile. Die Brandungswellen verstreuten den aus dem Rumpf brechenden Schatz über den Meeresgrund vor der Küste.

Als am nächsten Morgen Männer der Gegend an die Küste kamen, stießen sie am Strand auf weit über hundert verstümmelte Leichen. Sie lagen zwischen Schiffsplanken und Teilen der Ladung. Cyprian Southack – vom örtlichen Gouverneur Samuel Shute beauftragt, möglichst viel von der Ladung für die Kolonie zu sichern – sah die angeschwemmten Überreste des Schiffes und seiner Besatzung bei seiner Ankunft am 3. Mai über vier Kilometer die Küstenlinie entlang verteilt. 102 Tote ließ er begraben.

Samuel Bellamy war mit den meisten Männern seiner Mannschaft ertrunken. Das Schiff sank nur 150 Meter vor der Küste Cape Cods und nur 250 Meter entfernt vom Haus seiner geliebten Maria Hallett.

Von seiner kleinen Flotte überlebten nur neun Männer die Katastrophe. Sieben wurden in Boston vor Gericht gestellt, sechs schließlich gehängt. Von der *Whydah* hatten nur zwei überlebt. Sie kamen davon. Der Halbblutindianer John Julian wurde in die Sklaverei verkauft. Seine Spur verlief sich rasch. Der Waliser Thomas Davis gab an, zum Dienst unter Black Sam gezwungen worden zu sein, und wurde auf Fürsprache des einflussreichen Geistlichen Cotton Mather begnadigt. Davis berichtete von dem sagenhaften Schatz an Bord der *Whydah*. 180 Säcke Gold und Silber seien zu gleichen Teilen an die Mannschaft verteilt und in Kisten im Schiffsrumpf gelagert worden. Zum Zeitpunkt der Havarie habe das Schiff viereinhalb Tonnen Gold, Silber und Juwelen an Bord gehabt.

1984 entdeckte der Abenteurer und Schatzsucher Barry Clifford – er war mit den Geschichten um die Seefahrer von Cape Cod aufgewachsen – zuerst Münzen, dann nach und nach zunächst die Ladung und Schätze der *Whydah*, 1998 schließlich auch den Rumpf des Schiffes. Damit ist die *Whydah* neben der ein Jahr darauf entdeckten *Queen Anne's Revenge*, dem Flaggschiff von Blackbeard, das einzige nachweislich gefundene Wrack eines Piratenschiffs. Mehr als 100 000 Einzelstücke wurden gefunden: Kanonkugeln, Münzen und auch die Schiffsglocke, deren Eingravierung »Whydah Gally 1716« die Identität nachwies.

Im Jahr 2006 identifizierten Forscher einen kleinen Schuh, in dem ein Seidenstrumpf und der Knochen eines Wadenbeins steckten. Zunächst war Clifford der Ansicht, der Tote wäre ein erwachsener Seemann gewesen, und er dachte noch: »Oh Gott, waren die Leute damals klein!« Doch nach der Analyse des Wadenbeins stand fest, man hatte es mit den Überresten eines etwa elf Jahre alten Jungen zu tun. Mit großer Wahrscheinlichkeit handelte es sich um John King, der Bellamy am 9. November 1716 bei der Kaperung der *Bonetta* auf dem Weg von Antigua nach Jamaika in die Hände gefallen war. King und seine Mutter gehörten zu den Passagieren. Der Kapitän der *Bonetta* berichtete, irgendwann während der 15 Tage, in denen die Piraten die Ladung des Schiffes umluden, habe der Junge gefordert, in die Piratenmannschaft aufgenommen zu werden. Sollte man ihm den Wunsch verweigern, würde er sich das Leben nehmen. Er bedrohte sogar seine Mutter.

Seinerzeit war es unter Piraten, aber auch in der britischen Marine durchaus üblich, junge Matrosen, da klein und wendig, als sogenannte *Powder Monkeys* einzusetzen, die das Pulver unter

Deck zu den Kanonen brachten. Doch von Knaben, die so jung waren wie King, hatte man bis dahin nichts gewusst. Vermutlich war Bellamy beeindruckt von der Hartnäckigkeit des Kleinen. So ging der jüngste bislang bekannte Pirat mit jenem Seeräuber unter, der am Ende der wohl romantischsten Geschichte der Piraterie seinen tragischen Tod fand.

Paulsgrave Williams' Schiff war im Nebel schon Tage vor dem Unglück von der *Whydah* getrennt worden und wartete an einem verabredeten Ort zwei Wochen vergeblich auf Samuel Bellamy alias Black Sam. Schließlich segelte er zurück in die Karibik, wo sich sein Schicksal im Dunkeln verliert. Angeblich diente er zuletzt bei Olivier La Bouche, andere vermuten, er habe sich zur Ruhe gesetzt und irgendwann sein Leben friedlich beschlossen.

Und was wurde aus der schönen Maria Hallett, deren Gesang einst den Mann verzauberte, der dann vielleicht nur aus Liebe zu ihr zum Seeräuber geworden war? Es heißt, ihr Geist spuke auf den Klippen von Cape Cod. Dort warte sie bis zum heutigen Tag auf die Rückkehr ihres geliebten Sam.

7. Wie Robert Jenkins' Ohr einen Krieg auslöste

Er trug das abgetrennte Ohr in einem Glas vor die britischen Parlamentsabgeordneten. In Alkohol gelegt, schwamm es darin als bittere Mahnung. Es war das Jahr 1738. Das Ohr hatte man ihm bereits 1731 abgeschnitten.

Seit der brutalen Tat waren also schon sieben Jahre verstrichen. Doch genau jetzt war die Zeit, sich zu empören.

Corpus Delicti

Sahen die Abgeordneten in dem Glas tatsächlich das Ohr, das Kapitän Robert Jenkins einst auf derart brutale Weise verloren hatte? Vielleicht war es dieses Ohr, vielleicht auch nicht. Was machte das schon? Abgeschnitten hatte man es ihm. So viel war sicher. Es fehlte ihm ja. Und es waren Spanier gewesen. Dass die Geschehnisse sieben Jahre zurücklagen, spielte überhaupt keine Rolle. Das Schicksal von Jenkins' Ohr bewies nur erneut, welch gottlose Schurken die Iberer waren! War man nun noch verpflichtet, den Frieden zu wahren? Sollte man weiterhin den knebelnden Handelsverträgen mit den Spaniern folgen? Die große Mehrheit der Abgeordneten war sich einig: Mit der Geduld war es endgültig vorbei!

Im Vertrag von Sevilla hatte sich Großbritannien 1729 verpflichtet, keinen Handel mit den spanischen Kolonien in Nordamerika zu treiben. Für viele britische Kaufleute eine Unmöglichkeit. Sie wollten sich keinerlei Handelsbeschränkungen beugen, und die spanische Vorherrschaft in der Karibik stand ihren merkantilen Bestrebungen schon lange im Wege. So waren sie auch mit den engen Grenzen dieses Vertrages nicht einverstanden und begannen bald, ausgedehnten Schmuggel zu treiben, was die Spanier wiederum mit allen Mitteln zu unterbinden suchten. Um die Einhaltung des Abkommens zu kontrollieren, kreuzten in der Karibik spanische Patrouillen. Deren Küstenschiffe – dazu hatten sie vertraglich das Recht – brachten britische Handelsschiffe auf, die Mannschaften durchsuchten die Lagerräume und beschlagnahmten, was ihnen in die Hände geriet, und das keineswegs auf pflegliche und freundschaftliche Weise. Eines Tages traf es die *Rebecca*, die Robert Jenkins als Kapitän befehligte. Die Spanier banden Jenkins an einen Mast, dann schnitt ihm der spanische Kommandant Julio León Fandiño mit dem Schwert ein Ohr ab und gab Jenkins zu verstehen, das Gleiche würde seinem König geschehen, sollte man ihn ebenfalls beim Schmuggeln erwischen. Die Fracht der *Rebecca* wurde beschlagnahmt.

Dies geschah, wie gesagt, im Jahr 1731. In Großbritannien erstattete Jenkins sofort Bericht über das, was die Spanier ihm angetan hatten, doch dem Vorfall wurde zunächst so gut wie keine Beachtung geschenkt. Die Briten stoppten weder den Schmuggel, noch hörten die Spanier damit auf, diesem mit Gewalt entgegenzutreten. Alles ging weiter wie bisher. Die Zeit war noch nicht reif, sich über Jenkins' abgeschnittenes Ohr zu echauffieren. Denn in Großbritannien hatte ein Mann namens Robert Walpole noch immer genug Macht, das zu unterbinden.

Walpole war der erste Politiker, den man in der langen Entwicklung des britischen Regierungssystems mit Fug und Recht als Premierminister bezeichnen kann. Zwar hatte es zuvor im Kabinett des Königs immer einen Fachminister gegeben, der als *Primus inter Pares* fungierte – meist den Ersten Lord des Schatzamtes –, doch mit Robert Walpole betrat der erste Mann die politische Bühne, der formell ein Kabinett führte. Er war auch der erste Regierungschef, der in Downing Street 10 residierte, dem heutigen Amtssitz des britischen Premierministers.

Walpole regierte faktisch seit 1721, formell seit 1730. Unter

König Georg I. baute er seine Macht auf und aus, unter dessen Nachfolger Georg II., der ihn im Übrigen nicht mochte, konnte er sie zunächst bewahren. Gerade war die Spekulationsblase um die Wertpapiergeschäfte des Schotten John Law in Frankreich geplatzt und hatte ganz Europa in eine tiefe Finanzkrise gestürzt. Walpole lenkte Großbritannien nun vergleichsweise sicher durch die wirtschaftlich unruhige Zeit. Vor allem seine Politik der Kriegsvermeidung half ihm immer wieder, seine Macht zu sichern, sie brachte ihm aber auch gefährliche Feindschaften ein. Zwar stützten ihn die Kaufleute und Unternehmer des Establishments, für die Spekulanten und Glücksritter der Londoner City jedoch vertrat er die Wirtschaftsinteressen Großbritanniens nicht offensiv genug. Gemeinsam mit Walpoles politischen Gegenspielern und ehrgeizigen Männern in der Admiralität gingen sie eine stetig wachsende und immer lauter werdende Allianz ein, die nach einem Krieg gegen Spanien rief.

Dass Walpole ausgerechnet unter dem ihm nicht sonderlich zugeneigten Georg II. seine Position wahren konnte, verdankte er der Unterstützung von Königin Caroline, der Gattin des Königs. Als Caroline 1737 starb, begann dann auch seine Macht zu schwinden. Zunehmend sah sich Walpole, der durch seine geschmeidige Politik stark polarisierte, mit einer Opposition in der eigenen Partei konfrontiert, den eher liberalen Whigs. Sie waren in jener Zeit die große Gegenkraft zu den konservativen Tories und zu den besten Zeiten Walpoles auf dem Höhepunkt ihrer Macht. Doch nun schmolz bei mehreren Wahlen die vormals komfortable Parlamentsmehrheit dahin.

Schließlich war es Jenkins' abgeschnittenes Ohr, das den rapiden Niedergang Walpoles besiegelte. Nach dem effektvollen Auftritt des einohrigen Kapitäns vor dem Parlament – und dem nachfolgenden allgemeinen öffentlichen Aufschrei – blieb dem Premier nichts anderes übrig, als einem Waffengang gegen Spanien zuzustimmen. Die Kriegserklärung folgte am 23. Oktober 1739.

Die offizielle Begründung klang denkbar absurd. Der Rachefeldzug wegen eines abgeschnittenen Ohres, das dazu noch im

Glas in Alkohol aufbewahrt wurde, inspirierte die britische Selbstironie. Schon bald sprach man vom *Jenkin's Ear War*. Und so nennt man ihn noch heute.

Jenkin's Ear War

Während Walpoles Stern zu sinken begann, erkannte ein anderer Politiker die Gelegenheit zum Aufstieg. Sein Name war Edward Vernon.

Vernon stammte aus einer Politikerfamilie. Für Penryn in Cornwall saß er seit 1722 im britischen Parlament, ein Sitz, den bereits sein Vater mehrmals innehatte. Nach seiner Ausbildung bei der Marine war Vernon mit 22 Jahren Kapitän geworden und hatte später als Kommandeur einer auf Jamaika stationierten Flotteneinheit britische Handelsrouten im Atlantik beschützt. Als Politiker legte er sich permanent mit dem Kriegsministerium an, vor allem wenn es um die britische Flottenpolitik ging. Dabei stand er immer aufseiten der Marine, was ihm dort viele Fürsprecher einbrachte.

Nun gehörte er zu jenen Parlamentsabgeordneten, die die Geschichte um Jenkins' Ohr begierig aufgriffen. Noch ehe Spanien der Krieg erklärt worden war, lag Vernons Bewerbung um das Kommando über das britische Flottenkontingent vor, das die Spanier in der Karibik in die Schranken weisen sollte. Am 9. Juli 1739 wurde der mittlerweile 50-Jährige zum Vizeadmiral ernannt und erhielt den Oberbefehl über eine kleine Flotte von fünf Schiffen. Zunächst wollten die Briten die Silbertransporte der Spanier unterbinden, indem sie einen der spanischen Häfen in der Karibik eroberten, andere möglichst zerstörten. Eine der ersten britischen Aktionen war daher die Eroberung des kleinen Silberhafens Puerto Belo an der Küste von Panama.

Als Vernon die Stadt am 20. November 1739 einnahm und die Festungsanlagen zerstörte, sorgte er dafür, dass sein Sieg so schnell wie möglich in der Heimat bekannt wurde und seinen Ruhm nachhaltig steigerte. Überhaupt war Vernon ein Meister der Öffentlichkeitsarbeit. Seine zahlreichen Briefe, die er aus der Karibik in die Heimat sandte, trugen dazu bei, dass ihn die Briten als Nationalhelden feierten. Und mancher Name weist noch heute auf Vernons damalige Popularität hin. So wurde 1740 an einem Feldweg am Rande von London ein Gutshof errichtet. Unter dem Eindruck von Vernons Sieg gab man ihm den Namen Portobello Farm. Den Weg dorthin kannten die Londoner bald als Portobello Road, die heute berühmte Straße im Londoner Stadtteil Notting Hill mit ihrem jeden Samstag stattfindenden Antiquitätenmarkt. Ebenfalls im Jahr 1740 wurde bei einem Abendessen zu Ehren Vernons in London zum ersten Mal das Lied *God save the King* öffentlich vorgetragen – die spätere britische Nationalhymne.

Das Flaggschiff von Vernons Flotte war die mit 80 Kanonen bestückte *Princess Caroline*. Darauf diente ein junger Hauptmann aus den amerikanischen Kolonien. Er hieß Lawrence Washington und war der ältere Halbbruder des späteren amerikanischen Präsidenten George Washington. Zurück in der Heimat, nannte er zu Ehren seines ehemaligen Befehlshabers sein Anwesen Mount Vernon, das dann sein Halbbruder George bewohnte und ausbaute.

Auch bei den einfachen Seeleuten war die Verehrung für Vernon groß. Er stand in dem Ruf, sich mehr als üblich um das Wohlergehen seiner Mannschaften zu kümmern. Von den Männern »Old Grogg« genannt, weil er meist einen warmen Umhang aus Grogram trug, einem groben Stoff aus Seide und Wolle, ordnete er am 21. August 1740 mitten im Krieg um Jenkins' Ohr an, die damals in der britischen Flotte übliche Rumration mit Wasser zu versetzen, um Trunkenheit und Disziplinlosigkeit zu unterbinden. Außerdem hielten die Vorräte dadurch länger. Gegen die Gefahren und den Geschmack des oft fauligen Wassers gab man Zucker und Limettensaft hinzu. Auf diese Weise wirkte Vernon, ohne es zu wissen, der gefährlichen Krankheit Skorbut entgegen. In jenen Tagen wusste man noch nicht, dass Skorbut durch einen Mangel an Vitamin C entsteht. Aber auf Vernons Schiffen lagen die Krankheitsfälle fortan weit

unter dem Durchschnitt. Das von »Old Grogg« an seine Männer ausgeschenkte Getränk wurde später leicht verändert zum
allseits beliebten »Grog«.

Der »halbe Mann«

Vernons einmal gewonnener Ruf stand im weiteren Verlauf des
Krieges um Jenkins' Ohr in keinem Verhältnis zu seinen tatsäch-
lichen Erfolgen. Nach dem Sieg von Puerto Belo konnten er und
das britische Korps bis 1742 trotz zum Teil drückender Überlegenheit so gut wie keine der spanischen Festungen unter ihre
Kontrolle bringen. Zu einem regelrechten Misserfolg geriet die
Belagerung von Cartagena im heutigen Kolumbien. Als Vernon
1741 die Hafen- und Festungsstadt einnehmen wollte, standen
ihm 186 Schiffe, weit über 23 000 Mann und 2 000 Kanonen zur
Verfügung – eine weit größere Streitmacht als die Spanische
Armada, die einst England erobern wollte.

Vernon war von seinem Erfolg so fest überzeugt, dass er bereits
Münzen hatte prägen lassen, die zeigten, wie der spanische Admiral Blas de Lezo sich kniend vor ihm ergab. Doch er hatte die
Rechnung ohne diesen Haudegen gemacht. Blas de Lezo trug
den Beinamen *Mediohombre* (»halber Mann«), weil er in Dutzen-
den von Schlachten solch starke Verletzungen erlitten hatte, dass
man ihn, was seinen Körper betraf, tatsächlich als »halben Mann«
bezeichnen konnte. Gegen den zweifelhaften Helden Jenkins,
wegen dessen abgeschnittenem Ohr man nun Krieg führte, hätte
er jeden Vergleich gewonnen. Denn Blas de Lezo fehlten ein
Auge, das linke Bein und der rechte Arm. Von solchen »Banali-
täten« ließ Blas de Lezo sich jedoch nicht abhalten, weiter als
Admiral für Spanien zu kämpfen.

Als ihn nun Vernon mit gewaltiger Übermacht angriff, konnte
der Admiral lediglich auf 3 000 spanische Soldaten und 600 indianische Bogenschützen zählen. Kurz zuvor hatte er die Festungsanlagen von Cartagena vorsorglich noch verstärkt, auf die
nun wochenlang die britischen Kanonen einschlugen, und es ge-

lang ihm, Vernon mit seiner Flotte zur Aufgabe zu zwingen. Die Briten drehten ab. Blas de Lezo hatte sich bei den Kämpfen starke Verletzungen zugezogen, an denen er schließlich starb. Aber die Herrschaft seines Landes über die Karibik war für weitere fünf Jahrzehnte gesichert.

Der Krieg um Jenkins' Ohr endete nach neun Jahren. Die Briten hatten nichts Nennenswertes mehr erreicht. Die Kampfhandlungen verschmolzen ab etwa 1742 mit dem Österreichischen Erbfolgekrieg (1740–1748). Die europäischen Mächte hatten neue Schauplätze für ihre Machtkämpfe gefunden.

Robert Walpole, dem ein abgeschnittenes Ohr einen Krieg aufzwang und so letztlich seinen Machtverfall einleitete, trat Anfang 1742 als Regierungschef zurück. Edward Vernon versuchte nach den Ereignissen von Cartagena erfolglos Kuba zu erobern. Dann kehrte er nach Großbritannien zurück, wo er seine Arbeit im Parlament wieder aufnahm. Bis zu seinem Tod 1757 setzte er sich als Abgeordneter durch Eingaben, Bücher und Schriften für die Marine ein.

Und Robert Jenkins? Er erhielt den Befehl über ein Schiff der Britischen Ostindien-Kompanie. 1741 sandte man ihn nach St. Helena, um Korruptionsvorwürfe gegen den dortigen Gouverneur zu untersuchen. Bis März 1742 verwaltete er die Insel, dann fuhr er wieder zur See. Es heißt, er habe einmal vier Schiffe, die unter seiner Obhut standen, bei einem Piratenangriff retten können. Nach 1745 verliert sich seine Spur endgültig in der Geschichte.

Sein abgeschnittenes Ohr bleibt wohl auf ewig bekannter als er selbst.

8. Abraham Petrowitsch Gannibal – Puschkins rätselhafter Urgroßvater

Jeder Mensch ist ein Außenseiter, heißt es. Aber dieser Mensch war ein ganz besonderer Außenseiter, und es gelang ihm, unerwartet viel zu erreichen.

Als Page am Zarenhof trug er einen besonders seltsamen Namen. Doch das war nicht das einzig Außergewöhnliche an ihm. Der Page sah auch wunderlich aus: Seine Hautfarbe war pechschwarz. Woher der Junge stammte, wusste man nicht. Man weiß es auch heute noch nicht. Fest stand nur, er kam aus Afrika und sein Name lautete Abraham Petrowitsch Gannibal.

Der »Mohr« am Hofe des Zaren

Abraham war abgeleitet von Ibrahim. Das als Nachname fungierende Gannibal entlehnte er später als junger Mann von dem verehrten karthagischen Heerführer Hannibal. Da das kyrillische Alphabet kein *H* kennt, wurde der Name mit einem *G* am Anfang russifiziert. Der Mittelname Petrowitsch – »Sohn des Peter« – wies ihn als Patensohn von niemand Geringerem als dem Zaren selbst aus. Und dieser war nicht nur an Gestalt der vermutlich Größte unter allen Zaren, die über Russland je geherrscht haben: Peter der Große.

War Gannibal der Spross einer eritreischen Fürstenfamilie oder kam er aus ganz gewöhnlichen Verhältnissen? Der beninische Historiker Dieudonné Gnammankou ging Ende des 20. Jahrhunderts den Annahmen nach, die Vladimir Nabokov in seinen Studien zu Alexander Puschkin geäußert hatte, denn Puschkin besaß eine besondere Beziehung zu dem Jungen. Doch davon später. Bei Nabokov hieß es, Gannibal stamme womöglich von Sklaven ab, die von muslimischen Sklavenhändlern aus Logone am Tschadseeufer verschleppt worden waren. Gannibal selbst nannte eine Stadt Lagone, ohne ihre Lage genauer zu beschreiben. Oder stammte er aus Logon-Chuan im heutigen Eritrea oder aus Logone-Birni in Kamerun? Wie dem auch sei, Gannibals Herkunft bleibt im Dunkeln und auch sein genaues Geburtsdatum kennen wir nicht. Es muss um 1696 gewesen sein.

1703 kam er, der seinerzeit noch Ibrahim gerufen wurde, gemeinsam mit seinem Bruder Abdul als Sklave auf einem Schiff nach Konstantinopel. Obwohl immer wieder Zweifel an der Existenz eines Gannibal begleitenden Bruders laut werden, taucht er in verschiedenen Berichten zu Gannibals Leben zu verschiedenen Zeitpunkten auf, und so fällt es schwer, ihn zu verschweigen.

Gannibal wurde Page bei Ahmed, dem jüngeren Bruder des Sultans Mustafa. Dieser war im Grunde ein Opfer des Haremswesens. Da ein Herrscher zahlreiche Frauen hatte, wurden ihm auch zahlreiche Söhne geboren. Doch nur einer konnte dem Sultan auf dem Thron folgen. Für den, dem dies gelang, war jeder Bruder eine potenzielle Bedrohung seiner Macht. Daher kam es vor, dass ein neuer Herrscher nach der Thronbesteigung zunächst einmal die männliche Konkurrenz erdrosseln ließ. In jenen Tagen, als der junge Gannibal an den Hof des Sultans kam, war es jedoch schon seit Generationen üblich, die Jungen in den sogenannten Käfig zu sperren, die bewachten, weitläufigen, zum Teil unterirdischen Gemächer des Sultanspalastes. Gannibal erhielt dort die Aufgabe, Ahmed die Haare zu schneiden, ihn zu baden und zu waschen. So erfuhr er bereits in jungen Jahren, welch seltsam abgeschlossene und gefährliche Welt ein Fürstenhof sein konnte.

Nach kurzer Zeit gab es eine erneute Wende im Leben des Jungen. Sultan Mustafa wurde von seiner Leibwache, den Janitscharen, abgesetzt und Gannibals bisheriger Herr Ahmed bestieg den Thron als Ahmed III. Der etwa siebenjährige Gannibal wurde von einem Agenten des Zaren erworben, dem schillernd-mysteriösen Bosnier Sava Raguzinsky, der es immer wieder verstand, sich überall in Europa und auch im Orient Zutritt zu den Zirkeln und Hinterzimmern der Macht zu verschaffen, und der interessanterweise dem nicht minder dubiosen Zarengesandten Peter Tolstoi unterstand, einem Vorfahren des berühmten Romanciers. Andere Versionen behaupten, Raguzinsky habe Gannibal sogar entführt. Mit hoher Wahrscheinlichkeit »besorgte« er den Jungen und außer ihm wohl auch zwei weitere – darunter Gannibals Bruder Abdul? – im direkten Auftrag des Zaren. Mit drei Knaben machte sich Raguzinsky auf die Reise, von denen einer starb. Am Leben blieb, so wird vermutet, neben Gannibal auch sein Bruder. Nach etwa zehn Wochen Fahrt trafen sie im Spätherbst 1704 in Moskau ein.

Kurz vor Weihnachten begegnete Gannibal Zar Peter zum ersten Mal. Der kehrte gerade von einem erfolgreichen Waffengang gegen die Schweden zurück. Vier Jahre zuvor war sein Heer bei der ersten Schlacht an der Narva verheerend unterlegen, nun feierte er einen triumphalen Sieg.

Damals war es Mode an europäischen Fürstenhöfen, einen oder mehrere schwarzhäutige Jungen zu haben. Sie dienten als sogenannte Hofmohren oder Kammermohren und erfüllten in vielerlei Hinsicht ihre Funktion als Statussymbole. Einerseits zeigten sie, in welche weit entlegenen Winkel der Welt die Beziehungen des Fürsten reichten, andererseits verliehen sie dem Hof einen Hauch Exotik. Benahmen die Hofmohren sich zudem noch tadellos und gelehrig, bewies dies, über welche Führungskunst ihre Herrschaften verfügten.

Mit Gannibal verfolgte Zar Peter ein ganz eigenes und über all diese Intentionen hinausgehendes Ziel. Er, der rigorose Modernisierer Russlands, der auf Ehrgeiz, Können und Stärke des Individuums setzte, der Handwerker, Ingenieure, Kaufleute aus ganz Europa nach Russland holte, der versuchte, die überkommenen und das riesige Reich so lähmenden Gesellschaftsstrukturen zu überwinden, wo allein das Umfeld der Geburt bestimmte, welche Laufbahn ein Mensch im weiteren Leben einschlug, wollte in Gannibal beweisen, dass weder Herkunft noch Rasse, sondern die Erziehung die Leistungsfähigkeit eines Menschen bestimmten. Als Gannibal sich tatsächlich als gelehrig und ehrgeizig erwies, galt er Peter als Lehrstück und Vorbild für seine Untertanen.

Der Zar fand Gefallen an dem aufgeweckten Jungen, der unbefangen mit ihm sprach und sehr schnell die russische Sprache lernte. Schon im Februar 1705 durfte er Peter nach Woronesch begleiten. Die Auseinandersetzungen mit den Schweden und Streitigkeiten unter Peters Heerführern zwangen den Zaren schließlich, nach Litauen zu reisen. In Wilna, dem heutigen Vilnius, wurde Gannibal getauft. Paten waren kein Geringerer als Zar Peter der Große persönlich und – vermutlich – die Königin von Polen, Katharina Opalinska. Eigentlich sollte der Junge den Namen Peter Petrowitsch Petrow führen. Doch er wollte bei seinem richtigen Namen Ibrahim genannt werden. Der Zar lenkte ein und fortan trug sein Page den russifizierten Vornamen Abraham.

1705 war wohl auch das Jahr, in dem Gannibal und sein Bruder Abdul sich endgültig trennen mussten. Der hieß nun Alexej und sollte Musiker werden. Von nun an verliert sich seine Spur.

Gannibal begleitete Peter nicht nur auf Reisen, sondern auch auf dessen Feldzügen. Seit 1700 tobte der Große Nordische Krieg um die Vorherrschaft im Ostseeraum. Peter hatte mit seinen Verbündeten Dänemark-Norwegen und Sachsen-Polen das Schwedische Reich angegriffen. Doch der junge König Karl XII. wehrte sich erfolgreich, bis die gegnerische Koalition zerfiel und er nur noch gegen den Zaren kämpfte. In der Schlacht bei Lesnaja am 9. Oktober 1708 siegten dann die russischen Truppen. Während der Kämpfe zeichnete sich der zwölfjährige Gannibal zu Peters Freude durch großen Mut aus. Die Russen erbeuteten den Tross der Schweden und Karl XII. war mit seiner Hauptstreitmacht von der Versorgung abgeschnitten. Fortan lag die Initiative bei Peter. König Karl manövrierte, war gezwungen, sein Heer auf eine andere Route als vorgesehen zu lenken. Bei Poltawa erlitten die Schweden am 8. Juli 1709 eine verheerende Niederlage, die die endgültige Wende des Krieges einleitete. Die sorgfältigen Schlachtvorbereitungen Peters, deren Zeuge Gannibal war, sollten diesen stark beeinflussen.

Der Zar registrierte aufmerksam Gannibals Talente, auch dessen besonders ausgeprägtes Verständnis für Mathematik. Peter war sicher, es gab einen Platz für ihn in dem Russland, das er ehrgeizig und mit harter Hand zu modernisieren versuchte. Bereits als Jugendlicher half ihm Gannibal bei der Korrespondenz. Graf Fjodor Golowin, ein vielseitig gebildeter Mann und enger Vertrauter, übernahm die Ausbildung des Jungen, den der Herrscher sooft es ging in seiner Nähe haben wollte. Gannibal schlief sogar im Gemach des Zaren. Wachte der auf, rief er nach ihm. Peter nannte ihn »Arap«, was »Mohr« bedeutet. Fast jede Nacht, so soll Gannibal später erzählt haben, musste er dem Zaren, nachdem der seinen »Arap« gerufen hatte, eine Schiefertafel bringen, weil Peter eine Idee niederschreiben wollte.

Der Zar behandelte Gannibal fast wie einen Sohn. Seine Töchter durfte er mit ihren Kosenamen rufen, während Peters Kinder ihn ihren »schwarzen Bruder« nannten. Gannibal diente Peter dem Großen fortwährend als Beispiel für die Adeligen, dass ein Junge aus Afrika ihnen nicht nur das Wasser reichen konnte, sondern sie an Auffassungsgabe und Tüchtigkeit sogar zu übertreffen vermochte. So wurde »Arap« zur Zielscheibe von Neid und Missgunst.

Pariser Lehrjahre

Mehr und mehr wuchs Gannibal in die Rolle des Privatsekretärs hinein – und fungierte auch als Peters Agent. Er verfasste ein Buch zur Kodierung geheimer Botschaften, Bittsteller sammelten sich in seinem Vorzimmer.

Als Peter im Dezember 1716 zunächst die Niederlande besuchte und danach nach Frankreich weiterreiste, gehörte der nun 20-jährige Gannibal zu seiner Entourage. Einen Monat lang verbrachte dieser mit Gottfried Wilhelm Leibniz, der sich von der

Gicht geplagt in Bad Pyrmont aufhielt. Peters Sohn und Thronfolger Alexej war 1712 gegen seinen Willen mit Prinzessin Charlotte von Braunschweig-Wolfenbüttel verheiratet worden. Leibniz
hatte bei den Feierlichkeiten mit Gannibal an einem Tisch gesessen und war beeindruckt von dem Wissen und der klugen Aus-
strahlung des jungen Mannes. Vielleicht erinnerte er ihn an den
Hofmohren William Amo am Braunschweiger Hof, der sich ebenfalls durch große Gelehrtheit hervortat.

Als der Zar aus Frankreich abreiste – er hatte für Russland nicht
so recht Kapital daraus schlagen können, dass der Pariser Hof nach
dem Tod Ludwigs XIV. von Intrigen bestimmt wurde –, blieb sein
Ziehsohn im Frühjahr 1717 zurück. Er sollte eine Ausbildung
an den seinerzeit herausragenden französischen Militärschulen
durchlaufen, aber auch Augen und Ohren offen halten, um Kunde
von den Machenschaften und Kabalen des Adels zu geben.

In der französischen Hauptstadt erreichte Gannibal die Nachricht vom Tod des Thronfolgers. Alexej war 1716 aus Russland
geflohen. Peter hatte schon einmal geäußert, lieber das Land in
die Hand eines würdigen Fremden zu geben als in die seines »un-
würdigen Sohnes«, und ihn aufgefordert, auf den Thron zu ver-
zichten. Vor allem fürchtete er, der äußerst konservativ denkende
Alexej würde seine Reformen rückgängig machen. Peters Agent
Tolstoi spürte Alexej bei Neapel auf und bewog ihn zur Rückkehr
nach Russland. Dort wurde er verhaftet und in der Peter-und-
Paul-Festung gefoltert. Am 26. Juni 1718 gab man Alexejs Tod
bekannt. Gerüchte, er sei an den Folgen der Folter gestorben,
machten die Runde.

Der gebildete Mohr des Zaren war in Paris rasch Stadtgespräch. Gannibal hatte zahlreiche Affären mit jungen Französin-
nen, sogar mit einer Herzogin. Er schloss Freundschaft mit Mon-
tesquieu, Diderot und Voltaire, diskutierte und philosophierte
nächtelang mit ihnen. Die Denker waren begeistert von dem jungen Mann, der in seinem Wesen und mit seinen Fähigkeiten so
anders war, als auch sie es zum größten Teil von Afrikanern glaubten. Voltaire nannte ihn den »dunklen Stern der Aufklärung«.

Doch die Winkelzüge der Macht rissen Gannibal wieder aus

den geistigen Sphären der Salons der Denker. Über seine Adels-
kontakte geriet er in die Kreise intriganter Machenschaften gegen
den Regenten Philipp von Orléans und den jungen König. Die
Verschwörung, betrieben von der Herzogin und dem Herzog von
Maine, wurde 1718 niedergeschlagen. Gannibal, der Mitwisser,
floh in die Pyrenäen.

Russische Intrigen

Anfang 1719 standen die Verhältnisse wieder günstiger für Gannibal. Er meldete sich beim französischen Heer und zog mit den
Truppen von Ludwig XV. in den Krieg gegen Philipp V. von Spanien. Im Laufe des Feldzugs wurde er zum Leutnant befördert
und befehligte schließlich eine Artillerieeinheit. Erst in jener Zeit
nahm er den Beinamen Gannibal an. Im August wurde er bei der
Belagerung von San Sebastián durch eines der eigenen Ge-
schosse schwer am Kopf verletzt. In Ehren entlassen, kehrte er
nach Paris zurück. Dort war mittlerweile Gras über die Gründe
seiner Flucht gewachsen und der Status als Kriegsveteran eröffnete ihm den Zutritt zu der neu gegründeten Militärakademie,
der *École d'Artillerie* in La Fère, wo er zuerst bei Bernard Forest
de Bélidor und später an der von dem bedeutenden Festungsbau-
meister Sébastien Le Prestre Marquis de Vauban gegründeten
Akademie in Metz studierte.

Im Januar 1723 war Gannibal wieder in Russland, nachdem
der Zar in Paris seine Schulden beglichen hatte. Gannibal hatte
sich wie so viele bei der Blase um die Wertpapiergeschäfte des
Schotten John Law verspekuliert.

Umgehend beauftragte ihn der Zar, einen Kanal vom Ladoga-
see nach Kronstadt zu bauen. Im Jahr darauf begann Gannibal
mit der Arbeit an seinem Buch *Geometrie und Fortifikation*. Doch
die Fertigstellung diese Werkes erlebte Peter der Große nicht
mehr. Er hatte sich bei dem Versuch, havarierte Seeleute aus eis-
kaltem Wasser zu retten, erkältet und starb am 28. Januar 1725
an den Folgen.

Seine Witwe Katharina I. bestieg nun den Thron. Aber die eigentliche Macht lag in den Händen von Alexander Danilowitsch Menschikow. Wie Gannibal war er ein enger Vertrauter Zar Peters gewesen, hatte aber in dessen Gunst eine weit höhere Stellung eingenommen als dieser. Menschikow genoss nicht nur deshalb einen ungleich höheren Einfluss – er war zudem weiß und ehrgeiziger. Gannibal und Menschikow trauten einander nicht. Dabei war auch der Aufstieg des Rivalen eine außergewöhnliche Erfolgsgeschichte.

Aus einfachen Verhältnissen stammend – es heißt, sein Vater war ein litauischer Bauer –, diente Menschikow zunächst als Peters Page. Im Laufe der Jahre wurde er zu dem vermutlich engsten Vertrauten, den der Zar je hatte. Anders als Gannibal, wusste Menschikow geschickt, Bündnisse und Allianzen zu schmieden, und als Peter starb, erwies sich Menschikows Beziehung zur Zarenwitwe Katharina als die wichtigste Verbindung, die er neben der zum Herrscher geknüpft hatte. Menschikow war es gewesen, der die ehemalige Magd einst bei sich aufgenommen und später seinem Zaren vorgestellt hatte. Katharina wurde Peters Geliebte und schließlich seine zweite Frau. Nun folgte sie ihm auf dem Thron. Menschikows Hilfe, der ihr den Weg dorthin nicht nur durch seine Schachzüge nach Peters Tod geebnet hatte, vergaß sie nicht. Er erreichte nun den Gipfel seiner Macht, denn die Regierungsgeschäfte überließ die Zarin ihm.

Als Katharina nach nur zwei Jahren auf dem Thron starb, wurde Peters elfjähriger Enkel zu Zar Peter II. – und Gannibal als Lehrer des Jungen Teilnehmer an einer Verschwörung gegen Menschikow. Wie einst in Paris setzte er allerdings erneut auf ein erfolgloses Unternehmen. Menschikow nahm rasch wieder die Zügel in die Hand, verhaftete und verbannte seine Gegner. Und Gannibal? In dieser Frage schlug er zwei Fliegen mit einer Klappe. Gannibals bekanntermaßen herausragende Kenntnisse im Festungsbau kamen ihm bei dem Versuch, den Rivalen kaltzustellen, gelegen und Gannibal selbst wurden seine Fähigkeiten zum Verhängnis. 1727 wurde er in den äußersten Osten des riesigen Reiches beordert, zunächst nach Kasan, dem Eingangstor nach Sibirien. Gannibal war dort so weit vom Hof entfernt, dass er keine Gefahr mehr für Menschikows Macht darstellte, und dennoch blieb er für ihn von Nutzen.

Später errichtete Gannibal einige Jahre lang Festungen an der Grenze zu China.

Währenddessen verlor in Moskau sein Rivale trotzdem an Macht. Zwar gelang es Menschikow noch, eine Verlobung seiner Tochter mit dem jungen Zaren zu arrangieren, doch die einflussreiche Fürstenfamilie Dolgoruki setzte Ende 1727 seine Verhaftung durch. Des Hochverrats angeklagt, musste auch Menschikow die Reise in die sibirische Verbannung antreten, wo er nur zwei Jahre darauf verarmt starb.

Mit dem frühen Tod Zar Peters II. im Januar 1730 und der Thronbesteigung Anna Iwanownas änderten sich die Verhältnisse erneut. Gannibal versuchte verzweifelt, aus der Verbannung zurückzukehren. Schließlich half ihm sein Freund Burkhard Graf Münnich. Der einstige Günstling Peters des Großen trug seit 1727 die Verantwortung für die Festungsanlagen des Zarenreiches und war Feldmarschall mit Befehlsgewalt über das ganze Heer. Gannibal hatte beim Ladogakanalprojekt mit ihm zusammengearbeitet. Unter Zarin Anna gewann Münnich weiter an Einfluss. Er machte Gannibal zum Major einer Garnison in Tobolsk und holte ihn schon 1730 nach Pernau in Estland, damit er dort die Befestigungs- und Bauarbeiten leitete und das Handwerk des Festungsbaus lehrte.

In Pernau lernte Gannibal die junge Tochter eines griechischen Kapitäns namens Jewdokija Dioper kennen. Anfang 1731 heirateten sie und gründeten in der Stadt einen kleinen Haushalt. Doch die Ehe wurde zur Katastrophe. Die launische Jewdokija tyrannisierte Gannibal und das Hauspersonal. Als sie sich auch noch einen jungen Kadetten und stadtbekannten Schürzenjäger zum Liebhaber nahm, war die zerrüttete Ehe bald Stadtgespräch.

Im Oktober gebar Jewdokija ein Kind. Es war weiß. Gannibal adoptierte das Mädchen. Doch der anhaltende Klatsch trieb ihn dazu, um seine Versetzung zu bitten. Sie wurde abgelehnt. Dort, wo er war, sei er zu wichtig, beschied man ihm. Dann kam das Gerücht auf, Jewdokija und ihr Geliebter wollten Gannibal vergiften. Dieser erhob Anklage und nach strengem Verhör legte seine Ehefrau ein Geständnis ab. Für die nächsten elf Jahre sperrte man sie ein, zum Teil unter fürchterlichen Bedingungen. Jewdokija, die später das Geständnis widerrief, beschloss ihr Leben in einem Kloster.

All die Jahre lehnte Gannibal Gnade für sie ab. Kurz nach dem Skandal um seine Ehe schied er aus dem Militärdienst aus und zog sich auf die kleine Besitzung Kyrkyula zurück. Die Lebensumstände auf solchen Gütern waren seinerzeit äußerst bescheiden. Auch das Herrenhaus besaß nur zwei Zimmer. Mittlerweile hatte Gannibal die Deutsch-Schwedin Christina Regina Sjöberg kennengelernt. Sie heirateten 1736 und bekamen elf Kinder. Es waren Jahre in sorgenvollen materiellen Verhältnissen. Gannibal konnte die immer größer werdende Familie mehr schlecht als recht versorgen.

Die Lebensumstände für den einstigen Schützling Peters des Großen besserten sich erst, als er im Januar 1741 von Anna Leopoldowna, Mutter des nach dem Tod Annas neuen Zaren Iwan VI. – zu jener Zeit noch ein Säugling –, zum Oberstleutnant und Festungsinspekteur von Reval ernannt wurde. Außerdem erhielt er das Landgut Rakhula geschenkt.

Und es ging weiter bergauf. Peters Tochter Elisabeth I. kam im November 1741 durch einen Staatsstreich an die Macht. Sie, die mit Gannibal in der Kindheit so vertraut gewesen war, ernannte ihn umgehend zum Generalmajor und Oberkommandierenden von Reval, ein Amt, das er in den nächsten zehn Jahren bis 1752 bekleiden sollte. Elisabeth übereignete ihm dazu im Gouvernement Pskow den Großgrundbesitz Michailowskoje mit 569 Leibeigenen.

1755 freundete Gannibal sich mit dem Gelehrten Michail Lomonossow an. Während des Siebenjährigen Krieges, den Russland an der Seite Österreichs und Frankreichs gegen Preußen und England führte, lernte er 1761 den jungen Immanuel Kant in Königsberg kennen. Doch als Gannibal von dem gerade auf den Thron gelangten Zar Peter III. bei der Feier des Ausstiegs Russlands aus dem Siebenjährigen Krieg – die er maßgeblich mitgestaltet hatte – brüsk und ohne viele Worte seine Entlassungsurkunde erhielt, zog er sich 1762 mit nur 66 Jahren verbittert ins Privatleben zurück.

Am Ende eines langen Weges

Erneut war er ein Opfer von Intrigen geworden. Seinen früheren Einfluss am Zarenhof gewann der Mann, den Peter I. »Arap« genannt hatte, nie mehr zurück. Trotz all seines Könnens, all seiner Leistungen war Gannibal in einer Welt der Anpassung doch immer ein Außenseiter, ein Exot und Einzelkämpfer geblieben. Inwiefern seine eigene Unzulänglichkeit, die richtigen Allianzen zu schmieden, beitrug, dass die Gunst des Hofes ihm im Alter immer weniger zuteilwurde, inwiefern es schlichtweg seine Herkunft war, die Neid und Missgunst gegenüber dem »mächtigen Mohren« provozierte, bleibt eine Streitfrage unter seinen Biografen, bereitete aber auch den Boden für Gannibals eigene wachsende Bitterkeit. Er, der einst als Sklave in das ihm fremde, weite, kalte Land der Russen gekommen war, hatte den größten aller Zaren begeistert, Festungen für ihn gebaut, mit den großen Denkern seiner Zeit diskutiert, war Generalmajor und Oberkommandierender von Reval geworden. Doch für all das fühlte er sich am Ende seines Lebens nur schlecht belohnt.

Gannibal verlebte noch 19 Jahre auf seinem Landgut Michailowskoje und dem nahe gelegenen Haus in Petrowskoje. Hoffnung auf neue Aufgaben und Ehren keimte kurz in ihm auf, als Katharina II., die Große, im Juli 1762 durch einen Staatsstreich auf den Thron gelangte. Gannibal beeilte sich, ihr eine Ergebenheitsnote zu schicken, konnte es sich aber auch nicht verkneifen, im gleichen Atemzug um mehrere Anwesen und Ländereien »zum Wohle meiner armen Familie« zu bitten. Das Gesuch blieb erfolglos.

In den letzten Lebensjahren fühlte Gannibal sich heimgesucht von Agenten der Zarin. Schließlich verbrannte er seine Memoiren, da er fürchtete, sie könnten ihn und seine Angehörigen der Gefahr der Verhaftung, Verbannung oder anderer Repressalien aussetzen. Seine Bitterkeit wuchs. Zweifellos erlitt er noch weitere Verletzungen, auch weil er seine vielen Kinder vor Ausgrenzung schützen musste.

Gannibal starb 83-jährig auf seinem Anwesen Suida bei Sankt Petersburg. Er hatte in seinem langen Leben unter acht Zaren und Zarinnen gedient.

Zwei seiner Söhne machten Karriere beim Militär. Iwan Abramowitsch Gannibal wurde General, Ossip Gannibal Major der Artillerie. Dessen Tochter Nadeschda heiratete später den Adeligen Sergej Puschkin. Der von den Russen als Nationaldichter verehrte Alexander Puschkin war ein Sohn dieser beiden und somit ein Urenkel des Mohren am Hofe Peters des Großen.

Gannibals Leben verlief im Grunde wie in einem Roman. Seine Schilderung hätte keinerlei Zuspitzung mehr bedurft. Doch Adam Karpowitsch Rothkirk verfasste eine kurze deutsche Biografie seines Schwiegervaters, die voller fantastischer Behauptungen war, wie jener, Gannibal sei tatsächlich ein Nachfahre des karthagischen Feldherrn gewesen. Sie fiel Puschkin bei dessen Recherchen nach seinem Urgroßvater in die Hände. Puschkin versuchte, den Stoff in der Novelle *Der Mohr Peters des Großen* zu verarbeiten. Doch sowohl er als auch später Vladimir Nabokov, der sich mit Gannibal vor dem Hintergrund seines Kommentars zu Puschkins *Eugen Onegin* befasste, hatten Schwierigkeiten mit der Annäherung an Gannibals Leben und Charakter. Puschkin brachte seine Novelle nicht zu Ende, war aber zeit seines Lebens stolz auf seine afrikanischen Wurzeln.

9. Wie Esther Abrahams zur
First Lady Australiens wurde

Am 30. August 1786 sprach das ehrwürdige Londoner Gericht Old Bailey das Urteil über eine gewisse Esther Abrahams. Es befand sie für schuldig, 20 Meter Spitzenstoff aus schwarzer Seide im Wert von 50 Schilling gestohlen zu haben. Die junge jüdische Frau war erst 15 Jahre alt und von Beruf Putzmacherin. Hatte sie den Stoff gestohlen, weil sie ihn zur Herstellung von Hüten brauchte? Die Umstände bleiben im Dunkeln.

Das Urteil stand am Ende eines Indizienprozesses. Drei Zeugen entlasteten Esther, dennoch verurteilte sie der Richter zu sieben Jahren Straflager. Nichtsdestotrotz: Esther hatte Glück. In jenen Tagen wurden andere für weit geringere Vergehen gehängt. Man hielt ihr ihre Jugend zugute und die Tatsache, dass sie ein Kind erwartete. Aber das Glück hatte einen Haken. Das Straflager, in dem sie ihre Haftzeit verbüßen sollte, lag am anderen Ende der Welt. Esther Abrahams sollte in einem Gefangenenschiff nach Australien gebracht werden.

Unter Deck übers Meer

Schon seit längerer Zeit verfolgte Großbritannien das Ziel, die sogenannte untere Gesellschaftsschicht auszudünnen, indem man sich vornehmlich jener entledigte, die straffällig geworden waren. Jahrelang waren Gefangene in die amerikanischen Kolonien verschifft worden. Als diese 1776 ihre Unabhängigkeit verkündeten, bot sich das von Europäern noch unbesiedelte Australien als neues Straflager an. Ein angenehmer Nebeneffekt: Die dorthin gesandten Delinquenten konnten das Land – unter Aufsicht – kolonialisieren. Daher brachte man bevorzugt solche Sträflinge auf die Schiffe, die sich wie Esther nur geringe Vergehen hatten zuschulden kommen lassen. So blieb der Anteil von Schwerverbrechern unter den künftigen Bewohnern der neuen Kolonien halbwegs erträglich.

Esther gehörte zu den ersten Gefangenen, die Richtung Australien aufbrechen sollten. Bevor die Reise begann, versuchte sie vergeblich, das harte Urteil revidieren zu lassen und dem berüchtigten Londoner Gefängnis von Newgate zu entkommen. Ihre Petition mit Bitte um Begnadigung blieb unbeantwortet. In Newgate brachte sie am 18. März 1787 eine Tochter zur Welt, die den Namen Roseanna erhielt. Nach der Geburt dauerte es nicht lange und Esther musste sich mit ihrem Baby einschiffen. Doch in See stechen sollte ihr Schiff erst Wochen später.

Eine große Flotte wurde für die lange Fahrt in Portsmouth gerüstet. Sechs der elf Schiffe, die als *First Fleet* in die Geschichte eingingen, waren Transportschiffe. Hinzu kamen drei Versorgungsschiffe sowie das Begleitschiff *HMS Supply* und das Flaggschiff *Sirius*. Auf den Transportschiffen – schwimmende Gefängnisse – fuhr der Hauptteil der künftigen Siedler: 750 Sträflinge, darunter 200 Frauen. Zu den Mitreisenden der *First Fleet* gehörten neben Mannschaften, Soldaten und Offizieren auch die 28 Frauen und 17 Kinder der Besatzungen. Insgesamt waren es rund 1300 Männer und Frauen.

Oberkommandierender der *First Fleet* war Kapitän Arthur Phillip. Dem erfahrenen und besonnenen Mann lag daran, die Menschen, für die er verantwortlich war, möglichst wohlbehalten ans Ziel zu bringen. Aber die Versorgung der Flotte erschien ihm ungenügend und er beschwerte sich während der Reisevorbereitungen mehrfach schriftlich bei der Admiralität. Unter den Mängeln litten vor allem die Gefangenen. Nicht nur bei der Nahrung gab es Engpässe. Phillip war auch wegen der medizinischen Versorgung besorgt. Sauerkraut und Limetten fehlten, um Skorbut vorzubeugen, die »Frischwasservorräte« stammten aus der verschmutzten Themse. Zahlreiche Gefangene starben in Portsmouth noch vor der Abreise. Allein 16 auf dem Transportschiff *Alexander*.

Die Sträflingskleidung für die Männer gab es nur in einer Größe, die Kluft für die Frauen fehlte vollständig. So trugen diese zumeist noch immer dieselben Kleider wie bei ihrer Verurteilung. Und das, obwohl sie schon seit zwei Monaten in den Gefängnisschiffen eingepfercht waren.

Als Arthur Phillip am Nachmittag des 12. Mai 1787 Befehl zum Auslaufen gab, weigerten sich viele der Matrosen. Sie waren betrunken und forderten ihre Heuer, die sieben Monate lang nicht gezahlt worden war. Wenigstens wollten sie einen letzten Landgang genehmigt bekommen. Doch Phillip blieb hart. Am darauffolgenden Morgen stach die Flotte von Portsmouth aus in See.

Während der ersten Tage war der Wellengang so stark, dass es Phillip unmöglich war, Logbuch zu führen. Viele Passagiere litten unter der Seekrankheit, aber die Gefangenen blieben im Bauch der Schiffe eingesperrt. Die Bedingungen der Reise waren schon für die freien Männer und Frauen der Flotte schwer. Für die Sträflinge jedoch waren sie unerträglich. Immer wieder rebellierten Häftlinge wegen Enge, Hitze und Durst. Auch die drastischen Strafen, denen nicht nur die Männer, sondern auch die Frauen ausgesetzt waren, vermochten sie nicht davon abzuhalten. Bei den Frauen gehörte dazu das Auspeitschen, das Abrasieren der Haare oder die »Tonnentortur«, bei der man der Delinquentin ein leeres Fass überstülpte und Kopf und Arme durch extra ausgesägte Löcher führte. Die so Bestrafte konnte sich weder legen noch setzen. Besonders gefürchtet war das Einsperren in die »Kiste«, das »Schwarze Loch« im Unterdeck des Transportschiffes *Dunkerk*. Dort in der Dunkelheit war es so eng, dass man nur stehen konnte, während die Ratten um die Beine strichen.

Einige Sträflingsfrauen wurden während der Fahrt schwanger. Sie waren Opfer von Vergewaltigungen oder schliefen für Schutz und Vergünstigungen mit den Matrosen und Soldaten. Andere hatten schwanger die Reise angetreten, wie die Straßendiebin Mary Broad, die als Mary Bryant neben Esther Abrahams eine gewisse Berühmtheit erlangen sollte. Mary Bryant floh später in Australien mit ihrem Mann und ihren Kindern und einigen Männern in einem gestohlenen Boot über die offene – bis dahin zum großen Teil unerforschte – See nach Timor. Dort wurden sie von den niederländischen Behörden als geflohene Häftlinge erkannt und zurück nach England geschickt. Auf der Rückfahrt verlor Bryant Mann und Kinder durch Fieber. In England erneut vor Gericht gestellt, gelangte der Fall an die Öffentlichkeit. Der berühmte Schriftsteller James Boswell nahm sich ihrer an, sie kam frei, erhielt von Boswell eine Rente und verschwand im Dunkel der Geschichte.

Esther Abrahams lernte auf der Reise ans andere Ende der Welt den jungen Oberleutnant der königlichen Marineinfanterie George Johnston kennen. Er schaute nach der jungen Mutter und der kleinen Roseanna, versorgte sie mit Extrarationen und hielt ihr die anderen Männer vom Leib. Ob es Liebe auf den ersten Blick war, ob es zunächst für Esther schlichtweg der Zweck war, der die Mittel heiligte, weiß man nicht.

Anfang August erreichte die Flotte Rio de Janeiro. Vier Wochen lagen die Schiffe im Hafen, frischten die Vorräte auf und stachen am 4. September wieder in See. Rasch gerieten sie in die üblichen Stürme des Südatlantiks und so folgten weitere vier Monate der Tortur. Angst zu kentern, meterhohe Wellen, die über Deck peitschten, das Auf und Ab des schwer dahinrollenden Schiffsrumpfes. Schimmel, Moder, Kälte, Krankheiten. Erst brach die Ruhr aus, dann erkrankten manche Frauen und Matrosen an Skorbut. Die Vorräte gingen zur Neige, das Wasser wurde faul. Hunderte von Rindern, Ziegen, Hühnern, Schafen und Schweinen verendeten, von denen viele in Rio neu an Bord genommen worden waren. Als Van Diemen's Land, das heutige Tasmanien, gesichtet wurde, kam Jubel auf und viele brachen in Tränen aus. Doch zunächst mussten die Schiffe einen erneuten, besonders schweren Sturm überstehen. Würde man kurz vor Ende der langen und schrecklichen Reise doch noch den Tod finden? Arthur Phillip erreichte mit der *Supply* am 18. Januar 1788 die Botany Bay an der Südküste Australiens.

Die Flotte war durch den Sturm auseinandergerissen worden und so trafen die anderen Schiffe nach und nach ein. Entgegen den Empfehlungen James Cooks von 1770 erwies sich Botany Bay als ein ungeeigneter Anlege- und Siedlungsplatz. Die Bucht war offen und ungeschützt, das Wasser seicht, Schiffe konnten leicht auf Grund laufen. An Land fand sich kaum frisches Wasser, der Boden schien unmöglich zu bewirtschaften. Also fuhr die Flotte weiter nordwärts in die Gegend, die Cook bereits Port Jackson genannt hatte. Dort, wo sich das Meer in zahlreichen Fjorden kilometerlang in das Land schneidet, fand Phillip »den besten Hafen der Welt«. Der von ihm gewählte Platz lag geschützt und bot eine sichere Versorgung mit Trinkwasser, das in einem Wasserfall in die Bucht schoss. Am 26. Januar 1788 ging die *First Fleet* in Sydney Cove vor Anker. Zunächst sollte die erste weiße Siedlung Albion heißen, doch Phillip entschied sich für einen Namen zu Ehren des damals amtierenden britischen Innenministers Lord Thomas Townshend Sydney. An der Einfahrt zur kleinen Bucht steht heute das berühmte Sydney Opera House. Und alljährlich feiert man dort wie überall auf dem Kontinent Ende Januar den *Australia Day*.

Sydney – Die neue Heimat

Es duftete nach Eukalyptus und nach Austern, die in großen Mengen am Strand lagen. Nach und nach wurden die Soldaten, Matrosen und die männlichen Gefangenen an Land gesetzt. Sie bauten erste Verschläge für die Tiere und behelfsmäßige Unterkünfte. Es war harte Arbeit. Manche Bäume erwiesen sich als so stark, dass Äxte und Sägen versagten und sie mit Schießpulver gesprengt werden mussten.

Am 6. Februar gingen die weiblichen Gefangenen von Bord. Einer der Sträflinge trug Esther auf seinen Schultern an Land. Als die Nacht kam, brach eine Orgie aus. Die Leiden und Qualen der Reise hinter sich, feierten die Ankömmlinge auf raue und entfesselte Art das Leben. Die Gefangenen waren nicht mehr eingesperrt, Männer und Frauen nicht mehr getrennt. Sie fielen übereinander her. Der billige Rum aus Rio floss in Strömen. Frauen, die sich den Zudringlichkeiten entziehen wollten, mussten vor Vergewaltigung bewahrt werden. Nun war es umso wichtiger, wie Esther einen Beschützer zu haben. Betrunkene griffen nach den Frauen, wurden abgewiesen, versuchten ihr Glück aufs Neue, noch zudringlicher, gewaltsam. Soldaten schritten ein. Es floss Blut.

Arthur Phillip, nunmehr erster Gouverneur der Strafkolonie, schrieb lapidar in einem Brief an Lord Sydney: »Aufgrund des sehr geringen Frauenanteils ist es absolut notwendig, dass weitere Frauen hierhergeschickt werden.«

Zu Beginn der Besiedlung von New South Wales (Neusüdwales) heirateten zahlreiche Gefangene, unter anderem um in den Genuss der in Aussicht gestellten Vergünstigungen zu kommen. Denn sie erhielten Land und durften sich sehr viel freier bewegen als die anderen Delinquenten.

Trotz aller Bemühungen, ihr neues Leben einzurichten, gerieten die Neuaustralier jedoch vor allem in den ersten Jahren in große Schwierigkeiten. Kaum einer von ihnen hatte Erfahrungen in der Landwirtschaft und es gelang ihnen nicht schnell genug, genügend Ackerland zu roden. Die Hoffnung, durch Ackerbau rasch eine Selbstversorgung zu sichern, ja sogar durch die Ernte von Baumwolle, Kaffee oder Indigo ein weiterverarbeitendes Gewerbe zu errichten, zerschlug sich. Saatgut und Setzlinge verkümmerten. Viele Siedler hungerten. Erneut brach Skorbut aus. Geschlechtskrankheiten grassierten. Wer noch arbeiten konnte, erlitt einen Hitzschlag oder einen Sonnenstich. Doch nicht nur Klima und Hunger setzten den Menschen zu. Ein Gemeinwesen, das den Namen verdiente, musste sich erst noch entwickeln. In der Siedlung aus Hütten und Zelten herrschte das Faustrecht zwischen Soldaten und Gefangenen.

In der neuen und so feindseligen Umgebung blieben Esther und George zusammen. Sie wurden ein Paar und ließen sich in der Nähe von Sydney in einem kleinen Fachwerkhaus nieder. Die Wände waren mit Lehm und Stroh gefüllt. Gefangene hatten es errichtet. 1790 – auch Esther war noch immer Gefangene, denn ihre siebenjährige Strafe war noch nicht abgelaufen – wurde ihr erster gemeinsamer Sohn getauft: George. Im gleichen Jahr fuhren die jungen Eltern mit einer Gruppe von Siedlern und Sträflingen auf zwei Schiffen nach Norfolk Island, um dort Farmen aufzubauen und so die Versorgungssituation in Sydney zu verbessern. Aber George wurde krank und kehrte bald auf das australische Festland zurück. Esther folgte ihm im Mai 1791 und gut neun Monate später kam Sohn Robert zur Welt.

1790 und 1791 waren erneut Sträflinge mit der *Second* und der *Third Fleet* eingetroffen. Das New South Wales Corps löste die Marineinfanteristen der *First Fleet* ab und führte fortan die militärische Aufsicht über die Strafkolonie. George Johnston trat dem Corps bei. Dafür erhielt er im Februar 1793 zunächst 40, dann noch einmal 80 Hektar Land zugeteilt. Die Besitzung nannte er nach seinem schottischen Geburtsort Annandale. So heißt heute noch ein Vorort von Sydney, dessen Hauptstraße die *Johnston Street* ist.

Langsam besserte sich die Lage für George und Esther. Auf ihrem Land errichteten sie ein geräumiges, herrschaftliches Haus und zogen dort ihre Kinder auf, schließlich sieben an der Zahl. Die Auffahrt zum Anwesen bildete eine Allee aus Norfolk-Tannen, den ersten, die auf dem australischen Festland wuchsen. Die Reste des Eingangs stehen heute auf dem Grund der Annandale Public School. Um 1800 hatten George und Esther ein ansehnliches Wirtschaftsunternehmen aufgebaut. Die beiden betrieben eine Bäckerei, eine Schmiede, ein Schlachthaus, eine Metzgerei und besaßen mehrere Lagerhallen. Auch einen Weinberg und eine Orangerie hatten sie angelegt. Langsam wurde das fremde weite Land zur neuen Heimat.

Eine Stütze der Gesellschaft

Das Leben der neuen Australier besserte sich, war aber von Normalität noch weit entfernt. Zwischen den sich nach und nach etablierenden jungen Unternehmern, zu denen auch Esthers

Mann George gehörte, und den Behörden der Strafkolonie kam es immer wieder zu Konflikten. Während die Beamten eine Politik verfolgten, die vor allem das Funktionieren einer Art Strafkolonie mit Freigang sichergestellt sehen wollte, versuchten die aufstrebenden Jungunternehmer, möglichst viel Freiheit für Wirtschaft und Handel durchzusetzen. Es war der Rum, durch den die Auseinandersetzung schließlich eskalierte.

Rum war zur Ersatzwährung in der Kolonie geworden, die besonders den Offizieren des New South Wales Corps einen guten Nebenverdienst bescherte. Ursprünglich stand jedem Häftling eine Portion zur Verfügung und das Handelsmonopol für den importierten Rum lag allein beim Militär. Johnston und seine Partner nutzten die Situation und verkauften das »flüssige Gold« zu astronomischen Preisen. Einer von ihnen war der Geschäftsmann John Macarthur, der 1790 mit der *Second Fleet* in Australien samt Frau und Kind eingetroffen war.

Im Jahr 1800, Esther und George hatten auf dem ihnen zugeteilten Land gerade ihr kleines Wirtschaftsunternehmen aufgebaut, wurde George wegen des illegalen Handels mit Alkohol nach England gebracht – um zwei Jahre darauf wieder zurückzukehren. Englands Justiz hatte erklärt, sie sei für Johnstons Rumgeschäfte nicht zuständig und im Übrigen dürfe ihn auch in Sydney kein Militärgericht anklagen. Ohne verurteilt worden zu sein, nahm George also 1802 in Sydney seine Arbeit als einer der Kommandeure des New South Wales Corps wieder auf. Und den Handel mit Rum betrieb er munter weiter.

George Johnston hatte sich von Beginn an in der *First Fleet* als tüchtiger Soldat erwiesen, der für Disziplin und Ordnung sorgen konnte. Zudem war er mittlerweile ein wichtiger Mann in der jungen Kolonie, die sich nach wie vor schwertat. Ironischerweise gab der illegale Rumhandel der wirtschaftlich schwachen neuen Siedlung ein gewisses Maß an Stabilität. Zumal es der britischen Verwaltung noch immer nicht gelang, eine verlässliche Währung, geschweige eine einigermaßen funktionierende und sich entwickelnde Wirtschaft zu etablieren. So war George Johnston in vielerlei Hinsicht unentbehrlich. Dennoch musste der Rumhandel irgendwann unterbunden werden, wollte man eine richtige Währung erfolgreich einführen.

Dies durchzusetzen, schickte das Mutterland nun einen Mann, der bekannt dafür war, hart durchzugreifen. Sein Name: William Bligh – der berühmt-berüchtigte Kommandant der *Bounty*, auf der 1787 die wohl bekannteste Meuterei der Weltgeschichte ausgebrochen war.

Als Bligh 1806 in Sydney eintraf, war George Johnston zweithöchster Soldat der Kolonie. 1804, im Jahr seiner Beförderung zum Major, hatte er mit einer Abteilung des New South Wales Corps und weiteren Hilfstruppen die Rebellion von 200 irischen Häftlingen niedergeschlagen, obwohl er mit seinen Männern den Gegnern an Zahl um mehr als die Hälfte unterlegen war. Bligh versuchte nun als vierter Gouverneur von Australien, den Rumhandel konsequent zu unterbinden, mit dem Ergebnis, dass erneut ein Aufstand gegen ihn ausbrach – an dessen Spitze stand Esthers Mann George Johnston. 1808 setzte er Bligh in der unblutig verlaufenden Rum-Rebellion ab und internierte ihn auf der vor der Küste ankernden *HMS Porpoise*. Anschließend ernannte sich George Johnston zum neuen Gouverneur. So war Esther, obwohl nicht mit Johnston verheiratet und eigentlich »nur« seine Geliebte, plötzlich so etwas wie die First Lady von Neusüdwales – im Grunde eine frühe First Lady von Australien.

Johnston wusste, er würde die Position des Gouverneurs nicht lange halten können. Daher fuhr er 1809 mit John Macarthur freiwillig nach England, wo es den beiden gelang, durch Geschick und gute Beziehungen glimpflich davonzukommen. Johnston wurde aus der Armee entlassen, verlor seinen Pensionsanspruch, durfte aber nach Australien zurückkehren und sein Land behalten.

Esther, die in der Zwischenzeit den Nachnamen Julian führte (der Name des Mannes, von dem ihre Tochter Roseanna stammte), hatte 1809 selbst Land erworben, 300 Hektar am Georges River, wo sie Rinder weiden ließ. Trotz des schmeichelhaften Titels einer First Lady nahm sie in der von Männern dominierten Kolonie nicht die Rolle einer repräsentierenden

Gouverneursfrau wahr, sondern verschrieb sich der Aufgabe einer zupackenden Geschäftsfrau und Mutter mehrerer Kinder. Während George im fernen England war, um sich wegen der Rum-Rebellion zu verantworten, kümmerte sich Esther um die Verwaltung der Besitzungen. Sie löste die Herausforderung mit großem Geschick und wurde in einer Zeit, da in ihrer ursprünglichen Heimat kaum eine Geschlechtsgenossin unabhängig von ihrem Mann einen Beruf ausüben durfte, zum Vorbild der selbstbestimmten und selbstbewussten Frau. Esther expandierte, leitete zugeteilte Gefangene an, die auf dem Anwesen arbeiteten, verkaufte die hergestellten Waren und verhandelte mit dem Gouverneur über die Preise von Fleisch, das er für seine Lagerhäuser kaufte.

Im November 1814 kehrte George aus England zurück. Endlich, nach so vielen Jahren der »wilden Ehe«, traten die beiden vor den Traualtar. Der neue Gouverneur Lachlan Macquarie, der seit 1809 in Neusüdwales für Ordnung sorgte, hatte auf die Heirat gedrängt.

Die Zeit Macquaries war eine Zeit des Aufbruchs. Er ließ Straßen, Kirchen und Werften errichten und sandte Expeditionen zur Erkundung in das Landesinnere. George und Esther blieben wichtige Stützen des allmählich aufstrebenden Sydney. Als ihr Ehemann 1823 starb, geriet Esther in Erbstreitigkeiten mit dem gemeinsamen Sohn Robert, der versuchte, sie für unmündig erklären zu lassen. Robert war in die britische Marine eingetreten und hatte dort Karriere gemacht. Esther brachte zahlreiche Zeugen auf, um zu beweisen, dass sie klaren Verstandes sei. Doch Robert gewann, und ihr Besitz kam unter die Verwaltung von Treuhändern.

Den Rest ihres Lebens verbrachte Esther auf dem Anwesen ihres Sohnes David. Sie, die einer ihrer Enkel als eine »immer ergreifende und agile, arbeitsame Frau« beschrieb, starb 1846 im Alter von 75 Jahren – und wurde neben George beigesetzt.

10. Warum Charles Dickinson mit einem Duell die Weltgeschichte hätte verändern können

Es ist ein beliebtes Gedankenspiel, darüber zu spekulieren, wie die Geschichte verlaufen wäre, hätte das ein oder andere Ereignis einen anderen Gang genommen. Dazu gehört auch diese Geschichte zweier Heißsporne, deren Streitigkeiten in ein Duell auf Leben und Tod mündeten.

Der eine von ihnen wurde später zum Nationalhelden und zu einem der wichtigsten Präsidenten der Vereinigten Staaten von Amerika. Der andere und vermeintlich sichere Sieger war Charles Dickinson. Er ist der – tragische – Held dieser bemerkenswerten Was-wäre-wenn-Geschichte.

Ruhm und Ehre in Tennessee

Wer im Jahr 1806 zur Gesellschaft von Tennessee gehörte, der kannte Charles Dickinson oder hatte zumindest von ihm gehört. Er war ein noch junger, aber wohlhabender Geschäftsmann von 26 Jahren. Ein beträchtlicher Teil seines Vermögens stammte aus dem Sklavenhandel. Skrupellos und gewinnsüchtig ließ er selbst freie Schwarze gefangen nehmen und als Sklaven verkaufen.

Auch dem Privatmann Dickinson galten Menschenleben nicht viel. Denn es war mehr als leicht, mit dem stolzen, hochfahrenden und selbstverliebten »Gentleman« in Streit zu geraten, was oft genug bedeutete, von ihm zum Duell gefordert zu werden. In Tennessee war er als Duellant geradezu gefürchtet. Mindestens

26 Männer soll Dickinson in Zweikämpfen getötet haben. Vor allem als Schütze schien er unbesiegbar und dies beruhigte vielleicht auch ein wenig seine Frau, die in jenen Tagen des Jahres 1806 ein Kind erwartete.

Zu den besonderen Leidenschaften des heißblütigen Schützen gehörten die Pferdezucht und das Pferderennen, ein Zeitvertreib, den er mit seinem Schwiegervater Captain Joseph Erwin teilte. Diesem war ein junger Nachbar zunehmend ein Dorn im Auge, der sich auf seinem weitläufigen Anwesen gleichfalls der Pferdezucht widmete und dabei sehr zu des Captains Missfallen auch noch erfolgreich war. Der Nachbar hieß Andrew Jackson, war eine hoch aufgeschossene, klapperdürre Erscheinung – bei einer Größe von 1,85 Meter wog er nur 65 Kilo – und durchschritt die Welt mit feuerrotem Haar, einem von Sommersprossen übersäten Gesicht und unruhig funkelnden, durchdringenden stahlblauen Augen. Schon als 13-Jähriger hatte er im Amerikanischen Unabhängigkeitskrieg gegen die Briten als Kurier in einem Regiment gedient, wurde Zeuge fürchterlicher Grausamkeiten und verlor zudem durch die Folgen des Krieges nahezu seine gesamte Familie.

Als junger Erwachsener war er als Spieler, Raufbold und Schürzenjäger berüchtigt und stand, obgleich mit damals 39 Jahren einige Jahre älter als der junge Dickinson, wie dieser in dem Ruf, bei Streitigkeiten nicht minder aufbrausend und ehrpusselig rasch zum Duell bereit zu sein. Besonders empfindlich war Jackson, wenn die Sprache auf seine Frau Rachel kam. Sie war vor der Ehe mit Jackson schon einmal verheiratet gewesen, doch dann von ihrem ersten Mann verlassen worden. Als Jackson und Rachel 1790 heirateten, taten sie das in der Annahme, Rachel sei rechtskräftig geschieden. Doch wie sich nach zwei Jahren herausstellte, war die Scheidung nie ausgesprochen worden. Jacksons Gegner versuchten nun, Rachel als Bigamistin bloßzustellen. Der Klatsch in der Gesellschaft verletzte Jackson tief und die Anschuldigungen, Rachel sei eine Frau ohne Ehre, konnten ihn in Rage versetzen. Aus Wut und um Rachels Ehre willen forderte er im Laufe der Zeit 13 Männer zum Duell. Glücklicherweise kam keiner dabei zu Tode. 1794 vollzogen Jackson und Rachel die Heirat ein zweites Mal. Doch dem Klatsch tat dies keinen Abbruch.

Ein Hengst namens Truxton

Die Angriffe auf die Ehre seiner Frau trafen Jackson doppelt, nicht nur als Privatmann, sondern als Mensch in der politischen Öffentlichkeit. Nach dem Unabhängigkeitskrieg hatte er Rechtswissenschaften studiert, dann als Anwalt gearbeitet. 1797 war er Senator geworden, legte das Amt aber bereits im Jahr darauf wieder nieder, um Richter am Obersten Gericht von Tennessee zu werden. 1804, zwei Jahre vor den Ereignissen, von denen hier zu berichten ist, zog Jackson sich vorübergehend aus der Politik zurück, weil er sich mit dem zuvor von ihm unterstützten Präsidenten Thomas Jefferson überworfen hatte. Jackson kaufte nahe Nashville die Plantage *The Hermitage* und baute dort mit ein paar Dutzend Sklaven Baumwolle an. Seine Liebe galt, wie gesagt, der Pferdezucht. Und auf Truxton, der ihm als Deckhengst viel Geld einbrachte, war er besonders stolz.

Nun aber wollte Captain Erwin unbedingt zeigen, dass er die besseren Pferde im Stall hatte, und schickte eines mit hohem Wetteinsatz ins Rennen gegen Truxton. Es verlor und Erwin damit die ungeheure Summe von 5000 Dollar. Doch der Besiegte sann auf Revanche. Ein anderes Pferd sollte nun gegen Truxton antreten. Gesetzt wurden diesmal »nur« 2000 Dollar. Erwins Schwiegersohn Dickinson beteiligte sich. Zur Wettvereinbarung gehörte: Sollte am Tag des Rennens eine der Parteien ihr Pferd zurückziehen, hatte diese eine Entschädigung von 800 Dollar an die Gegenseite zu zahlen. Tatsächlich lahmte das Pferd von Erwin und Dickinson am Tag des Rennens. Ihnen blieb nichts anderes übrig, als abzusagen und die Entschädigungssumme zu entrichten. Die Angelegenheit schien erledigt.

Dann kamen Gerüchte auf. Jackson habe kolportiert, einige der erhaltenen Wechsel seien nicht in Ordnung. Die beiden

Männer kannten sich bis dahin nur flüchtig. Zum ersten Mal begegnet waren sie sich auf einem Fest und über Pferderennen ins Gespräch gekommen. Danach bestand vor allem Einigkeit darüber, dass sie sich von Herzen unsympathisch waren.

Dickinson stellte Jackson betreffs der vermeintlich ehrabschneidenden Äußerungen zur Rede. Der verneinte, Dickinson gab sich zufrieden. So weit, so gut? Nein! Jackson hatte Feinde – was bei einem ehrgeizigen Politiker nicht ausbleibt – und die waren an einem Duell mit Dickinson, dem besten Schützen Tennessees, sehr interessiert: eine großartige Gelegenheit, sich Jacksons zu entledigen. Sie begannen die Gegnerschaft der Heißsporne zu schüren. Beschuldigungen wurden gestreut: Dickinson habe dies über Jackson gesagt, Jackson jenes über Dickinson geäußert. Jedes Gerücht, jede angebliche Beleidigung fand bei dem anderen offene Ohren und bereitwillig Glauben.

In jenen Tagen war es durchaus üblich, seine Fehden in Zeitungen weiterzuführen, und dort setzte sich auch der Schlagabtausch von Jackson und Dickinson fort. Wechselseitig beschuldigten sie einander in lokalen Gazetten der Feigheit und Unlauterkeit. Der Ärger kochte hoch. Als Jackson noch vor der Veröffentlichung ein weiterer Text zugespielt wurde, in dem Dickinson ihn als »Schurken« und »Feigling« beschimpfte, hatte er genug. Manche Historiker behaupten auch, Dickinson habe schließlich Jacksons Frau beleidigt. Ob er dies wirklich tat, ist nicht belegt. Das Ergebnis aber blieb das gleiche: Jackson forderte Dickinson zum Duell.

Zwei ungleiche Schützen

Das Duell war zunächst für den 23. Mai angesetzt, doch man verschob es um eine Woche. In den nächsten Tagen verbrachte vor allem der ohnehin brillante Schütze Dickinson seine Zeit damit, für den Tag der Auseinandersetzung zu üben. Es wird erzählt, er habe dabei einmal einen Apfel »gepflückt«, indem er den Zweig mit der Frucht zielsicher im Vorbeireiten herunterschoss.

Am 29. Mai brachen Jackson wie Dickinson mit ihren Sekundanten auf. Duelle waren in Tennessee verboten, daher ritten sie in den benachbarten Bundesstaat Kentucky. Dort wollte man sich nach einem Tagesritt hinter der Grenze bei Harrison's Mills am Red River treffen. Am frühen Morgen des 30. Mai 1806 sollte das Duell stattfinden.

Dickinson verabschiedete sich bester Laune von seiner schwangeren Frau und schoss sich während des Ritts bereits warm, indem er unter anderem auf Karten zielte, die sein Diener hochhalten musste. Er war sich seiner Überlegenheit sicher und hatte in Nashville gewettet, Jackson gleich mit dem ersten Schuss zu töten. Dessen Gruppe brach in eher gedämpfter Stimmung auf. Die Chancen gegen den vermeintlich besten Schützen von Tennessee schienen äußerst gering. Denn Jackson war ein erbärmlicher Schütze. Während man sich über Dickinson erzählte, er setze seine Treffer so nah aneinander, dass sie fast wie ein Loch wirkten, wenn er aus über sieben Metern auf eine Zielscheibe schoss, kursierte über die Schießkünste seines Gegners diese bezeichnende Geschichte: Auf einen heranstürmenden Indianer soll er mehrere Pistolen aus kürzester Entfernung abgefeuert, ihn aber immer wieder verfehlt haben, weshalb er den Indianer schließlich mit einem Schlag des Pistolenkolbens niederstreckte.

Bevor die Sonne über den Bäumen aufging, trafen die Kontrahenten an dem Duellplatz ein. Während sie sich mehrere Schritte entfernt gegenüberstanden und fixierten, luden die Sekundanten sorgfältig die großkalibrigen Pistolen, die Jackson gestellt hatte. Sie stopften Pulver hinein, ließen die Bleikugeln den Lauf hinuntergleiten und spannten die Waffen. Die Regel sah vor, dass die beiden Gegner sich je acht Schritte voneinander entfernten und auf ein Signal hin gleichzeitig schießen durften. Sollte aber einer nach dem Signal nicht sofort abdrücken, somit seinem Kontrahenten den Vortritt lassen, hatte er, sofern er noch in der Lage dazu war, das Recht, seinen Schuss nun in aller Ruhe abzugeben – und der Gegner musste still auf seinem Platz den Schuss erwarten. Sollte einer der beiden Duellanten vor dem Signal feuern, waren die Sekundanten angehalten, diesen zu töten.

127

Jackson und Dickinson stellten sich Rücken an Rücken. Dann gingen sie auf die vorgegebene Distanz. Nach dem achten Schritt drehten sie sich um und sahen sich in die Augen. Die Pistolen hielten sie mit ausgestrecktem Arm, den Lauf auf den Boden gerichtet. Nun kam das Signal.

Dickinson hob in einer Bewegung die Waffe, zielte auf Jacksons Herz und schoss. Der Knall des Schusses verhallte, aber Jackson stand noch. Er hatte sich nicht gerührt. Eine kleine Staubwolke war von seiner Jacke aufgestoben. Mit der Hand griff er sich an die Brust. Was keiner wusste: Jackson und sein Sekundant und Freund Dr. Overton hatten in letzter Minute vor dem Duell beschlossen, Dickinson zuerst schießen zu lassen. Und nun? Hatte Dickinson ihn getroffen? Wenn ja, wie schwer?

Vermutlich war es nur ein Streifschuss. Denn Jackson stand sicher und fest. Dickinson war im ersten Moment vom Rauch der Pistole eingehüllt. Als dieser sich lichtete, sah er, dass Jackson noch stand, und er erschrak:

»Mein Gott! Habe ich ihn verfehlt?« Instinktiv trat er einen Schritt zurück.

Sofort erhob Overton seine Pistole und richtete sie auf Dickinson: »Nehmen Sie Ihren Platz ein!«

Dickinson stand unter Schock, kam aber der Aufforderung sofort nach. Mit gekreuzten Armen vor der Brust erwartete er den Schuss des Gegners. Jackson sammelte sich und richtete seine große, hagere Gestalt auf. Er hob die Pistole, zielte, drückte ab – doch der Hahn blieb auf halbem Wege stecken. Kein Schuss fiel. Nach den Regeln hatte Jackson damit seinen Schussversuch noch nicht durchgeführt. Er durfte erneut spannen, tat dies und zielte ein weiteres Mal. Nun löste sich der Schuss. Dickinson stürzte zu Boden.

Während Dickinsons Begleiter herbeieilten und sich um den im Gras liegenden Getroffenen scharten, bestieg Jackson in angemessener Ruhe das Pferd und verließ mit seinem Tross den Duellplatz. Erst als sie einige Meilen zurückgelegt hatten, bemerkten seine Begleiter den Blutfleck, der auf Jacksons Kleidung größer und größer wurde, und: der linke Stiefel füllte sich mit

Blut, das aus einer Wunde herabgeflossen war. Dickinsons Kugel hatte also doch getroffen, das Herz nur um Haaresbreite verfehlt, zwei von Jacksons Rippen gebrochen und war dann in der Brust steckengeblieben. Wie der Arzt feststellte, hatte Dickinson außerordentlich gut gezielt. Denn er traf exakt jene Stelle auf Jacksons Gehrock, hinter der das Herz gelegen hätte – hätte Jackson den Gehrock richtig getragen. Der jedoch war zum Zeitpunkt des Schusses um seine dürre Gestalt herum verrutscht.

Zwei ungleiche Schicksale

Wochenlang musste Jackson das Bett hüten, doch er überlebte, auch wenn er in den knapp vier Jahrzehnten, die ihm noch blieben, fortwährend unter der Kugel in seinem Körper litt. Kein Arzt wagte es in all den Jahren, sie zu entfernen.

Dickinson hingegen überlebte den Tag des Duells nicht. Jacksons Schuss hatte eine Arterie im Bauch getroffen. Von seinen Begleitern in ein nahe gelegenes Haus geschleppt, verblutete der Verletzte nach einigen qualvollen Stunden. Dickinson war der Einzige, den Jackson in allen Duellen, die er während seines Lebens austrug, tatsächlich tötete.

Wegen der Schießerei war Jackson in manchen Kreisen der Gesellschaft für einige Zeit eine unerwünschte Person. Doch es wuchs Gras über die Sache und seine militärische und politische Karriere nahm keinen Schaden. So konnte er in den Jahren, die auf den Schlagabtausch mit Dickinson folgten, tiefere Spuren in der Geschichte seines Landes hinterlassen. 1812 wurde er Oberkommandierender im Krieg mit den Creek-Indianern. Unter seinem Kommando kämpften berühmte Männer wie Davy Crockett und Sam Houston. 1815 brachte Jackson in der Schlacht von New Orleans den Engländern eine vernichtende Niederlage bei und stieg durch den Sieg zum Nationalhelden auf. 1824 bewarb er sich erstmals um das Amt des Präsidenten, verlor aber knapp. Doch in der darauffolgenden Wahl 1828 triumphierte er.

Als Jackson am 4. März 1829 den Amtseid als siebter Präsident der Vereinigten Staaten von Amerika leistete, war er wegen seiner Härte gegen sich und andere längst zu Old Hickory, dem alten Hartholz, geworden. Mittlerweile 62 Jahre alt, war sein Gesicht von Falten zerfurcht, das Haar schlohweiß. Seine Rachel aber war kurz vor der Amtseinführung verstorben. Es heißt, die Anfeindungen, die wegen ihres einst unklaren Eheverhältnisses während des Wahlkampfes erneut aufgeflammt waren, hätten ihren Lebenswillen gebrochen. Das Duell gegen Dickinson verschwiegen die Gegner allerdings diskret.

Jackson stammte nicht wie seine Vorgänger aus einer einflussreichen Familie des Landes. Er glaubte an den einfachen Mann aus dem Volk und fand in Farmern, Handwerkern und Arbeitern seine Wähler. Als Präsident überwand er Gesellschaftsschranken und nahm entscheidenden Einfluss auf die Verwurzelung der Massendemokratie im Land. Die Historiker zählen ihn nahezu unbestritten zu den großen Präsidenten der USA.

Was wäre geschehen, hätte Dickinson Jackson damals getötet? Hätte ein anderer die sogenannte Nullifikationskrise gemeistert, in der South Carolina im Streit über Zolltarife mit dem Austritt aus der Union drohte? Wäre auch ein anderer US-Präsident so entschieden wie Jackson gegen die Bank of America vorgegangen? Immerhin wurde die US-amerikanische Zentralbank auf sein Bestreben hin geschlossen. Aber andererseits: Hätte ein anderer Präsident der indianischen Bevölkerung weniger Leid zugefügt als Jackson 1830 mit dem Indian Removal Act, der Völker entwurzelte und Tausende Tote kostete?

Duelle hatte Jackson längst genug gefochten, als im Januar 1835 im Weißen Haus ein Mann ihn erschießen wollte, die Schüsse aber nicht zündeten. Jackson blieb unverletzt und attackierte den Attentäter mit seinem Gehstock. 1837 zog er sich auf sein Gut *The Hermitage* zurück, wo er 1845 starb.

Und Dickinson? Fast hätte er der Geschichte Amerikas eine andere Weichenstellung gegeben – wäre da nicht der verrutschte Gehrock des viel zu dürren späteren Präsidenten gewesen. Und so paradox es scheinen mag, hätte Dickinson damals auf jener

Wiese in Kentucky Andrew Jackson getötet, würde vermutlich niemand mehr diese Geschichte vom Duell zweier Heißsporne erzählen.

11. Der Trommelschlag der Eleonore Prochaska

In Breslau meldete sich im April 1813 ein junger Mann als Freiwilliger beim Lützowschen Freikorps. August Renz, so gab er an, war ein Potsdamer Schneider. Er wollte gegen Napoleon und für die Befreiung seines Heimatlandes Preußen kämpfen.

Seine Kameraden lachten über die halbe Portion. Renz war dünn, zart gebaut und hatte eine helle Stimme. Man musste ihm extra eigene Schuhe anfertigen lassen, weil die gängigen zu groß waren. Doch durch sein hilfsbereites und umsichtiges Wesen gewann er mit der Zeit viele Sympathien. Und beim Schießen war er immer der Beste.

»Herr Leutnant, ich bin ein Mädchen«

Im Februar 1813 gründete Major Ludwig Adolf Wilhelm von Lützow das nach ihm benannte Freikorps als reguläre Einheit des preußischen Heeres. Preußen hatte nach der vernichtenden Niederlage gegen Napoleon 1806 in den Schlachten von Jena und Auerstedt die Hälfte seines Territoriums durch den Frieden von Tilsit verloren und war zudem ein Zwangsbündnis mit Frankreich eingegangen. Ein preußisches Hilfskorps unter General Ludwig Yorck von Wartenburg musste daher die französische Armee begleiten, als Napoleon 1812 mit der Grande Armée nach Russland zog. Doch nach dem katastrophalen Ausgang dieses Feldzugs schloss Yorck ohne Absprache mit König Friedrich Wilhelm III. am 30. Dezember 1812 in der Konvention von Tauroggen einen Waffenstillstand mit den russischen Truppen und lieferte damit den letzten und endgültigen Impuls für die Menschen in dem zersplitterten und oft uneinigen Deutschland, sich gegen die napoleonische Fremdherrschaft zu erheben. Eine Welle des Patriotismus erfasste alle Klassen. Am 17. März 1813 rief Friedrich Wilhelm III. von Breslau aus in der Proklamation *An mein Volk!* »Preußen und Deutsche« dazu auf, ihn im Kampf gegen Napoleon zu unterstützen.

Ein bisher kaum gekanntes deutsches Wir-Gefühl verbreitete sich. Das Lützowsche Freikorps, auch »Schwarze Jäger« genannt, war nicht das einzige Korps, das sich ausschließlich aus Freiwilligen zusammensetzte, die ihre Heimat von der Fremdherrschaft befreien wollten, doch es erlangte die größte Berühmtheit. Viele seiner Kämpfer waren Studenten und damals oder später bekannte Deutsche, so Theodor Körner, Joseph von Eichendorff, der Turnvater Friedrich Ludwig Jahn und der spätere Begründer der Kindergärten Friedrich Fröbel. Die Soldaten erhielten keinen Sold, brachten ihre Ausrüstung mit und mussten sich selbst versorgen. So auch August Renz. Er trug wie seine Kameraden eine schwarze Uniform – denn Schwarz war die Farbe, die sich am besten zur einheitlichen Einfärbung von Alltagskleidung eignete – mit aufgenähten roten Vorstößen und goldfarbenen Messingknöpfen. Das Schwarz-Rot-Gold der Uniform sollte Karriere machen. Die Farben wurden von der 1815 in Jena gegründeten Burschenschaft aufgegriffen und 1832 für die Fahnen benutzt, die die Menschen beim Hambacher Fest für die Freiheit und Einheit Deutschlands schwenkten.

Das Lützowsche Freikorps wuchs zu einer Truppenstärke von etwa 3000 Mann. Zunächst war die Einheit vor allem an Überfällen gegen das französische Heer beteiligt und nahm an Scharmützeln und verschiedenen Geplänkeln teil. Am Morgen des 16. September 1813 zogen sie in ihr erstes größeres Gefecht.

An der Göhrde, einem Wald in der Nähe von Dannenberg auf dem Gebiet des französisch besetzten Braunschweig-Lüneburg (Kurhannover), zog das Freikorps gemeinsam mit den preußischen und russischen Truppen den Franzosen entgegen. Sie marschierten über hügelige Wiesen und Felder und obwohl die Verbündeten an Zahl überlegen waren – Russen und Preußen brachten etwa 12 000, die Franzosen nur 3 000 Soldaten auf das Schlachtfeld –, war der Ausgang ungewiss.

Gegen Nachmittag griff das Freikorps in das gerade begonnene Gefecht ein. Die »schwarzen Jäger« schlugen französische Reiter zurück, die wiederum verbündete Kosaken angriffen. Nun galt es, über offenes Feld einen lang gezogenen Hügel hinaufzurücken. Auf dessen Kamm hatten die französischen Kanonen Stellung bezogen. Lützows Reiter gerieten in einen fürchterlichen Kartätschenhagel und er selbst wurde schwer verwundet.

Am Fuße des Hügels drängte derweil eine Gruppe von Lützows Infanterie französische Soldaten den Hügel hinauf. Dabei wurde der Unteroffizier Friedrich Christoph Förster, der im Rang eines Oberjägers stand, aber die Aufgaben eines Leutnants wahrnahm, von einem feindlichen Schuss am Arm getroffen. Ein Kamerad eilte herbei, um Försters Wunde zu verbinden, der sich auf die Trommel eines gefallenen französischen Tambours setzte. Mehrere Kameraden sammelten sich um Förster, und als dessen Wunde verbunden war, versuchte er zu prüfen, wie gut er den Arm noch gebrauchen konnte. Er nahm die Trommel auf und versuchte sie zu schlagen. Das Ergebnis war ernüchternd.

Da trat August Renz auf Förster zu, nahm ihm das Instrument ab und ließ mit großem Geschick einen Trommelwirbel erschallen.

»Mensch Renz«, rief ein Kamerad erstaunt, »du kannst schneidern, kochen, waschen, singen und schießen. Jetzt schlägst du auch noch die Trommel!«

»Ein Potsdamer Soldatenkind muss sich auf alles verstehen!«, entgegnete Renz und begann zu singen: »Zusamm'n, zusamm'n ihr Lumpenhund, ihr sollt zu Eurem Hauptmann komm, ihr sollt 'nen Buckel voll Prügel bekomm …«

Die Jäger stellten sich in eine Reihe und begannen zu etwa 70 Mann, begleitet vom Trommelschlag des mit ihnen marschierenden Renz, hügelaufwärts über die weite Wiese vorzurücken – den Kanonen und der zurückweichenden Kavallerie entgegen, die in eine schwere Kartätschensalve geriet.

»Nun hört aller Spaß auf!«, rief Renz und trommelte zum Angriff. Mit Hurrageschrei stürmten die Soldaten im Laufschritt den Hügel hinan, während die Franzosen eine zweite Salve feuerten. Sie schlug mitten in die Reihen der anstürmenden Infanterie. Renz brach getroffen zusammen. Im Fallen hielt er den Zipfel des Uniformrocks von Förster. Der sah zu ihm hinab und Renz rief:

»Herr Leutnant, ich bin ein Mädchen!«

Förster riss sich los und stürmte die letzten Meter bis zu den französischen Stellungen. Erst als diese eingenommen und die Kanonen erobert waren, erinnerte er sich an die Worte:

»Herr Leutnant, ich bin ein Mädchen!«

Er rannte zurück an die Stelle, wo er seinen Kameraden zurückgelassen hatte. Förster sah, wie einer der Feldärzte sich über ihn beugte. Eine Kartätschenkugel hatte den Schenkel zerschmettert. Um dem Verletzten Luft zu verschaffen, öffnete der Arzt ihm den Waffenrock. Jeder sah: Renz war eine Frau.

Feldpost

August Renz hieß eigentlich Eleonore Prochaska. Am 11. März 1785 war sie in Böhmisch-Rixdorf, einem heutigen Teil von Berlin-Neukölln, zur Welt gekommen. Andere Quellen nennen Potsdam als Geburtsort. Eleonore war die Tochter eines Unteroffiziers und Militärmusikers in einem Garderegiment, dessen bescheidener Sold kaum reichte, um die Familie zu ernähren. Ihr Vater kämpfte in den ab 1792 gegen das revolutionäre Frankreich geführten Koalitionskriegen und kehrte als Krüppel zurück. Dann erkrankte die Mutter und konnte sich nicht mehr um die vier Kinder kümmern. Sie kamen 1794 in das Große Potsdamer Militärwaisenhaus. Eleonore war damals neun Jahre alt. 1797 nahm der Vater die Kinder wieder zu sich. Er verdiente nun das kärgliche Brot für die Familie durch Musikunterricht.

Eleonore, so geben manche Quellen an, arbeitete einige Zeit im Waisenhaus als Hausmädchen. Trotz ihrer ärmlichen Lebensumstände soll sie lebhaftes Interesse an Kunst und Literatur entwickelt haben. Man weiß so gut wie nichts über sie bis zum Jahr 1810. Da erhielt sie eine Anstellung als Küchenmädchen und Haushaltshilfe bei der Familie eines Potsdamer Hofbaurates. Schon lange interessierte sich die junge Frau für Politik und sie war erfüllt von tiefem Patriotismus. 1813 griffen die Männer zu den Waffen gegen Napoleon und Eleonores Entschluss stand fest. Sie würde Potsdam verlassen und sich freiwillig als Soldat melden.

Niemanden weihte sie in ihr Vorhaben ein. So war ihr 15-jähriger Bruder Wochen später überrascht, als er von ihr einen Brief aus »unserem ersten Biwak« erhielt. »Ich bin seit vier Wochen schon Soldat!«, schrieb Eleonore. »Erstaune nicht … denn sieh nur Spanien und Tirol, wie da die Weiber und Mädchen handelten!« Und weiter: »Schon zwei Briefe von Freundinnen erhielt ich, welche mir vorwarfen, ich sei feige, da alles um mich her entschlossen ist, in diesem ehrenvollen Kriege mitzukämpfen.«

Nicht wenige Frauen schienen es für ein Gebot der Stunde gehalten zu haben, in den Kampf zu ziehen. Tatsächlich gab es noch andere, die als Männer verkleidet zu den Waffen griffen. So Friederike Krüger, die fast zur gleichen Zeit in ein preußisches Infanterieregiment eintrat und sich zufälligerweise auch den Vornamen August gab. 1814 meldete sich Anna Lühring beim Lützowschen Freikorps. Eleonore Prochaskas Beispiel hatte sie dazu angeregt.

»Nun ging ich unter die schwarzen Jäger«, teilte Eleonore ihrem Bruder über ihren Verbleib mit. Sie hatte sich Männerkleidung gekauft, dazu eine Büchse, ein sehr langes Stoßmesser, den sogenannten Hirschfänger, und als Kopfbedeckung einen Tschako. »Meiner Klugheit kannst du zutrauen«, ließ sie den Bruder wissen, »dass ich unerkannt bleibe!« Tatsächlich gab sie sich in ihrem ganzen Auftreten wohl alle erdenkliche Mühe. Leutnant Otto Preusse erinnerte sich später: »Seine Sprache war nicht besonders fein, sodass niemand in ihm ein Mädchen vermuten konnte.« In ihrem Brief bat Eleonore den Bruder noch, »dass Du es dem Vater vorträgst, so vorteilhaft wie möglich für mich«. Sie schloss mit den Worten: »Wir exerzieren, tiraillieren und schießen recht fleißig, woran ich sehr viel Vergnügen finde, ich treffe auf 150 Schritt die Scheibe. Lebe wohl, lieber Bruder. Ehrenvoll oder nie siehst Du mich wieder. Mit ewiger Liebe Deine Leonore, genannt August Renz.«

Kurz vor dem Gefecht an der Göhrde richtete Eleonore noch einen Brief an den Bruder. Das Datum wisse sie nicht. Es sei ihnen gesagt worden, dass sie in drei Tagen auf den Feind träfen. Obwohl sie sehr müde vom tagelangen Marschieren sei, wolle sie zu ihm sprechen. Denn wer weiß, vielleicht sei es das letzte Mal. Noch immer habe niemand ihre wahre Identität entdeckt. Sie schlafe im Biwak oft allein oder an der Seite eines 15-jährigen Jungen. Man necke sie wegen ihrer Stimme, doch da sie fleißig wasche und gut koche, hätten sie alle gern: »Komme ich nicht wieder zurück, dann sage ich Dir in diesem Briefe das letzte Lebewohl, dann teurer, guter Bruder, lebe ewig, ewig wohl. Ich kann vor Tränen nichts weiter sagen, als dass ich auch im Tode treu und ewig mit Liebe sein werde, Deine Dich ewig liebende Schwester, genannt August Renz.«

Die preußische Jeanne d'Arc

Auf dem Schlachtfeld sagte Eleonore zum Feldarzt, er solle die anderen versorgen. Für sie sei es zu spät. Man brachte die tapfere Soldatin nach Dannenberg. Dort kämpfte sie wochenlang gegen den Tod, bis sie schließlich am 5. Oktober starb. Am 7. Oktober wurde sie mit hohen militärischen Ehren zu Grabe getragen.

Friedrich Christoph Förster, der junge Oberjäger, erhielt nach der Schlacht an der Göhrde das Eiserne Kreuz als Auszeichnung. 1815 überlebte er nur knapp in der Schlacht bei Waterloo, die die Bedrohung Europas durch Napoleon endgültig beendete. Nach dem Krieg freundete er sich mit Georg Wilhelm Friedrich Hegel an und wurde selbst ein bekannter Historiker, Dichter und Schriftsteller.

Eleonore Prochaska indessen begann man zu einer Art deutscher Johanna von Orléans zu mystifizieren. Friedrich Rückert würdigte sie in einem Gedicht. Ludwig van Beethoven verfasste eine Bühnenmusik zu einem Drama, das Friedrich Dunker über sie schrieb. Der Historienmaler Carl Röchling malte eine Gouache, die den Moment zeigt, da der Schuss die »schwarze Jägerin« nach hinten warf, während sie einen Augenblick zuvor noch trommelnd die Reihe der Soldaten zum Angriff trieb.

Heute wissen nur wenige von der Geschichte der Eleonore Prochaska. Am Haus Lindenstraße 34 in Potsdam hängt eine Gedenktafel. Auch eine Eleonore-Prochaska-Straße gibt es in der brandenburgischen Hauptstadt. Und am Alten Friedhof steht ein Denkmal:

»Der Heldenjungfrau zum Gedächtnis.«

12. Wie James Beckwourth ein schwarzer Indianerhäuptling wurde

Bevor wir uns dem abenteuerlichen Leben des Fallenstellers, Kundschafters und Fährtensuchers Jim Beckwourth zuwenden, sei darauf hingewiesen, dass zu den vielfältigen Fertigkeiten der Männer seiner Zunft auch die Fähigkeit gehörte, atemberaubende Erlebnisse zu erzählen.

Nachdem sie oft Monate in der Einsamkeit der Prärie, der Berge und der Wälder verbracht hatten, liebten sie es, an langen Abenden ihre Erlebnisse auszutauschen. Dabei wuchs manche Begebenheit mit der Zeit ins Unglaubliche, denn dem einen oder anderen Erzähler war die Wahrheit weit weniger wichtig als der Anblick der weit aufgerissenen, staunenden Augen und das gebannte Lauschen der um das nächtliche Lagerfeuer versammelten Zuhörer.

Eine besonders beliebte Geschichte war die der atemlosen Flucht eines Trappers zu Fuß vor blutrünstigen Indianern: auf Leben und Tod durch die Prärie. So erzählte John Colter immer wieder aufs Neue die Ereignisse, in denen einst einer seiner Partner einen Blackfoot tötete. Die Indianer nahmen in ihrer Wut umgehend blutige Rache und ermordeten Colters Partner, Colter selbst rissen sie die Kleider vom Leib und forderten ihn auf, um sein Leben zu rennen. Der nahm die Beine in die Hand. Einer der Blackfoot blieb ihm während der Hetzjagd besonders hartnäckig auf den Fersen. Immer näher kam er dem Flüchtenden, der aber drehte sich plötzlich um, entriss dem Verfolger den Speer und tötete ihn. Die Decke, die der Indianer bei sich trug, nahm er an sich. Tagelang irrte Colter nun durch die Berge. Nach einem fürchterlichen Marsch über Hunderte von Kilometern erreichte er schließlich nur mit der Decke bekleidet ein Fort.

Was an der ganzen Geschichte tatsächlich wahr ist, bleibt bis heute umstritten.

Jahre später wusste Jim Beckwourth von einem ähnlichen Erlebnis zu berichten. Doch bei ihm fiel das Ganze noch eine Nummer größer aus. War Colter einst zehn Kilometer am Stück gerannt, berichtete Beckwourth von einer lebensbedrohlichen Hatz, bei der er über 150 Kilometer an einem Tag zurückgelegt haben will. Nicht weniger als zwei- bis dreihundert Indianer waren ihm auf den Fersen. Ihre Schreie und das Zischen der Kugeln schmerzten in seinen Ohren und natürlich überlebte er nur um Haaresbreite.

Zweifellos hat Beckwourth die Geschichte auch seinem Kollegen Jim Bridger erzählt. Auch der wusste davon zu berichten, sich mit Indianern ein Rennen um Leben und Tod geliefert zu haben. Bridgers Geschichte aber schlug sie alle: Eines Tages wurde er über mehrere Meilen von 100 Cheyenne-Kriegern verfolgt. Als er in einen Canyon rannte, bemerkte er zu spät, dass er in eine Sackgasse geraten war. Am Ende des Weges wandte er sich verzweifelt um und sah die Indianer auf sich zustürzen. An dieser Stelle der Geschichte verfiel Bridger immer in ein langes, tiefes Schweigen … bis endlich ein Zuhörer rief: »Was geschah dann?« Und Bridger antwortete: »Sie töteten mich.«

Ein Schwarzer aus normannischem Geschlecht

Jim Beckwourth, der mit Bridger manchen Abend am Lagerfeuer geteilt hatte, erzählte gern und viel aus seinem wechselvollen und reichen Leben. Eines Tages diktierte er sogar seine Geschichten und man druckte sie als Buch.

Der Trapper wuchs in einer Zeit auf, in der die jungen Vereinigten Staaten durch den sogenannten Louisiana-Kauf im Jahr 1803 Gebiete mit einer Ausdehnung von über zwei Millionen Quadratkilometern im Mittleren Westen des Kontinents hinzugewannen. Präsident Thomas Jefferson hatte in dem größten Landkauf der Weltgeschichte das ehemals französische Gebiet von Napoleon Bonaparte erworben. In den nächsten Jahrzehnten galt es, das weite Land zu erkunden und zu erschließen. Siedler drangen in Planwagenkolonnen immer weiter gen Westen vor. Sie suchten Freiheit, Reichtum oder einfach nur ein neues und besseres Leben. Dabei kämpften sie gegen die Natur und oft gegen die Indianer, die von ihnen zunehmend gewaltsam aus ihrer Heimat verdrängt wurden. Jim Beckwourth war in dieser Pionierzeit zugleich Zeuge und Protagonist. Er lernte die Indianer der Rocky Mountains und der weiten Prärie wie kaum ein anderer kennen. Von den frühen Zwanziger- bis zu den Sechzigerjahren des 19. Jahrhunderts erschien er auf nahezu allen Schauplätzen der sich immer weiter ausdehnenden Vereinigten Staaten von Amerika. Er war beim Krieg gegen Mexiko ebenso dabei wie beim Goldrausch in Kalifornien und den Indianerkriegen.

Zur Welt kam James Pierson Beckwourth in Virginia, vermutlich um 1800, wo sein Vater Sir Jennings Beckwith eine Plantage betrieb. Er entstammte einer alten englischen Adelsfamilie, deren Wurzeln sich bis zu einem Ritter nachverfolgen lassen, der 1066 in der Schlacht von Hastings an der Seite Wilhelms des Eroberers gekämpft hatte. Die Nachfahren residierten über Generationen als Barone in Yorkshire, einer regierte als Bürgermeister die Stadt Leeds und fungierte als High Sheriff der Grafschaft. Dessen jüngerer Bruder wanderte zu Beginn des 18. Jahrhunderts in die Neue Welt aus und ließ sich in der britischen Kronkolonie Virginia nieder. Als der Amerikanische Unabhängigkeitskrieg ausbrach, kämpfte sein Enkel Jennings Beckwith als Soldat für die Freiheit der Kolonien. Nach dem Sieg heiratete er und hatte mit seiner Frau mindestens fünf Kinder, Jim Beckwourth gab später an, es seien sogar 13 gewesen. Dann starb Jennings Beckwiths Frau. Eine schwarze Sklavin – man weiß wenig über sie – schenkte ihm später einen weiteren Sohn: Jim.

Obwohl dieser eine dunkle Haut hatte und nach den damaligen Gesetzen nicht frei war, wuchs der Junge als vollwertiges Familienmitglied bei den Beckwiths auf. Jennings behandelte ihn wie einen leiblichen Sohn und zog mehrfach vor Gericht, um Jim zum freien Mann erklären zu lassen. Ganz sicher hat sich der junge Jim selbst nie als Sklave, sondern als freier Amerikaner empfunden. Dies zeigt sein weiteres Leben.

Um 1805 gingen die Familie und »22 Neger«, wie Beckwourth erzählte, gen Westen. Nach vier Jahren ließen sie sich dann zwischen Missouri und Mississippi nieder. Warum Beckwith mit Frau, Kindern und Schwarzen den Weg nach Westen antrat, bleibt im Dunkeln. Vielleicht wollte er vor dem Rassismus fliehen, der den Schwarzen in seiner Familie das Leben erschwerte, vielleicht waren es wirtschaftliche Gründe, die sie alle in die »schreiende Wildnis« trieb. Sie führten ein hartes Leben, voller Gefahren in der Natur und beständig bedroht von Indianerangriffen. Die Männer waren tagsüber immer in zwei Gruppen geteilt, in jene, die arbeiteten, und jene, die Wache standen. Die Häuser waren kleine Festungen und mit Schießscharten ausgestattet. Offensichtlich aus gutem Grund, denn mit neun Jahren machte Jim eine grausige Entdeckung. Er fand eine befreundete Familie, Eltern und acht Kinder, die Kehlen durchschnitten und skalpiert. Sein Vater brach mit anderen Männern zu einer Vergeltungsaktion auf und kehrte nach Tagen mit 18 Indianerskalps zurück.

Nach einigen Jahren in der Wildnis ließ die Familie sich in St. Louis nieder. Dort ging Jim kurze Zeit zur Schule, dann bei einem Schmied in die Lehre. Eines Tages geriet er in Streit mit seinem Lehrherrn, prügelte sich mit ihm und lief davon. Sein Vater gab ihm ein Pferd und Ausrüstung, so zog der junge Sohn hinaus in ein neues Leben unter den Pionieren des Wilden Westens.

Mit dem Pelz zum Rendezvous

Jim schloss sich einer Expedition an, die Minenarbeiter in der Wildnis versorgen sollte, und war dabei als Jäger für die Nahrungsbeschaffung verantwortlich. In den nächsten anderthalb Jahren freundete er sich mit den Indianern an, bei denen er viel über die Jagd lernte. Die Wende in seinem Leben brachte eine Anzeige, die der Unternehmer William Henry Ashley Anfang 1822 gemeinsam mit seinem Partner Andrew Henry in die Zeitungen von St. Louis setzte: »Für unternehmungslustige junge Männer: Der Unterzeichnende wünscht einhundert Männer, die bis zur Quelle des Missouri River hinaufsteigen und dort für ein, zwei oder drei Jahre beschäftigt werden.«

Ashley, ein bis dahin nur mäßig erfolgreicher Geschäftsmann, hatte die Idee gehabt, eine ganze Schar von Männern damit zu beauftragen, Biber zu jagen und deren Pelze weiterzuverkaufen. Aus der Gruppe von Männern, die dem Ruf Ashleys folgten, gingen zahlreiche bedeutende Trapper und Fährtensucher hervor. Am berühmtesten wurden Jim Bridger, Jedediah Smith und Jim Beckwourth.

Beckwourth stieß 1823 zu »Ashleys Hundert« und war als gelernter Hufschmied zunächst vor allem für die Pferde verantwortlich. Als er noch im selben Jahr aufbrach, um weitere Tiere von den Indianern zu kaufen, wurde er vom Winter überrascht. Er überwinterte in einem Pelzhandelsposten und schlug sich im Frühjahr nach St. Louis zurück, wo er sich Ashley erneut anschloss. Der hatte Beckwourth bereits für tot gehalten.

Der Pelzhandel entwickelte sich prächtig. Jedediah Smith hatte mithilfe von Indianern der Cheyenne und der Crow einen Weg über die Rocky Mountains gefunden, der problemlos auch mit Gepäck zu bewältigen war. Nun stand im Grunde der Weg in den ganzen Westen bis hin zum Pazifischen Ozean offen. Für Ashleys Männer bedeutete das den Zugang zu noch größeren Bibervorkommen. Dennoch, das Leben als Trapper war hart. Um genug Pelze zu erbeuten, verbrachten die Männer Monate in bis dahin unerforschten Wäldern und Bergen. Auch Jim Beckwourth, der immer wieder mit Kameraden in der Wildnis gesichtet wurde, war dabei. Die Pelzjäger überwinterten unter schwersten Entbehrungen. Zu Hunger und Kälte kamen Überfälle feindlicher Indianer und Angriffe von Bären.

Im Frühsommer des Jahres 1825 fand am Oberlauf des Green River ein Treffen aller Pelzjäger, ein sogenanntes Rendezvous, statt. Die Idee dazu stammte von Ashley und seinem Partner Andrew Henry, es wurde ein großer Erfolg. Denn es fanden sich nicht nur nahezu 100 jener Trapper ein, die Ashley eingestellt hatte, sondern auch Indianer und Pelzjäger der britischen Hudson Bay Company, die ihre Waren lieber an Ashley als an die Konkurrenz verkauften. Die frühsommerlichen Rendezvous wurden in den nächsten Jahren zu einem bedeutenden Treffpunkt: Man feierte, erzählte sich Geschichten von unglaublichen Abenteuern in der Wildnis – und machte Geschäfte. Vor allem Ashley wurde reich. Er erwarb Pelze von den Trappern – die er später mit hohem Aufschlag weiterverkaufte – und verkaufte ihnen im Gegenzug Lebensmittel und Ausrüstungsgegenstände, ebenfalls mit hohem Gewinn.

Nach dem ersten Rendezvous kehrte Ashley mit den neu erworbenen Pelzen nach St. Louis zurück. Unter den Männern, die ihn begleiteten, war Jim Beckwourth. In St. Louis verlobte er sich, wurde aber nach nur einer Woche Aufenthalt von Ashley mit einem wichtigen Auftrag erneut in die Wildnis geschickt. Den Auftrag nahm er nach eigenem Bekunden nur an, weil der in Aussicht gestellte Lohn hoch war und er damit seine Ersparnisse für die künftige Familie zu vermehren hoffte. Doch Beckwourth sollte zwölf Jahre fortbleiben und er kehrte zu spät zurück: Nur einen Monat zuvor hatte seine Braut die Nachricht von seinem Tod erhalten – und einen anderen geheiratet.

Ob diese Geschichte stimmt, ob es diese Frau überhaupt gab, darf allerdings bezweifelt werden. Beckwourth neigte in seinen Memoiren nicht nur zu Ausschmückungen und Übertreibungen, sondern er schreckte selbst vor puren Erfindungen nicht zurück. So behauptete er beispielsweise, seinem Chef Ashley mindestens dreimal das Leben gerettet zu haben. In dessen eigenen Lebenserinnerungen finden sich weder diese dramatischen Gefahrenmomente, noch wird Beckwourth überhaupt besonders hervorgehoben. Und nichtsdestotrotz begegnet dem Leser in den Memoiren des legendären Trappers immer wieder auch die – erstaunliche – Wahrheit.

Ein Pelzjäger wird Indianerhäuptling

Im Herbst 1828 fiel Beckwourth einer Kriegerschar der Crow in die Hände. Zusammen mit Jim Bridger hatte er Fallen in dem gefährlichen Grenzgebiet zwischen ihnen, den Cheyenne und den Blackfoot ausgelegt. Eine seiner Übertreibungen sollte nun sein Leben radikal verändern.

Bei einem der Rendezvous hatte sich Beckwourth gegenüber dem Trapperkollegen Caleb Greenwood damit gebrüstet, er sei eigentlich der Sohn eines Crow-Häuptlings und als Baby bei einem Überfall von den Cheyennes geraubt worden. Die hätten ihn dann an Weiße verkauft. Die Geschichte von dem verlorenen Häuptlingssohn sprach sich sofort unter allen Trappern und Indianern herum. Auch die Crow-Krieger, auf die Beckwourth nun traf, wussten, wer ihnen da gegenüberstand. Sie nahmen ihn mit in ihr Dorf – und Beckwourth blieb in den nächsten acht Jahren bei ihnen.

Nach eigenen Aussagen stieg er in dieser Zeit vom einfachen Krieger zum Clanchef und schließlich zum Kriegshäuptling der gesamten »Crow-Nation« auf. Wie Berichte zahlreicher Augenzeugen belegen, passte sich Beckwourth in seinem Erscheinungsbild ganz den Crow an. Seine Haare ließ er zu einer langen welligen Mähne wachsen. Mit der typischen Kleidung der Crow, kunstvoll verziertem Lederhemd, Mokassins, Speer, Schild und seiner dunklen Haut hielten ihn viele nun für einen Indianer.

Beckwourths Erzählung zufolge wurde er von einer Familie der Crow sofort als deren verlorener Sohn erkannt und mit einer Indianerin verheiratet. Als er ihr eines Tages verbot, an einem Fest teilzunehmen, und sie dennoch zu tanzen begann, schlug er sie mit einem Beil nieder. Man hielt sie für tot. Aber niemand war Beckwourth böse. Im Gegenteil, sein Schwiegervater gab ihm umgehend die jüngere Schwester als Ersatz. Als sich am nächsten Tag herausstellte, dass Beckwourths erste Frau überlebt hatte, lebte er fortan mit beiden Indianerinnen zusammen. Später heiratete er vermutlich noch einmal. Es war Sitte bei den Crow, Männern höheren Ranges mehrere Frauen zuzugestehen.

Der »verlorene Sohn« nahm selbstverständlich an den Überfällen auf andere Stämme teil. Nur so konnte sich ein Mann als vollwertiges Stammesmitglied beweisen. Meistens ging es darum, in kleinen Gruppen Pferde zu erbeuten. Die Pelzjagd gab Beckwourth dennoch nicht auf. Er verkaufte seine Beute nun an den Handelsposten der American Fur Company, dem Konkurrenten seines alten Arbeitgebers Ashley. Als deren Agent handelte er mit den Crow und befreundeten Stämmen und errichtete unter anderem im Auftrag der Company ein Fort am Bighorn River. Als die Crow gegen die Blackfoot in den Krieg zogen, stellte die American Fur Company die Waffen. Denn die Blackfoot pflegten ihrerseits enge Handelsbeziehungen mit der konkurrierenden Hudson Bay Company – so führten die Indianerstämme einen Stellvertreterkrieg für den großen Pelzhandel.

Unerfüllte Liebe

Während jener Jahre entspann sich eine Liebesgeschichte zwischen Beckwourth und einem jungen Crow-Mädchen namens Pine Leaf (»Kiefernnadel«). Sie gehörte ursprünglich dem Stamm der Gros Ventre an, war mit zehn Jahren von den Crow aufgenommen worden und hatte einen Schwur abgelegt: Sie werde erst heiraten, wenn der Tod ihres Zwillingsbruders gerächt sei. Dazu musste sie 100 Blackfoot durch eigene Hand töten!

Pine Leaf wuchs zur Frau heran und nahm als Kriegerin an zahlreichen blutigen Kämpfen teil. Beckwourth umwarb sie, doch sie wies ihn immer wieder zurück. Als er sie einmal fragte, wann sie ihn heiraten würde, antwortete sie: »Wenn die Kiefernnadeln sich gelb färben.« Beckwourth machte sich Hoffnungen, sie endlich zur Frau nehmen zu können, bis ihm im Herbst auffiel, dass Kiefern ihre Farbe nie ändern.

Anfang 1837 kehrte Beckwourth nach St. Louis zurück. Zwölf Jahre war er nicht mehr dort gewesen und fand seine Stadt völlig verändert vor. Seine damalige Verlobte hatte einen anderen Mann geheiratet und von der Familie traf er nur noch seine zwei

Schwestern an. Der Vater war in der Zwischenzeit wieder nach Virginia gegangen und dort verstorben, auch seine Brüder waren fort. Im Sommer weilte Beckwourth noch einmal für fünf Monate bei den Crow in den Bergen. Nun war Pine Leaf bereit, die Ehe mit ihm einzugehen. Laut Beckwourth heirateten sie auch. Doch der unstete Abenteurer hatte endgültig beschlossen, »seinen« Stamm zu verlassen, und kehrte wenige Wochen darauf zu den Weißen zurück. Pine Leaf und seine anderen Frauen sah er nie wieder.

Auch wenn Beckwourth in seiner Schilderung der Beziehung zu Pine Leaf übertrieb, gab es die junge Kriegerin tatsächlich. 1856 berichtete Edwin T. Denig, ein Chronist der Indianer am Oberlauf des Missouri, von einer Kriegerin namens Woman Chief (»Weiblicher Häuptling«), die als Kind zu den Crow gekommen war. War das Pine Leaf? Vorstellbar ist es: Unter den Crow konnte eine Person verschiedene Namen tragen. Auch mit Beckwourth verhielt es sich so. Er hieß unter anderem Medicine Calf (»Medizin-Kalb«), Bloody Arm (»Blutiger Arm«) und Enemy of Horses (»Feind der Pferde«). Während aber Denig eine Kriegerin erwähnte, die Pine Leaf hätte sein können, erzählte er nichts von einer Heirat mit Beckwourth. Er berichtete vielmehr, sie sei sehr maskulin gewesen und habe sogar eigene Frauen gehabt.

Zurück in St. Louis, meldete sich Beckwourth im Herbst 1837 bei der US-Armee. Diese führte in den Sümpfen Floridas ihren zweiten Krieg gegen die Seminolen. Beckwourth behauptete in seinen Erinnerungen, er habe als Meldereiter und Kundschafter gedient. Die Soldbücher weisen ihn jedoch als zivilen Wagenmeister im Tross aus. Ab 1838 arbeitete der Trapper mehrere Jahre als Händler an verschiedenen Handelsstationen, bis er im Herbst 1843 eine junge Spanierin heiratete, mit ihr an den Arkansas River ging und sich an der Gründung eines neuen Handelspostens beteiligte. Doch wegen der zunehmenden Spannungen mit Mexiko schloss der Gouverneur von Colorado die Grenze, Beckwourth konnte seine Waren nicht mehr absetzen. Er zog weiter nach Kalifornien, das damals zu Mexiko gehörte, und pendelte in den nächsten Jahren vor allem zwischen Kalifornien und den USA.

»Wieder eine von Jims Lügen«

Als 1846 der Krieg zwischen den USA und Mexiko ausbrach, kehrte Beckwourth auf amerikanisches Territorium zurück, nicht ohne nach eigenem Bekunden noch 1 800 Pferde von den Mexikanern gestohlen zu haben. Während des Mexikanisch-Amerikanischen Krieges arbeitete er erneut als Meldereiter und Kundschafter für die US-Armee und nutzte seine Beziehungen zu den Indianerstämmen, um erbeutete Pferde von ihnen zurückzuholen.

Beckwourth war nun um die 50 Jahre alt, aber einen festen Platz zum Leben fand er nach wie vor nicht für sich. Im Gegenteil: Mitten im 1848 in Kalifornien ausbrechenden Goldrausch eröffnete er ein Handelsgeschäft und verkaufte Lebensmittel und Ausrüstung an die Goldsucher, die in das Land drängten. Doch auch diesmal hielt er es nicht lange aus. Schon nach kurzer Zeit verkaufte er sein Geschäft, um mit dem Gewinn nach Sacramento weiterzuziehen, wo er sich an den Spieltischen der Saloons als Glücksspieler versuchte. Vermutlich probierte er es auch als Goldsucher.

Bei all dem blieb Beckwourth mit Leib und Seele ein Trapper. In den Bergen der Sierra Nevada entdeckte er einen Pass, der heute seinen Namen trägt. Der Beckwourth Pass erwies sich als die niedrigste Route über die Sierra Nevada nach Kalifornien. Auf der kalifornischen Seite liegt ein kleiner Ort mit noch nicht einmal 400 Einwohnern, der nun Beckwourth heißt. Entwickelt hat sich der Ort aus der Ranch, die der Fährtensucher dort erbaute. Und südwestlich davon steht noch immer das Blockhaus, in dem er einst wohnte.

Der geschäftstüchtige Abenteurer hatte die ersten Siedler über die neue Route geführt, als er im April 1850 begann, den von ihm entdeckten Pass zu einer Straße auszubauen. Der Beckwourth Trail ermöglichte es den zahllosen Menschen, die der Goldrausch nach Kalifornien zog, den Weg dorthin um etwa 240 Kilometer gegenüber der bisher üblichen Route über den California Trail abzukürzen. Finanzieren sollten den Bau Geschäftsleute von

Marysville, die sich davon großen Profit versprachen. Der Bürgermeister bürgte für die Gesamtsumme. Doch als Beckwourth das Geld einforderte, war der Ort von einem Großfeuer heimgesucht worden und damit zahlungsunfähig. Trotz der Verluste ließ er sich 1852 fest neben seinem Trail nieder, baute eine Ranch, eine Handelsstation und ein kleines Gasthaus. Einem kalifornischen Bekannten, dem Friedensrichter Thomas D. Bonner, erzählte er dann im Winter von 1854 auf 1855 seine Lebensgeschichte.

Bonner verfasste daraus die Memoiren des Trappers, Pelzhändlers, Geschäftsmanns, Häuptlings und Fährtensuchers, die 1856 im *Harper's Magazine* erschienen und noch im selben Jahr als Buch herauskamen. Es wurde ein Bestseller und verbreitete landauf, landab die Legende des Lebens von Jim Beckwourth. Aber Beckwourth selbst brachte es kein Glück. Obwohl ihm laut Vertrag mit Bonner die Hälfte der Tantiemen zustand, sah er nie einen Cent. Und nicht nur das: Beckwourth wurde zur Zielscheibe rassistischer Anfeindungen und man beschuldigte ihn, ein grober Lügner und Aufschneider zu sein.

Bald machte folgende Geschichte die Runde: Eine Gruppe Minenarbeiter, die Beckwourth gut kannte, beschloss eines Tages, sein Buch auf eine Reise mitzunehmen, um sich abends nach der Arbeit daraus vorlesen zu lassen. Doch der Vorleser nahm, ohne es zu bemerken, die Bibel zur Hand und gab die Geschichte zum Besten, wie Samson ein Feld abbrannte, indem er Füchse mit brennenden Schweifen hindurchtrieb. Schließlich rief einer der zuhörenden Männer:

»Die Geschichte kenne ich. Es ist wieder eine von Jims Lügen.«

Am Ende ein dunkler Fleck, doch im Ganzen ein großes Leben

Gerade weil er schwarz war und dennoch in seinen Leistungen den anderen großen Männern des Wilden Westens in nichts nachstand, wollte man Beckwourths Taten keinen Glauben schenken. So mussten die Übertreibungen, derer er sich bediente, über lange Zeit herhalten, um ihm den angemessenen Platz auf gleicher Stufe mit den anderen Pionieren zu verwehren. Erst in den ersten Jahrzehnten des 20. Jahrhunderts setzte eine differenziertere Beurteilung seiner Schilderungen ein. Dort, wo Beckwourths Beschreibungen nachprüfbar waren, zeigte sich, dass er durchaus die Wahrheit erzählte, lediglich die Übertreibungen seien zu relativieren und die Ungenauigkeit, was Daten und Namen betraf.

1858 verließ der rastlose Beckwourth seine Handelsstation am Beckwourth Trail und ging nach Denver. Dort leitete er ab 1859 einen Laden mit Saloon und heiratete im Jahr darauf eine jüngere Schwarze. Die Trapperkluft tauschte er gegen den feinen Zwirn des Geschäftsmanns ein. Sich selbst bezeichnete er als Gentleman aus Virginia und seine Frau nannte er gegenüber Dritten würdevoll Lady Beckwourth. Doch als der einzige Sohn als Kleinkind starb, war das Glück der Sesshaftigkeit schon wieder vorüber. Beckwourth verließ 1864 seine Frau und zog mit einer Indianerin außerhalb der Stadt an einen Fluss – wo er wieder keine Ruhe fand.

Am 29. November führte der alte Fährtensucher mit 66 Jahren als Kundschafter einen Trupp von Kavalleriesoldaten und Milizionären unter dem Befehl von Oberst John M. Chivington zu einem Winterlager der Cheyenne und Arapaho. Sie ermordeten dort im sogenannten Sand-Creek-Massaker vermutlich über 400 Männer, Frauen und Kinder. Die Cheyenne kündigten Beckwourth daraufhin die Freundschaft. Fortan durfte er keinen Handel mehr mit ihnen treiben.

Trotzdem versuchte er sich im nachfolgenden Winter erneut als Trapper. Doch bei einem Angriff von Blackfoot-Indianern konnte der alternde Westmann nur sein Leben retten. Fast alle Pelze der Saison und die Ausrüstung gingen verloren. Im Sommer 1866 war er ein weiteres Mal für die US-Armee als Kundschafter tätig, so in den berühmten Stützpunkten Fort Laramie und Fort Phil Kearny. Und er tat sich noch einmal mit Jim Bridger, dem Kollegen aus alten Tagen, zusammen. Im Herbst machte er sich dann auf den Weg zu einem Außenposten seines ehemaligen Volkes, der Crow. Als er Ende Oktober in einem ihrer Dörfer eintraf, brach er mit Nasenbluten zusammen und starb wenige Tage später.

James Pierson Beckwourth war in seinem Leben vieles gewesen: Sklave, Trapper, Indianerhäuptling, Soldat, Händler, Wirt und Scout. In seiner Biografie spiegeln sich nicht nur die Schicksale der Indianer und Schwarzen, sondern auch Wahrheit und Mythos des Wilden Westens. Als ein typisches Kind seines Landes durchschritt er es, erkundete es, wusste sich immer wieder zu helfen. Sein Mut jedoch und die Selbstverständlichkeit, mit der er in einer Zeit, da andere Menschen seiner Hautfarbe noch versklavt waren, wie ein Gleicher unter Gleichen agierte, machen ihn auch in heutiger Zeit zu einem Vorbild.

Nach dem Zweiten Weltkrieg entdeckte ihn die schwarze Emanzipationsbewegung und ab Mitte der Sechzigerjahre wurden seine Memoiren neu herausgegeben. Man wird ihn nicht vergessen. Im Gegenteil: Es gilt, Jim Beckwourth gerade erst zu entdecken, auch wenn es schwer sein sollte, die erfundene von der wahren Geschichte zu trennen.

13. Harriet Tubman – Die Frau, die man »Moses« nannte

Man sollte Harriet Tubman kennen. Allein schon, weil sie eine bedeutende Führungskraft in einer Untergrundbahn war, und dies zu einer Zeit, da es Untergrundbahnen – wie wir sie heute kennen – noch gar nicht gab.

Die Bahn, von der hier die Rede ist, wurde nicht mit Lokomotiven und Waggons betrieben, ihre Wege führten nicht über ein Schienennetz, sie verliefen über verschlungene und gefährliche Pfade, durch Sümpfe, Flüsse und Unterholz. Das Ziel der »Passagiere«, die sich Harriet Tubman auf dieser ganz besonderen Untergrundbahn anvertrauten, war kein bestimmter Ort, sondern ein Herzenswunsch, und für den nahmen sie hohe Risiken in Kauf. Dieser Herzenswunsch war die eigene Freiheit.

»Minty«

Harriet Tubman wurde am 29. Januar 1820 unter dem Namen Araminta Ross als Sklavin auf einer Plantage in Maryland geboren. Was das Geburtsjahr betrifft, sind die Historiker uneins. Manche vermuten 1815, andere schwanken zwischen 1820 und 1822. Harriet Tubman selbst gab im Laufe ihres Lebens verschiedene Jahre an, auch 1825.

Man rief sie »Minty«. Der Besitzer ihrer Eltern verfügte in seinem Testament, dass ihr Vater 1840 ein freier Mann werden sollte. Auch die anderen Sklaven sollten nach und nach die Freiheit erhalten. Als das Jahr 1840 kam, entließ der Erbe, dem Harriets Vater nun gehörte, diesen tatsächlich in ein eigenes Leben. Doch andere Erben hielten sich nicht an den letzten Willen und so wurden viele Sklaven enttäuscht. Keinem von ihnen gewährte man das Recht, die Erfüllung des Testaments einzuklagen – auch Harriet nicht, deren Freilassung aus der Sklaverei mit 45 Jahren vorgesehen war.

Harriets Mutter war in den Besitz von Edward Brodess, eines Sohnes aus der ersten Ehe der Witwe ihres verstorbenen Herrn, übergegangen. Der verkaufte mit der Zeit Harriets Geschwister an andere Sklavenhalter. Drei von den älteren Schwestern waren bereits fort. Brodess wollte auch noch den jüngeren Bruder Moses hergeben, aber die Mutter versteckte den Jungen für mehrere Wochen. Andere Sklaven und freie Schwarze halfen ihr dabei. Als Brodess schließlich mit dem Sklavenhändler kam, um den Jungen zu holen, drohte die Frau, sie werde dem Ersten, der ihre Hütte beträte, den Kopf einschlagen. Brodess ging. Harriet sah, man konnte mit Widerstand etwas erreichen.

Das Mädchen war gerade einmal fünf oder sechs Jahre alt, da erklärte der Besitzer es für arbeitsfähig. Harriet musste bei einer Miss Susan auf ein Baby aufpassen. Wachte es auf und schrie, wurde sie mit Peitschenhieben bestraft. Bei einem anderen Plantagenbesitzer watete sie tagelang hüfttief durch das Wasser, um Rattenfallen zu prüfen. Als sie an Masern erkrankte, durfte sie sich nicht hinlegen, sondern musste weiterarbeiten. Die junge Sklavin schuftete auf Feldern, führte Ochsengespanne, arbeitete im Wald – und hatte Heimweh.

Eines Tages, Harriet war nun ein Teenager, sollte sie in einem Laden Vorräte kaufen. Dort traf sie einen entlaufenen Sklaven. Dessen Aufseher forderte Harriet auf, ihm zu helfen, den Mann zu fesseln. Doch das Mädchen weigerte sich. Als der Sklave zu fliehen drohte, nahm der Aufseher ein Gewicht von der Ladentheke und warf nach ihm. Er verfehlte sein Ziel und traf stattdessen Harriet am Kopf. Bewusstlos und blutend brachte man sie zurück zur Plantage, legte sie auf die Bank eines Webstuhls und überließ sie dort zwei Tage ihrem Schicksal. Niemand kam, um ihre Wunde zu versorgen. Dann musste sie wieder auf die

Felder. Während der Arbeit liefen ihr Blut und Schweiß ins Gesicht.

Harriet Tubman erklärte später, sie habe damals einen Schädelbruch erlitten. Nur ihrem dicken, dichten Haar, das die Wucht des Schlages abmilderte, habe sie ihr Leben zu verdanken. Ihr Leihbesitzer schickte sie zu Edward Brodess zurück: Sie sei nichts mehr wert!

Die Kopfverletzung fiel in eine Zeit, in der sich Harriet unter dem Einfluss ihrer Mutter der Religion zuwandte. Gebannt lauschte sie, wenn diese ihr aus der Bibel erzählte. Ihre nach der Kopfverletzung nun wiederkehrenden Anfälle von Bewusstlosigkeit und Halluzinationen deutete sie als Zeichen Gottes.

Um 1844 heiratete die junge Frau den freien Schwarzen John Tubman. Man weiß wenig über ihn oder die Ehe. Fest steht, eine solche Hochzeit war in Maryland nicht ungewöhnlich. Mehr als die Hälfte der Schwarzen dort war frei. Da der Status der Mutter den der Kinder bestimmte, wären beider Kinder wieder Sklaven gewesen.

Daher plante John Tubman vermutlich, seine Frau freizukaufen. Offenbar fehlte dann aber das Geld, denn Harriet blieb Sklavin. In jenen Tagen legte »Minty« ihren Vornamen Araminta ab und nannte sich »Harriet«.

Zu Beginn des Jahres 1849 erkrankte sie und Edward Brodess versuchte, einen Käufer für sie zu finden. Es war nicht das erste Mal. Auch nun gab es den einen oder anderen Interessenten, der sie begutachtete, letztlich aber lehnte jeder ab. Die erwachsene Harriet war alles andere als eine imposante Erscheinung. Sie war klein, dünn und wirkte sehr zerbrechlich.

Harriet betete, damit ihr Besitzer ein Einsehen habe und sie behielte. Doch schließlich schien Brodess einen Käufer gefunden zu haben. In ihrer Verzweiflung bat sie nun Gott, er solle Brodess töten. Tatsächlich starb dieser eine Woche später. Harriet bereute ihre Tat. Zudem, so wurde ihr bewusst, erhöhte Brodess' Tod nur die Wahrscheinlichkeit, dass sie gehen musste. Wenig später begann seine Witwe Eliza dann auch, den Besitz aufzulösen und die Sklaven zu verkaufen.

157

Harriet war nun fest entschlossen, einen Fluchtversuch zu wagen. Selbst ihr Mann konnte sie nicht mehr umstimmen. Mitte September machte sie sich mit den beiden Brüdern Ben und Henry auf den Weg. Eliza Brodess bemerkte erst nach einigen Tagen, was geschehen war, da Harriet, Ben und Henry leihweise bei einem benachbarten Plantagenbesitzer arbeiteten. So setzte sie erst zwei Wochen später eine Annonce in die Zeitung und versprach demjenigen 100 Dollar, der einen der Entflohenen zurückbrachte. Doch die drei kehrten freiwillig um. Sie hatten Angst vor den lauernden Gefahren und Henry, der gerade erst Vater geworden war, wollte zurück zu seiner Familie.

Allerdings stand Harriets Entschluss, der Sklaverei zu entkommen, nun endgültig fest. Sie floh erneut, diesmal allein. Einer anderen Sklavin sang sie ein Lied vor, das verklausuliert eine Nachricht an ihre Familie enthielt. Harriet wandte sich an die Underground Railroad, ein Netzwerk von Helfern aus freien Schwarzen und Weißen, die die Sklaverei bekämpften und möglichst vielen Schwarzen zur Flucht verhalfen. Die Häuser jener Railroad-Mitglieder, die Fliehenden Zuflucht gewährten, wurden »Bahnhöfe« genannt. Besonders aktiv waren dabei die Quäker. Einer von ihnen, der Unternehmer Levi Coffin, widmete sein Leben gänzlich der Sklavenbefreiung. Sein Haus in Newport/Indiana galt als »Hauptbahnhof« der Underground Railroad. Auch in der Nähe der Plantage, zu der Harriet gehörte, lebten einige von Coffins Glaubensbrüdern und -schwestern. Harriet floh als »Passagier« der Underground Railroad über eine etwa 150 Kilometer lange Route gen Nordosten. Sie rastete am Tag und reiste in der Nacht, der Polarstern diente ihr als Orientierungshilfe. Immer musste sie fürchten, von Sklavenfängern gefasst zu werden, die auf Belohnungen aus waren. Schutz fand sie bei den Helfern, den »Bahnstationen« der Underground Railroad – und irgendwann hatte sie ihr Ziel erreicht. Die Freiheit.

Mit der Underground Railroad sollte sie fortan eng verbunden bleiben. Sie »baute« neue Strecken und beförderte schließlich selbst »Passagiere« in die Freiheit, als Organisatorin und

»Zugführerin«, auch wenn sie selbst sich später bescheiden nur »Schaffnerin« nennen sollte. Doch dazu später.

Ein nicht zu lösender Konflikt

Harriet ließ sich in Philadelphia nieder. Obwohl endlich frei, sehnte sie sich nach ihrer Familie. Fortan wollte sie alles dafür tun, damit auch ihre Mutter, Brüder und Schwestern und vor allem ihr Mann aus der Sklaverei entkamen. Für ihre Pläne brauchte sie Geld, also nahm sie allerlei Arbeiten an und begann zu sparen.

Der Kampf gegen die Sklaverei, der den Konflikt zwischen den Nord- und Südstaaten zunehmend anfachte, hatte mittlerweile einen Rückschlag erlitten. Im Bemühen, den Süden von einer Abspaltung abzuhalten, ging der Norden immer wieder Kompromisse ein, erreichte aber nur das Gegenteil. Die Abolitionisten, die radikalen Gegner der Sklaverei, sahen in jedem Einlenken eine Festschreibung des Status quo, die Sklavereibefürworter des Südens vermuteten im Norden einen permanenten Angriff auf ihren Lebensstil. Für sie waren Schwarze weiterhin vor allem ein Investitions- und Handelsgut. Eine Aufhebung der Sklaverei sahen sie als Angriff auf ihre Eigentumsrechte.

Das Kernproblem für die Politiker im Norden, mit dessen Folgen später Abraham Lincoln mit voller Wucht konfrontiert wurde, war nun die Frage, wie eine Staatenunion zu bewahren war, die in ihrer Haltung zu einem fundamentalen Menschenrecht – dem der Gleichheit und Freiheit jedes Individuums – so unversöhnlich gespalten war. Das Problem konnte nur gelöst werden, wenn eine Seite ihren Standpunkt aufgab.

Doch zunächst versuchte vor allem der Norden zu beschwichtigen. Dessen Bevölkerung lehnte in der Mehrheit die Sklaverei zwar ab, wollte jedoch dem Süden sein Recht im Grunde nicht streitig machen. Doch ungelöste Konflikte dieser Art ruhen nicht. Die Frage der Sklaverei kam immer wieder auf die Tagesordnung und musste stets aufs Neue beantwortet werden. In den nach

Westen wachsenden Vereinigten Staaten kamen neue Staaten hinzu. Sollte ihnen das Recht auf Sklavenhaltung gewährt werden? Wie war mit Sklaven zu verfahren, die aus dem Süden in den Norden flohen? Ein erneuter Höhepunkt der Zwistigkeiten wurde 1850 genau in dieser Frage mit dem *Fugitive Slave Law* erreicht.

Dieses Gesetz besagte, dass selbst in den Bundesstaaten der USA, in denen die Sklaverei verboten war, Flüchtige aufgegriffen und an ihre Besitzer zurückgegeben werden mussten. Wer sich an der Befreiung von Schwarzen beteiligte, hatte, egal wo er lebte, mit schweren Strafen zu rechnen. Das *Fugitive Slave Law* vertiefte die Gräben zwischen Gegnern und Befürwortern der Sklaverei weiter, die Vergiftung der Gesellschaft setzte sich fort. Sklavenjäger fühlten sich ermutigt, im Norden Schwarze zu entführen. Viele der Schwarzen, die sich nun selbst in den Nordstaaten nicht mehr sicher wissen konnten, flüchteten weiter nach Kanada. Die Abolitionisten radikalisierten sich zunehmend. Nicht nur Fluchthilfe sahen einige von ihnen nun als probates Mittel ihres Kampfes, sondern auch die bewaffnete Gewalt. John Brown, einer der fanatischsten unter ihnen, sollte einige Jahre später diese Erkenntnis in die Tat umsetzen – und Harriet dabei auch eine Rolle spielen.

Ende 1850 erfuhr Harriet, dass ihre Nichte Kessiah mit ihren zwei kleinen Kindern versteigert werden sollte. Entsetzt beschloss sie, die weitere Trennung der Familie zu verhindern, und kehrte kurzerhand nach Maryland zurück, auf die Gefahr, selbst aufgegriffen und an ihren alten Besitzer ausgeliefert zu werden. Am Tag der Versteigerung kam das höchste Gebot wie geplant von John Bowley, Kessiahs Ehemann und ein freier Schwarzer. Dann gab er vor, die zu zahlende Summe zu besorgen. In der Zwischenzeit floh Kessiah mit ihren Kindern in ein Versteck, von wo John Bowley sich in der Nacht mit ihnen auf den Weg nach Baltimore machte. Dort trafen sie mit Harriet zusammen und gemeinsam flohen sie nach Philadelphia.

Im nachfolgenden Frühjahr kehrte Harriet erneut nach Maryland zurück und verhalf ihrem Bruder Moses sowie zwei weiteren Schwarzen zur Flucht. Dann wollte sie ihren Mann holen. Als sie ihm jedoch vor Ort eine Nachricht sandte, lehnte John Tubman ab. Er habe eine andere Frau geheiratet und sei glücklich. Harriet überlegte, ihn zur Rede zu stellen, kehrte dann aber wortlos nach Philadelphia zurück – nicht ohne auf dem Rückweg wieder Sklaven mit in die Freiheit zu nehmen.

Go down Moses

In den nächsten elf Jahren ging Harriet 19 Mal nach Maryland und verhalf vermutlich 300 Sklaven zur Flucht. Darunter waren ihre Brüder Henry, Ben und Robert sowie deren Frauen und einige von deren Kindern. Mehreren Dutzend anderen Schwarzen gab sie Hinweise, wie und über welche Routen sie fliehen konnten. Die Untergrundbahn war in der Wahl der Strecken flexibel, nur die gewöhnlichen Routen der Menschen wählte man nicht. Die Pfade hatte niemand angelegt. Sie wurden vor allem von dem eigenen Drang nach Freiheit gebahnt, sie hatten abgelegen zu sein und geheim. Es ging quer durch die Wildnis, über Flüsse und sogar über die offene See an der Küste entlang. Mittlerweile war Harriet bekannt unter ihrem Decknamen Moses – eine Anspielung auf den biblischen Moses, der sein Volk aus Ägypten in die Freiheit geführt hatte. Der berühmte Gospel *Go down Moses* soll sich auf Harriet beziehen und unter Sklaven gesungen worden sein, um verschlüsselt mitzuteilen: Sie war unterwegs.

Die meisten Fluchtgruppen leitete Harriet in den Wintermonaten. Die Nächte waren länger und die Gefahr geringer, entdeckt zu werden. Für gewöhnlich brach die mutige »Schaffnerin« mit den Flüchtlingen an einem Samstag auf. So konnte erst die Montagszeitung darüber berichten und gegebenenfalls eine Belohnung für deren Ergreifung ausloben. Wurde man geflohenen Sklaven wieder habhaft, drohte ihnen vielfach nicht nur die Auspeitschung. Manche Sklaven wurden gebrandmarkt, andere sogar verstümmelt.

Fortwährend schwebte Harriet in der Gefahr, erkannt zu werden. Einmal tarnte sie sich mit einer Haube und je einem lebenden Huhn unter dem Arm als Sklavin, die Besorgungen für ihren Herrn erledigte. Plötzlich kam ein Weißer auf sie zu, für den sie früher hatte arbeiten müssen. Harriet riss an dem Seil, mit dem die Füße der Hühner zusammengebunden waren, wandte ihr Gesicht ab und tat, als müsse sie die Tiere beruhigen. Sie blieb unerkannt.

Viele, die unter der Führung von Harriet in die Freiheit fliehen wollten, waren erschrocken, wenn sie die kleine unscheinbare Person zum ersten Mal sahen, der als »Moses« ein Ruf wie Donnerhall vorauseilte und auf die Sklavenbesitzer ein Kopfgeld von 40 000 Dollar ausgesetzt hatten, tot oder lebendig. Doch die Bestimmtheit, das resolute Selbstbewusstsein, mit dem die kleine Frau fast lautlos die Wege durch die feindliche Wildnis einschlug, und die Sicherheit, mit der sie wusste, wie ein Überleben und Ankommen zu bewerkstelligen war, überzeugten schließlich jeden. Harriet führte ihre Schützlinge in oft tagelangen Märschen sicher ans Ziel. Die Nächte verbrachten sie unter freiem Himmel oder in einem »Bahnhof«, der das Haus eines Unterstützers der Underground Railroad sein konnte, aber auch eine versteckt errichtete Schutzhütte.

Harriet selbst war in ihrer tiefen Religiosität davon überzeugt, Gott würde sie beschützen. Sicherheitshalber trug sie aber auch einen Revolver bei sich und zögerte nicht, ihn zu benutzen. Einem Sklaven, der mitten auf der Flucht wieder zurückkehren wollte und dadurch ein großes Risiko für die anderen zu werden drohte, hielt sie den Lauf an den Kopf und drohte, ihn zu erschießen. Er blieb.

In der Underground Railroad arbeitete Harriet mit verschiedenen Menschen zusammen. Ein schwarzer Prediger gewährte ihr immer wieder Unterschlupf, ebenso zahlreiche Quäker. Thomas Garrett, einer der bedeutendsten Führer der Abolitionistenbewegung, gehörte zu ihren Helfern. Auch der frühere Sklave und in jener Zeit wohl bekannteste schwarze Bürgerrechtler Frederick Douglass beherbergte mindestens einmal eine von Harriet Tubman geführte Gruppe. Douglass' Wertschätzung für die tapfere

Frau war groß. Als sie eines Tages eine Empfehlung von ihm erbat, antwortete er 1868 – drei Jahre nach Ende des Bürgerkrieges – in einem Brief: »Ich brauche solche Worte viel eher von Dir als Du von mir.« Denn es gab in seinen Augen einen entscheidenden Unterschied: »Ich kämpfte am Tag – Du in der Nacht. Der mitternächtliche Himmel und die stummen Sterne waren die Zeugen Deiner Hingabe für die Freiheit und für Dein Heldentum. Außer John Brown – in heiliger Erinnerung – kenne ich niemanden, der willentlich mehr Gefahren und Entbehrungen auf sich nahm, um unserem versklavten Volk zu helfen.«

Harriet und John Brown

1857, auf einer ihrer letzten Reisen, holte Harriet endlich ihre Eltern in den Norden. Der Vater hatte zwar zwei Jahre zuvor seine Frau freigekauft, doch dann drohte ihnen die Verhaftung, weil sie geflohene Schwarze versteckten. Die Tochter brachte beide zunächst im kanadischen St. Catharines unter, wo bereits mehrere ihrer Verwandten lebten.

1857 war auch das Jahr, in dem das berühmte Urteil im Prozess Dred Scott versus Sandford aufs Neue die Rechte der Sklavenhalter stärkte. Der Oberste Gerichtshof erklärte unumwunden, Schwarze dürften keine Bürger der Vereinigten Staaten werden, weshalb die Klage des Schwarzen Dred Scott für sich schon einmal nichtig sei. Außerdem sei ein Sklave nach einem Aufenthalt in Gebieten, in denen die Sklaverei abgeschafft war, nicht als freier Mensch zu betrachten, da dies die Eigentumsrechte seines Besitzers verletzen würde. Manche Historiker sehen in diesem Gerichtsurteil den entscheidenden Anlass für den späteren Ausbruch des Amerikanischen Bürgerkrieges. Gab es wirklich noch Hoffnung, dass Schwarze durch Politik und Gerichte ihr Recht auf Freiheit durchsetzen konnten?

Die radikalen Abolitionisten zweifelten immer stärker daran. In diesem Klima schritt nun besonders einer von ihnen, der zu allem entschlossene John Brown, zur Tat. Dieser berühmt-berüchtigte weiße Gegner der Sklaverei teilte mit Harriet die tiefe Überzeugung, von Gott zum Kampf berufen worden zu sein.

Harriet litt nach wie vor unter Halluzinationen und meinte, auch die Begegnung mit John Brown vorhergesehen zu haben. Dieser hielt im Kampf für die Freiheit der Sklaven auch Gewalt für legitim und wollte mit seinen Aktionen die Schwarzen zu einem breiten Aufstand in den Südstaaten ermutigen. Als Brown und Harriet sich dann tatsächlich 1858 zum ersten Mal trafen, plante er gerade einen Angriff auf Sklavenhalter. Bereits kurze Zeit danach unterstützte Harriet ihn nicht nur bei der Beschaffung von Geldern, sondern half ihm bei der Planung eines Angriffs auf ein Waffenarsenal der US-Armee in Harpers Ferry, einem kleinen Ort in West Virginia an der Grenze zu Maryland. Mit den dort zu erbeutenden Waffen sollten die Schwarzen ihren Freiheitskampf beginnen.

Am 16. Oktober 1859 setzte John Brown den Plan in die Tat um. Harriet, die zu jener Zeit vor allem auf Versammlungen sprach und weiter ihren Tätigkeiten als Aktivistin nachging, war nicht dabei. Manche Historiker meinen, sie habe mit ihrer Arbeit zu tun gehabt, andere vermuten, sie sei krank gewesen oder teilte mittlerweile die Zweifel von Frederick Douglass und anderen und sei mit Absicht den Geschehnissen ferngeblieben.

Der Angriff scheiterte. Es gab 17 Tote, zehn von John Browns 21 Männern starben. Darunter zwei seiner Söhne. Soldaten unter dem Kommando von Robert E. Lee – später Südstaatengeneral während des Amerikanischen Bürgerkrieges – besiegten Brown und nahmen ihn fest. Am 2. Dezember wurde er gehängt. Zu den Zeugen seiner Hinrichtung gehörte John Wilkes Booth, der Mann, der Jahre darauf Abraham Lincoln erschoss.

John Brown wurde zum Märtyrer, der Marsch *John Brown's Body* im Bürgerkrieg zum beliebtesten Kampflied der Unionstruppen. Harriet Tubman bewunderte und pries John Brown bis an das Ende ihres Lebens: Er habe durch sein »Sterben mehr bewirkt als 100 Lebende«.

»Ich habe niemals einen meiner Passagiere verloren«

Die Ereignisse spitzten sich zu. Ein Krieg war nicht mehr weit.
Harriet jedoch gelang es in dieser Zeit, ein bescheidenes Zuhause
aufzubauen. Der Senator William E. Seward (später Außenminister unter Abraham Lincoln) verkaufte Harriet Tubman 1859 eine
kleine Farm bei Auburn im Bundesstaat New York. Obwohl die
Schwarzen auch hier aufgrund der Gesetzeslage nach wie vor
nicht wirklich sicher waren, holte sie nun ihre Eltern aus Kanada
und ihre Nichte Margaret aus Maryland zu sich. Harriets Adop-
tivtochter behauptete später, die Mutter habe Margaret entführt
und aus einer behüteten Familie gerissen. Historiker spekulieren,
ob Margaret womöglich eine Tochter Harriets war. Beide sahen
sich sehr ähnlich und hatten eine enge Beziehung zueinander.
Doch vermutlich hatte die »Schaffnerin« der Underground Railroad nie eigene Kinder bekommen.

Als 1861 der Amerikanische Bürgerkrieg ausbrach, war »Moses«
sofort zur Stelle. Sie kümmerte sich um die Flüchtlinge, versorgte
Pockenkranke, steckte sich aber selbst nicht an. Abraham Lincolns – aus ihrer Sicht – zögerliche Haltung in der Sklavereifrage
missbilligte sie. Harriet war überzeugt, Gott würde die Union nur
zum Sieg führen, wenn sie die Sklaverei abschaffte. Aber Lincoln
taktierte. Er wusste, wollte er die Unionsstaaten zusammenhal-
ten und die neutral gebliebenen Sklavenhalterstaaten Delaware,
Kentucky, Missouri und Maryland nicht ins Lager des Südens
treiben, durfte er auch in der Union die Sklavenfrage nicht als
Hauptgrund für den Krieg nennen. Der Kern des Problems zwischen Norden und Süden lag für ihn darin, dass die Minderheit
Entscheidungen der Mehrheit verwarf und der Mehrheit sogar
mit Gewalt drohte. Dieser Zustand musste überwunden werden!
Daher lehnte Lincoln die Maßnahmen General David Hunters
ab, der die zu ihm geflüchteten Sklaven als Kriegsbeute beziehungsweise Konterbande deklarierte und für frei erklärte.

Doch als Lincoln am 1. Januar 1863 nach dem von der Union
erzielten Sieg in der Schlacht am Antietam die Emanzipationsproklamation in Kraft treten ließ, war Harriet endgültig und rück-

haltlos für die Sache der Union. Zwar hatte der schlaue Fuchs Lincoln die Emanzipationsproklamation mit der Erklärung, »dass alle Sklaven in jenen US-Bundesstaaten von nun an frei seien, die sich mit der Union im Krieg befinden«, vorsichtig formuliert, damit sich die neutral gebliebenen Sklavenhalterstaaten nicht verprellt fühlten, doch das Tor zur endgültigen Abschaffung der Sklaverei stand nun weit offen. Fortan arbeitete Harriet als Kundschafterin, half, Sümpfe und Flüsse in South Carolina zu kartografieren, und als die Soldaten um Colonel James Montgomery die Plantagen beim Combahee River Raid am 1. und 2. Juni 1863 überfielen, lotste »Moses« drei Dampfschiffe durch den verminten Fluss, während die Pfeifen für die Sklaven das Signal zur Flucht gaben. 750 konnten befreit werden.

Auch beim denkwürdigen Angriff auf Fort Wagner am 18. Juli 1863 war Harriet vor Ort. Es heißt, sie sei diejenige gewesen, die Oberst Robert Gould Shaw die letzte Mahlzeit vor dem Gefecht um das Befestigungswerk im Hafen von Charleston brachte. Shaw war der Kommandeur des 52. Massachusetts Infanterieregiments, das sich ausschließlich aus schwarzen Rekruten zusammensetzte. Mit dem Angriff auf Fort Wagner wollte er seinen bis dahin in der Unionsarmee schlecht behandelten Männern zu Ruhm und Ehre verhelfen. Im Wissen, hohe Verluste in Kauf nehmen zu müssen, stürmte er gemeinsam mit seinen Leuten aus der Deckung. Sie erreichten zwar die Erdwerke, wurden aber zurückgedrängt. Shaw erklomm einen Befestigungswall und feuerte seine Männer an. Dabei traf ihn eine Kugel ins Herz, die ihn sofort tötete. Mit ihm fielen 116 schwarze Soldaten, die die Konföderierten in einem Massengrab bestatteten. Als Unionsoffiziere um die Auslieferung von Shaws Leiche baten, antwortete man ihnen, man habe ihn »mit seinen Niggern begraben«.

1865 war der Krieg zu Ende. Und die Sklaven waren befreit. Harriets Traum war wahr geworden. Doch von einer gleichberechtigten Stellung in der amerikanischen Gesellschaft waren sie und ihre Mitbürger nach wie vor weit entfernt.

Harriet blieb noch einige Zeit bei den siegreichen Unionstruppen, dann kehrte sie nach Auburn zurück, wo sie nun mit ihrer

Familie in bitterer Armut lebte. Ein wenig Geld verdiente sie durch die Vermietung von Zimmern auf der Farm, später bekam sie ein spärliches Honorar für ihre erste Biografie, die Sarah Bratford für Harriet verfasst hatte. Doch das konnte die Verhältnisse nur wenig verbessern. 1869 heiratete Harriet den mittellosen schwarzen Bürgerkriegsveteran Nelson Davis. Mit dem 22 Jahre jüngeren Mann adoptierte sie ein kleines Mädchen namens Gertie.

In ihrer Not wurde Harriet schließlich Opfer eines Betruges. Zwei Männer erzählten ihr, sie hätten einen Goldschatz aus dem Süden nach Norden gerettet. Gutgläubig, wie sie war, lieh sie sich 2000 Dollar, die die Männer bei der angeblichen Übergabe in einem Wald als Entschädigung haben wollten. Dort betäubten sie Harriet mit Chloroform und entkamen mit dem Geld. Der Vorfall wurde bekannt. Während die einen über Harriets Gutgläubigkeit den Kopf schüttelten, erinnerten andere sich an ihre Verdienste. Ein Abgeordneter des Repräsentantenhauses versuchte zu erwirken, dass man Harriet das verlorene Geld erstattete. Vergeblich. Auch eine Rente oder Entschädigung für ihre Leistungen während des Bürgerkrieges wurden verweigert. Harriet war nie eine formelle Angehörige der Unionstruppen gewesen. Sold hatte sie nie erhalten und stattdessen sogar oft noch in den Abendstunden gearbeitet, etwa als Verkäuferin, um ihren Lebensunterhalt zu verdienen.

Erst 1899 – 34 Jahre nach dem Ende des Bürgerkrieges, sie war nun vermutlich fast 80 Jahre alt – bewilligte man ihr eine Rente. Harriet ihrerseits engagierte sich nach wie vor unverdrossen für ihre schwarzen Mitbürger. 1903 schenkte sie einen Teil ihres Grundstücks einer Kirchengemeinde. Dort sollte ein Heim für alte und mittellose Schwarze entstehen, das 1908 endlich eröffnet wurde.

Drei Jahre später musste die Frau, die man »Moses« nannte, selbst in das von ihr gestiftete Heim ziehen. Über 90 Jahre alt und körperlich hinfällig, starb sie am 10. März 1913 an einer Lungenentzündung. Wenige Stunden vor ihrem Tod soll sie gesungen haben: »Swing low sweet chariot, coming for to carry me home.«

In den USA gilt Harriet Tubman heute nicht nur als Ikone der Schwarzenbefreiung, sondern auch der Frauenrechtsbewegung. Irgendwann einmal sagte sie stolz: »Ich war für acht Jahre Schaffnerin der Underground Railroad und ich kann von mir behaupten, was nur wenige andere Schaffner sagen können – ich habe meinen Zug nie entgleisen lassen und ich habe niemals einen meiner Passagiere verloren.«

14. Der Krieg im Vorgarten des Wilmer McLean

Grüne Wiesen, weites Land und ein Haus. Es war schön in Virginia und der richtige Ort zum Leben. Doch Wilmer McLean lebte dort zur falschen Zeit.

Der richtige Ort, die falsche Zeit. Gleich zweimal widerfuhr ihm dieses Missgeschick. Zweimal wurde er unfreiwillig Gastgeber der Weltgeschichte. Und jedes Mal erwies sich die Weltgeschichte als ein schlechter Gast.

Als Wilmer McLean in jenen Tagen mit seiner Familie an den beschaulichen Ufern des Flüsschens Bull Run unweit der amerikanischen Hauptstadt Washington lebte, verdienten die Vereinigten Staaten von Amerika ihren Namen nicht mehr. Sie waren keine Union mehr, sondern in zwei Teile zerrissen: In den Südstaaten nahm sich die weiße Bevölkerung das Recht heraus, Schwarze als Sklaven zu halten, was die Menschen in den Nordstaaten ablehnten.

Ende 1860 gewann Abraham Lincoln die Wahl zum Präsidenten. Er siegte in allen Staaten des Nordens. Im Süden hingegen erlangte er in keinem Wahlbezirk die Mehrheit, in manchen Gegenden stand er gar nicht erst auf dem Wahlzettel. Lincolns Amtsvorgänger James Buchanan tat in den drei Monaten vor der Amtsübergabe nichts, um Amerikas Einheit zu erhalten. Und als Lincoln am 4. März 1861 den Amtseid ablegte, schien der Zerfall besiegelt. Sechs Staaten des Südens hatten ihren Austritt erklärt und am 4. Februar die Konföderierten Staaten von Amerika gegründet.

Lincoln ließ alle Amerikaner wissen, es sei seine Pflicht, die Einheit des Landes zu bewahren, streckte aber auch den abtrünnigen Staaten die Hand zur Versöhnung aus: »Ihr könnt keinen Konflikt haben, ohne selbst die Angreifer zu sein«, rief er ihnen in seiner Antrittsrede zu. Doch die Hoffnungen des neuen Präsidenten auf eine friedliche Lösung zerschlugen sich. Am 12. April 1861 beschossen Kanonen der Südstaaten im Hafen von Charleston das unter der Kontrolle von Unionstruppen befindliche Fort Sumter. Nach 30 Stunden übergab der Befehlshaber Major Robert Anderson das Fort an den Brigadegeneral der Konföderierten Pierre Gustave Toutant Beauregard. Jahre zuvor waren die beiden Männer noch Klassenkameraden an der Militärakademie West Point gewesen.

Der Krieg plätscherte zunächst nur in vereinzelten Scharmützeln vor sich hin, die große Schlacht ließ auf sich warten, denn sowohl der Norden als auch der Süden brauchten Zeit, um Soldaten zu rekrutieren. Beauregard war nach seinem Sieg als Befehlshaber in den kleinen Ort Manassas in Virginia beordert worden. Von kleiner Statur, Soldat durch und durch und aus alteingesessener französisch-kreolischer Familie hatte der »Napoleon in Grau« nicht nur Schlag bei den Frauen, er galt auch als Mann mit einem Ehrgeiz, der seine Fähigkeiten weit überschritt. Bei Manassas erwarteten die Konföderierten den Angriff der Unionstruppen – und bei Manassas wohnte Wilmer McLean.

Die Kugel im Kochtopf

Wilmer McLean stammte aus einer der besseren Familien Virginias. Sein Vater Daniel arbeitete erfolgreich im Bankgeschäft und besaß eine Zuckerfabrik.

Ein Fotoporträt zeigt Wilmer als untersetzten Mann mit dunklem Scheitel, Schifferkrause und einem Kinnbart wie Abraham Lincoln ihn trug: von einem Ohr zum anderen, mit rasierten Wangen und Oberlippe. Ein Gesicht, das Vertrauen erweckt. Er war in jenen Tagen 47 Jahre alt und hatte seinen Platz im Leben gefunden. Eine Karriere als Major der Miliz von Virginia lag hinter ihm. Nun verdiente er sein Geld weniger als Farmer denn als

Lebensmittelgroßhändler. Wilmer McLean hätte in die Stadt ziehen können, doch er liebte die Ruhe. Das Anwesen am Bull Run, das er und seine Frau Virginia geerbt hatten, war wie ein Geschenk des Himmels für sie und die fünf gemeinsamen Kinder. Die weitläufigen Ländereien von über 1 400 Hektar Land erstreckten sich südlich und nördlich entlang des Flusses. Wilmer McLean erweiterte die Gebäude auf dem Anwesen und errichtete einen steinernen Stall.

Doch nun kam der Krieg an das kleine Flüsschen Bull Run und somit auch zu Wilmer McLean. Am Nordufer des Flusses bauten die feindlichen Unionssoldaten ihre Stellungen aus. Denn es galt, das nur wenige Meilen hinter ihrem Rücken liegende Washington zu verteidigen, nunmehr nur noch die Hauptstadt der Union. Die konföderierten Truppen bezogen Stellung auf McLeans Land südlich des Flusses. Schon seit Mai war dort eine Brigade unter General William E. Jones damit beschäftigt, an einer Furt namens McLean's Ford Erdwälle aufzuschütten. Reiter der Kavalleriebrigade von Oberst Jubal Early kampierten auf dem Gelände. Mehrere Gebäude wurden als Unterkünfte für Sanitätspersonal requiriert, der steinerne Stall sollte als Lazarett dienen. Und als wäre das alles noch nicht genug, schlug General Beauregard in McLeans Haus sein Hauptquartier auf.

Am Morgen des 18. Juli marschierten und zelteten die Soldaten sehr zum Verdruss des Eigentümers schon wochenlang auf dessen Grund und Boden. Wie so oft ritt Beauregard die Frontlinie ab, bevor man ihn am Mittag mit seinem Stab im Haus zum Lunch erwartete. Er war mit General Richard S. Ewell verabredet, um beim Essen die Angriffspläne zu besprechen. Doch es kam anders.

Nördlich, weniger als eine Meile entfernt, beschrieb der Bull Run eine Schleife nach Westen und an der Stelle ihres weitesten Bogens lag die Blackburns Furt. Der Oberbefehlshaber der Unionstruppen vor Ort, General Irvin McDowell, wollte die Truppenstärke des Feindes testen und ließ die Division unter General Daniel Tyler just an diesem Morgen bei Blackburns Furt einen Angriff auf den Bereich der Stellungen der Konföderation starten.

Durch ein Fernrohr beobachtete der konföderierte Hauptmann Edward Porter Alexander, wie die Unionssoldaten drei Kanonen luden, sorgfältig auf McLeans Anwesen zielten und gleichzeitig schossen. Eine Kugel schlug dicht neben dem Haus ein, die zweite zerstörte eine Landmaschine, die dritte fand ihren Weg durch den Kamin von McLeans Küche, fiel in den Kochtopf und spritzte das Essen bis an die Wände. Beauregard und seine Leute nahmen den Vorfall mit Humor, »ein komischer Effekt« hieß es im Bericht des Generals.

Kapitulation im Salon

Die eigentliche Schlacht fand dann drei Tage später statt. Wider Erwarten gewannen die Konföderierten unter Beauregard und Joseph E. Johnston und alle Hoffnungen auf ein rasches Ende des Krieges zerschlugen sich. Lincoln hatte damit gerechnet, die Truppen der Union würden nach einem Sieg rasch auf die Konföderiertenhauptstadt Richmond in Virginia vorstoßen und den Gegner zum Einlenken zwingen. Nun musste er erheblich mehr Kräfte mobilisieren.

Wilmer McLean ergriff die Flucht. Weder Haus noch Küche, erst recht nicht sich und seine Familie wollte er fortan dem Kriegsgeschehen aussetzen. Also verließ er Haus und Ländereien mitten auf der Grenze zwischen Union und Konföderation und zog im Frühjahr 1863 von Manassas über 200 Kilometer südlich nach Appomattox Court House. Auch wirtschaftliche Gründe mögen ihn zu diesem Schritt bewogen haben. Als Zuckergroßhändler machte McLean während des Krieges gute Geschäfte mit den Südstaaten. Ein Wohnsitz tiefer im Kernland und näher an der Kundschaft war durchaus von Vorteil. Appomattox Court House war ein Weiler mit ein paar Häusern, die sich um ein Gerichtsgebäude scharten. Dort richteten sich die McLeans in einem schmucken Backsteinhaus ein.

Der Bürgerkrieg tobte mit grausamer Härte. Die Schlacht von Gettysburg in den ersten Julitagen 1863 kostete über 30 000 Tote,

Verwundete und Vermisste. Bis dahin hatte General Robert E. Lee trotz zahlenmäßiger und materieller Unterlegenheit ebenso genial wie erfolgreich agiert. Doch nach dieser Niederlage war klar: Die Konföderation konnte den Krieg nicht gewinnen. Die Südstaatler kämpften dennoch weiter. Sie hofften, durch hinhaltenden Widerstand die Menschen im Norden so kriegsmüde zu machen, dass sie bei den Präsidentschaftswahlen 1864 Lincoln nicht wiederwählten und dessen Nachfolger mit dem Süden Verhandlungen aufnähme. Vergeblich. In General Ulysses S. Grant jedoch hatte Lincoln mittlerweile einen Oberbefehlshaber gefunden, der es an militärischem Geschick und Entschlossenheit mit Lee aufnehmen konnte.

Nach Gettysburg trieb Grant Lee monatelang vor sich her, zwang ihm Schlacht um Schlacht auf. Schließlich sah der Gejagte ein, dass es sinnlos war, weiterzukämpfen. Am 7. April 1865 schickte Grant eine Nachricht, in der er Lee die Kapitulation nahelegte. Es sei schon zu viel Blut vergossen worden. Das war für Lee zunächst noch kein Grund aufzugeben, weitere kurze Mitteilungen gingen zwischen den feindlichen Linien hin und her, bis der Feldherr der Konföderierten am Morgen des 9. April Grant schriftlich um ein Gespräch »betreffend der Angelegenheit« bat.

So kam es, dass der Krieg am Mittag des 9. April 1865 Wilmer McLean erneut aufsuchte.

Alarmiert von den zahlreichen Soldaten, die in der Nähe seines Hauses kampierten, eilte er ins Dorf. Dort kam ihm Lees Adjutant Oberst Charles Marshall entgegen und fragte ihn, ob er ein Haus wüsste, wo die beiden Generäle sich treffen könnten. McLean führte ihn zum Gerichtsgebäude. Doch als Marshall es inspizierte und er sah, dass es nicht möbliert war, schüttelte er den Kopf.

»Gibt es keine andere Möglichkeit?«

McLeans zweistöckiges rotes Backsteinhaus lag direkt in der Nachbarschaft. Eine großzügige Treppe führte auf eine Veranda über die gesamte Breite der Vorderfront. Das Haus war zwar keineswegs herrschaftlich, aber geräumig. Die weiß gestrichenen

Fensterrahmen und Geländer von Veranda und Balkon wirkten einladend. Orville Babcock aus Grants Stab kam hinzu. Marshall und der Oberst saßen einige Zeit in McLeans Salon und unterhielten sich äußerst freundlich. Man war sich einig: Dies war der geeignete Ort für das Treffen von General Grant und General Lee!

Um ein Uhr stand Wilmer McLean auf der Veranda und erwartete seine Gäste. Zuerst erschienen Oberst Marshall und General Lee. Lees Erscheinung wurde dem Ruf des Gentleman in Uniform gerecht, den er seit Jahren bei Freund und Feind genoss. Weißhaarig, groß gewachsen schritt er, Spross einer der ersten Familien des Landes, in Galauniform mit Schärpe und Degen die Stufen zu McLeans Haus hinauf. Eine halbe Stunde später traf General Grant mit seinem Stab ein, geführt von Oberst Babcock. Grant, 15 Jahre jünger als Lee, Sohn eines Gerbers, eher klein, dunkelhaarig, wie Lee der Mode entsprechend einen Vollbart tragend, kam in einer staub- und lehmbespritzten Uniform, sein Rang war nur an den Schulterstücken zu erkennen.

Während Lee nur Marshall und einen einfachen Soldaten an seiner Seite hatte, eskortierte Grant ein ganzer Tross von Offizieren, darunter General George Armstrong Custer, der elf Jahre später in der berühmten Schlacht von Little Big Horn sein Leben verlieren sollte, und Hauptmann Robert Todd Lincoln, ein Sohn Abraham Lincolns.

Aus Respekt vor seinem Gegner betrat Grant das Haus zunächst allein. Sein Stab wartete auf dem Rasen und wurde erst nach einigen Minuten dazugebeten. Die beiden Generäle hatten schon Platz genommen, dem Anlass angemessen in würdevollem Abstand von mehreren Schritten. Die Männer von Grants Stab, so berichtete General Horace Porter, drückten sich an die Wände des Salons, »wie wenn man ein Krankenzimmer betritt, in dem jemand liegt, der ernstlich erkrankt ist«.

Der Riss, der durch die Nation ging, war zu spüren. Der breite leere Raum, den Grant und Lee in Wilmer McLeans Salon zwischen sich ließen, wirkte wie eine unsichtbare, aber unüberwindbare Trennungslinie. Dabei hatten die beiden Generäle im Krieg gegen Mexiko von 1846 bis 1848 Seite an Seite gekämpft.

Alte Bekannte

»Ich habe Sie schon einmal getroffen, General Lee«, hob Grant an, »als wir in Mexiko dienten und Sie von General Scotts Hauptquartier herüberkamen, um Garlands Brigade zu besuchen, der ich angehörte. Ich habe Sie nie vergessen und ich denke, ich hätte Sie überall wiedererkannt.«

»Ja«, erwiderte Lee, »ich habe Sie bei diesem Anlass getroffen. Ich habe oft daran gedacht und versucht, mich zu erinnern, wie Sie ausgesehen haben, doch ich war nicht in der Lage, mich an die geringste Kleinigkeit zu erinnern.«

Grant plauderte weiter vom Mexiko-Feldzug, doch Lee bat ihn höflich, zur Sache zu kommen und die Kapitulationsbedingungen zu klären.

»Nun gut, dann werde ich sie niederschreiben.« Grant ließ sich sein Notizbuch geben und notierte schweigend. Er schrieb schnell, ohne abzusetzen, und als er geendet hatte, fiel sein Blick auf Lees Säbel. Daraufhin beugte er sich noch einmal über das Notizbuch und ergänzte betreffend der Dinge, die der Unionsarmee auszuhändigen waren: »Dies umfasst nicht die Säbel, das Gepäck und die Pferde der Offiziere.«

Lee hatte noch eine Bitte. Was war mit den Pferden der einfachen Soldaten? Sie seien deren Eigentum und unerlässlich für die Ernte zu Hause!

Grant erklärte, sie dürften sie behalten, und versprach zudem, Proviant für die Soldaten bereitzustellen. Das alles sei mehr, als er erwartet habe, entgegnete Lee, und würde sicher zur Heilung der Wunden beitragen, die der Krieg unter den Amerikanern gerissen hatte.

Nach dem Unterzeichnen der Kapitulationspapiere machte Grant Lee mit seinen Männern bekannt, die immer noch an den Wänden von Wilmer McLeans Salon standen. Grants Stabssekretär Ely Parker war ein Seneca-Indianer. Lee schaute einen Moment lang in dessen dunkles Gesicht.

»Ich freue mich, einen echten Amerikaner kennenzulernen«, sagte er.

»Wir sind alle Amerikaner«, entgegnete ihm Parker.

Die Kapitulation in Appomattox Court House war ein wichtiger Schritt auf dem Weg zum Frieden. Die von Lee geführte Nord-Virginia-Armee war die bedeutendste Teilstreitmacht, der General selbst galt als wichtigster Heerführer des Südens. Die von Grant gewährten Bedingungen wurden zum Vorbild der rasch nachfolgenden Kapitulationen der verbliebenen Südstaatenarmeen. So fand der Amerikanische Bürgerkrieg ein Ende. Vier Jahre der Verheerung waren über das Land gezogen und hatten über 630 000 Menschen das Leben gekostet.

Als Lee und Grant um 16.00 Uhr davonritten, begann in Wilmer McLeans Haus das Plündern. Die Unionssoldaten drückten der Familie Geld in die Hand. Sie wollten Souvenirs um jeden Preis. McLean weigerte sich, doch es half ihm nichts. General Custer sicherte sich einen der Tische, der andere gelangte in die Hände von General Ord. Soldaten griffen die Stühle, auf denen Grant und Lee gesessen hatten oder gesessen haben sollten, zersägten viele von ihnen an Ort und Stelle und verkauften die Einzelteile gleich weiter. Die Polster zerschnitten sie in Bahnen und brachten sie ebenfalls an den Mann. Was nicht niet- und nagelfest war, galt als Siegestrophäe. Selbst eine Spielzeugpuppe von McLeans siebenjähriger Tochter Lula wurde zum Erinnerungsstück. Lachend warfen junge Unionsoffiziere sie von Mann zu Mann und nannten sie die »stumme Zeugin«. Fast ein Jahrhundert später sollte diese Puppe wieder auftauchen. Heute wird eine Replik von ihr als Souvenir im Museumsshop von Appomattox Court House angeboten. Doch von diesen Erlösen hat Wilmer McLean, der unfreiwillige »Verkäufer« von einst, nichts mehr.

Am Tag nach der Kapitulation in seinem Salon traf McLean in Appomattox Court House einen Mann. Dieser musterte ihn eindringlich, als meine er, ihn zu kennen. Dann sagte er plötzlich:

»Was machen Sie denn hier?«

Der Mann war General Edward Porter Alexander, jener Hauptmann, der während der ersten Schlacht am Bull Run durch sein Fernrohr den Einschlag der Kanonenkugel in der Küche beobachtet hatte. Indigniert antwortete McLean ihm mit der gleichen Frage und redete wütend auf Alexander ein.

»Diese Armeen haben mein Haus am Bull Run in Stücke zerfetzt und sind so oft darüber hinweggerannt, bis niemand mehr dort leben konnte. Dann habe ich alles verkauft und bin 200 Meilen weit fort hierhergezogen, in der Hoffnung, nie mehr einen Soldaten zu Gesicht zu bekommen. Und nun sehen Sie sich hier am Ort mal um! Nicht eine Zaunlatte ist übrig geblieben. Die Kanonen haben die letzten Feldfrüchte niedergewalzt. Und Lee kapituliert vor Grant in meinem Haus.«

Betreten schob Alexander die Schuld auf die Yankees. Und Wilmer McLean ging nach Hause, wo Unionsgeneral John Gibbon noch eine ganze Woche lang sein Hauptquartier unterhielt.

»Der Krieg begann in meinem Vorgarten und endete in meinem Salon«, soll Wilmer McLean später gesagt haben. Doch das Ende des Krieges wurde auch zur Geburtsstunde der heutigen Vereinigten Staaten von Amerika. Die Einigung des Landes und die Heilung der Wunden begann in Wilmer McLeans Salon und setzte sich in den Tagen nach der Kapitulation vor seinem Haus fort. Soldaten der Union und der Konföderierten trafen sich dort. Darunter Männer, die der Krieg getrennt hatte und die nun ihre Freundschaft von einst erneuerten.

Doch für die McLeans war das kein Trost. Selbst die Blumen in ihrem Garten waren nicht verschont geblieben. Soldaten hatten sie in Briefen an ihre Lieben geschickt. Die McLeans verkauften ihr Haus im Herbst 1867 und zogen auf ein Anwesen in Prince William County in Virginia, wo Wilmer einige Jahre für die US-Steuerbehörde arbeitete. Als er 1882 starb, war er froh, seit jenen Tagen in Appomattox Court House nie mehr ein Gastgeber der Weltgeschichte gewesen zu sein.

15. Die langen Beine des Thomas Crean

Von allen tragischen Helden der großen Zeit der Polarforschung ist der Brite Robert Falcon Scott der bekannteste. 1912 verlor er gegen Roald Amundsen den Wettlauf um den Ruhm, der erste Mensch am Südpol zu sein. Als Scott mit seinen Begleitern den südlichsten Punkt der Erde erreichte, wehte dort bereits die norwegische Fahne auf dem Zelt seines Konkurrenten. Darin lag ein Brief, den er für Scott hinterlassen hatte. Auf dem Rückweg setzten Scott und seinen Männern die schlechten Wetterverhältnisse sowie Fehler in der Planung und vor allem bei der Rationierung des Proviants zu. Nach fürchterlichen Strapazen in der eisigen Kälte starben sie einen grauenhaften Hungertod.

Legendär ist auch Ernest Shackleton. Seine Antarktis-Expedition mit der *Endurance* endete in keiner Katastrophe, obwohl das Schiff im Packeis zerdrückt wurde. Um Hilfe zu holen, trat Shackleton in einem Beiboot der *Endurance* mit wenigen ausgesuchten Männern eine wagemutige Reise an.

Bei allen diesen Höllenfahrten war ein Ire dabei: Thomas Crean. Nicht selten spielte er eine wichtige Rolle.

Fast am Südpol

Geboren 1877 auf der Halbinsel Dingle in der irischen Grafschaft Kerry, war Crean eines von zehn Kindern eines Farmers. In Kerry trifft man auf die typische irische Landschaft grüner Hügel. Lange Mauern aus Stein begrenzen die weiten Flächen, auf denen Schafherden weiden, Häuser und Höfe liegen verstreut.

Creans Eltern sprachen Irisch, aber der junge Thomas lernte neben seiner Muttersprache auch Englisch. Die Schule besuchte er nur, bis er zwölf Jahre alt war. Dann wartete auf ihn die Arbeit auf der elterlichen Farm, der er sich schon bald entzog. War es Mut, war es Trotz? Eines Tages soll Crean, er war 15, nach einem Streit mit seinem Vater zum nächsten Stützpunkt der britischen königlichen Marine gelaufen sein und sich zum Dienst auf See gemeldet haben. Da er noch zu jung war, gab er ein falsches Alter an. Im Juli 1893, zehn Tage vor seinem 16. Geburtstag, führte ihn die Liste der Royal Navy als »Boy 2nd Class«.

Bis 1899 stieg Crean zum Maat auf, bevor er im Dezember 1901 wieder zum Matrosen degradiert wurde, vermutlich wegen des einen oder anderen Alkoholexzesses. In jener Zeit tat Crean Dienst auf einem Torpedoschiff, das in Neuseeland stationiert war, um Robert Falcon Scotts Schiff *Discovery* zu unterstützen. Dieses sollte sich Ende 1901 von Lyttelton Harbour in die Antarktis begeben. Es war Scotts erster Versuch, zum Pol vorzudringen. Als auf der *Discovery* ein Matrose den Dienst quittieren musste, weil er einen Maat geschlagen hatte, wurde Ersatz für den handgreiflich gewordenen Täter gesucht. So stieß Crean zur Expeditionsmannschaft – die entscheidende Wende in seinem abenteuerlichen Leben, das ihn an drei berühmten Polarexpeditionen teilnehmen ließ.

Scotts Ziel war es damals, die Antarktis zu erkunden und, sofern es sich ergab, einen Vorstoß zum Südpol zu wagen. Anfang 1902 verließ die *Discovery* Lyttelton und erreichte nach einigen Tagen Fahrt das antarktische Festland, wo man auf einer felsigen Halbinsel ein Lager mit einer Hütte aufbaute und es Hut Point nannte. Anfang November, bis dahin hatte das Expeditionsteam die Zeit mit Vorbereitungen und Forschungen verbracht, versuchte Scott erstmals mit zwei Männern zum Südpol vorzudringen. Einer von ihnen war der Arzt Edward Wilson, der Scott Jahre später auch auf dessen letzter Expedition begleitete. Der zweite Gefährte war Ernest Shackleton. Die Männer brachen mit Hundeschlitten auf, doch unzureichende Planung und die mangelhafte Beherrschung der Schlittenhunde ließen sie scheitern.

Zwar kamen Scott, Wilson und Shackleton bis zum südlichsten Punkt, den Menschen bisher je erreicht hatten, sie waren aber noch weit vom Pol entfernt, als sie notgedrungen umkehrten. Auf dem Rückweg brach Shackleton zusammen und spuckte Blut: Skorbut. Wilson litt zeitweise an Schneeblindheit. Trotzdem kehrten alle lebend zurück. Die Schlüsse, die Scott und Shackleton aus den Erfahrungen dieser Reise zogen, nutzten sie später für ihre weiteren Expeditionen – jeder auf seine Weise.

Die *Discovery*-Expedition gilt als Wiege der großen »Heldenjahre« in der britischen Polarforschung. Die wichtigsten Protagonisten waren hier schon dabei: Edward Evans, der fast namensgleiche Edgar Evans, Frank Wild, Edward Wilson, William Lashly, Ernest Shackleton. Und natürlich: Thomas Crean, der Ire, den seine Abenteuerlust von der elterlichen Farm in Kerry bis in die Antarktis gezogen hatte. Besonders gut verstand er sich mit dem bulligen und lauten Edgar Evans, den Scott eine Fundgrube an Anekdoten nannte und der um ein Haar nicht mitgekommen wäre, weil er beim Versuch, das Schiff zu betreten, in das Hafenbecken stürzte. Evans war betrunken gewesen, was Scott beschloss zu übersehen. Ein anderer guter Kumpel Creans wurde der zuverlässige William Lashly, in manchem das Gegenteil von Edgar Evans. Lashly war still und er war Abstinenzler. Mit Ausnahme von Shackleton gehörten alle zu Scotts Mannschaft, als er erneut Richtung Südpol reiste.

Schon auf seiner ersten Expedition erfreute Crean sich großer Beliebtheit. Mit seiner unkomplizierten Art, seinem Mutterwitz und der Fähigkeit, ungewöhnlich große Lasten zu schleppen, gewann er rasch Sympathie und Anerkennung. Scott setzte ihn vor allem in den Schlittenteams ein. Es war Crean, der am häufigsten die schweren Kufengefährte über das Eis zog. Schon damals zeigte er das unerschütterliche Gemüt, das ihn zum Helden der nächsten beiden Expeditionen werden ließ. An einem Tag brach Crean gleich zweimal ins Eis ein. Der Nichtschwimmer wartete jedes Mal ruhig in dem Eisloch, bis ihm ein Seil zu seiner Rettung zugeworfen werden konnte. Er hätte großes Glück gehabt, notierte Scott.

Als dieser 1910 mit der *Terra Nova* erneut in Richtung Südpol aufbrach, war Thomas Crean einer der ersten, der angeheuert wurde. Crean erhielt den Posten eines Deckoffiziers. Zwar sollte es auf dieser Reise um Forschung gehen, aber Scott wollte endlich auch den Pol erreichen. Dann plötzlich ging es nur noch um den Pol. Roald Amundsen hatte seine Mannschaft auf der *Fram* bei einem Zwischenstopp auf Madeira vor vollendete Tatsachen gestellt und segelte nun nicht wie angekündigt dem Nord-, sondern dem Südpol entgegen. An Scott kabelte er: »Möchte Sie darüber informieren: Bin auf dem Weg in die Antarktis.« Die Nachricht schlug ein wie eine Bombe. Nun gab es nur noch ein Ziel: der Schnellste zu sein.

Nach der Ankunft der *Terra-Nova*-Expedition in der Antarktis kümmerte sich Thomas Crean um das Anlegen von Versorgungsdepots, so auch um den Aufbau des sogenannten Ein-Tonnen-Depots, etwas über 200 Kilometer landeinwärts auf dem Weg zum Pol. Als Scott dann im Oktober 1911 aus dem Basislager Richtung Süden startete, war Crean an seiner Seite. 150 Meilen vor dem Ziel schickte er die letzten drei Leute zurück, um mit nur noch vier Männern die restliche Strecke zu bewältigen: Edward Wilson, Edgar Evans, Lawrence Oates und Henry Bowers. Crean sollte umkehren und fügte sich tief enttäuscht. Er ahnte noch nicht, welches Schicksal und welche fürchterlichen Strapazen die Kameraden erwartete, die er ziehen lassen musste. Hätte Scott von der Handverletzung gewusst, unter der Creans Freund Edgar Evans litt, wäre die Entscheidung womöglich anders ausgefallen. So aber ging der eine Evans mit Scott in die Katastrophe, während sich der andere – Edward – Evans mit William Lashly und Crean auf den Rückweg machte.

Scott schrieb am 4. Januar 1912 in sein Tagebuch: »Leutnant Evans konnte seine Enttäuschung nicht verbergen, aber er war mir nicht gram und verhielt sich männlich. Der arme alte Crean weinte, und sogar Lashly war gerührt. Ich war sehr froh, dass ihnen ihr Schlitten federleicht vorkam, und zweifle daher nicht, dass sie den Rückweg schnell und glücklich überwinden werden.«

Er täuschte sich. Evans, Lashly und Crean hatten eine Strecke von 1 200 Kilometern zurückzulegen und es wurde eine Höllenfahrt. Doch der irische Seemann bewies seinen robusten Charakter. Er sang, wenn er das Zelt aufbaute, und blieb sogar dann noch guter Dinge, wenn das Eis einbrach, sie von Scholle zu Scholle über treibendes Eis springen mussten, Eishänge hinunterrutschten, tagelang kaum aßen und immerzu froren. Thomas Crean schien unbeeindruckt, und wenn er einmal eine Reaktion auf das zeigte, was ihm widerfuhr, war es eine leise Freude über noch ein erlebtes – und überlebtes – Abenteuer. Crean war wie ein Fels in der Brandung, der – ganz ein Ire – in außergewöhnlichen Situationen nicht verbarg, wie ihm ums Herz war.

Der Gewaltmarsch über das Eis

Auf dem Rückweg erkrankte Evans schwer an Skorbut. Er bat Crean und Lashly, ihn zurückzulassen. Aber die weigerten sich, legten ihn auf den Schlitten und zogen ihn über das Eis. Mit dem siechen Evans kamen sie nur sehr langsam voran. Dann hatten sie noch immer etwa fünf Tage vor sich – und nur noch für höchstens zwei Tage Proviant.

Was tun? Crean machte sich nun allein auf den Weg, um Hilfe zu holen. Als Verpflegung nahm er nur ein paar Kekse und einen Schokoladenriegel mit. Lashly blieb zur Pflege von Evans zurück.

Crean ging 60 lange Kilometer allein zu Fuß über das Eis. Nach 18 Stunden erreichte er völlig erschöpft am 18. Februar Hut Point und traf dort durch reines Glück auf den Arzt Edward Atkinson und den Hundetreiber Dimitri Geroff. Die beiden Männer von der *Terra Nova* bereiteten sich gerade mit Hundegespannen auf die Fahrt zur Auffüllung des Ein-Tonnen-Depots vor. Eine Rettungsmannschaft brachte Evans am 22. Februar mehr tot als lebendig nach Hut Point. Lashly hatte ihn in einem Zelt aufopferungsvoll versorgt.

»Es waren meine langen Beine, die letztlich den Ausschlag

gaben«, erklärte Crean später in einem Brief, »aber ich muss zugeben, ich war ausgesprochen fertig, als ich ankam.«

Während sich Evans, Lashly und Crean von ihren Strapazen erholten, wuchs die Sorge um Scott. Im Basislager erwartete man sie längst zurück. So brach schließlich am 29. Oktober ein Rettungstrupp auf und Thomas Crean war schon wieder dabei. Schließlich fanden sie am 12. November ein Zelt und darin die erfrorenen Körper von Scott, Wilson und Bowers. Oates war zuvor in der Kälte verschwunden. Er würde für eine Weile hinausgehen, hatte er gesagt – und sich geopfert, um die Überlebenschance seiner Kameraden zu erhöhen. Auch Edgar Evans hatte zuvor den Tod gefunden. Die Männer waren nach langem hartem Kampf an Hunger und Erschöpfung gestorben. Das schlechte Wetter und zu wenig Proviant waren Scott und seinen Begleitern zum Verhängnis geworden. Als sie starben, waren sie nur 18 Kilometer von einem großen Depot entfernt gewesen. Im Zelt lagen Briefe und ihre Tagebücher, die bis zuletzt von ihrem Kampf erzählten. Creans lange Beine waren zu spät gekommen.

»… wie der Gesang eines buddhistischen Mönchs …«

Crean kehrte zur Navy zurück, aber 1913 rief das ewige Eis den Iren erneut, und dies in Person von Ernest Shackleton, der ihn einst auf Scotts *Discovery*-Expedition kennen und schätzen gelernt hatte. Crean sei für ihn so viel wert wie mehrere Trümpfe, sagte Shackleton und ernannte ihn zum Zweiten Offizier seiner *Endurance*-Expedition, während der er unter anderem die Antarktis durchqueren wollte. Zu dem Team von sechs Männern, das Shackleton auf diesem langen und gefahrvollen Weg begleiten sollte, gehörte selbstverständlich auch Crean.

Doch wieder sollten die Dinge nicht so laufen wie geplant. Am 19. Januar 1915 geriet die *Endurance* in der Weddell-See ins Packeis. Bei den ersten Versuchen, das Schiff zu befreien, wurde Crean fast vom Eis erdrückt. Monate trieb die *Endurance* dahin, immer fester im Griff des Eises. Schließlich musste die Mannschaft das Schiff verlassen. Shackleton ließ Vorräte, Ausrüstung sowie drei Beiboote von Bord nehmen. Eine weitblickende Entscheidung. Denn am 21. November 1915 sank die *Endurance*. Jetzt ging es nur noch ums Überleben.

Die Boote mussten über das tückische Packeis geschleppt werden, das sich nicht selten zu Kämmen auftürmte. An ein Vorankommen war kaum zu denken. Schließlich schlugen Shackletons Leute auf einer zunächst sicheren Eisscholle ein Lager auf, um mit dem Eis zu driften. Monatelang trieben sie nun weiter dahin. Doch dann begann das Eis zu schmelzen. Anfang April drohte die Scholle auseinanderzubrechen. So schnell es ging sprangen die Männer in die drei Boote und packten so viele Vorräte ein, wie sie nur greifen konnten. Der einzige Ausweg war, sich zu einer Insel durchzukämpfen, um dort eine Rettung vorzubereiten. Auf Deception Island gab es angeblich eine Holzkirche. Daraus müsste man ein seetüchtiges Boot bauen können.

Die drei Boote, mit denen sie nun durch das Eismeer fuhren, trugen die Namen von Sponsoren der Expedition: *Dudley Docker*, *Stancomb Wills* und *James Caird*. Shackleton hatte das Kommando auf der *James Caird*, der Kapitän der *Endurance*, Frank Worsley, befehligte die *Dudley Docker*. Navigationsoffizier Hubert Hudson war eigentlich der Kommandant der *Stancomb Wills*, doch seine mentale Verfassung war labil, und so übernahm Thomas Crean diese Aufgabe. Shackleton hatte ihn bewusst dort eingeteilt.

Die Fahrt durch das Eis war gefährlich. Die Eisdecke schloss und öffnete sich. Feuchtigkeit, Hunger und Kälte von minus 30 Grad Celsius zermürbten die Abenteurer sowohl körperlich auch als geistig. Ständig drohten die Boote mit ihrer Besatzung im Eismeer für immer verloren zu gehen. Shackleton steuerte nach einigem Hin- und Herkreuzen Elephant Island an und endlich erreichten sie dessen felsige Küste. Der Sturm und der Seegang an den hohen Klippen machten die Landung schwierig, gar lebensgefährlich. Also umrundeten sie die Insel und fanden erst nach mehreren Tagen einen geeigneten Kiesstrand. Die Insel war abgelegen, an eine Rettung ohne eigenes Zutun nicht zu denken.

Die Crew präparierte eines der Boote, die *James Caird*, für eine Fahrt über das offene Meer. Shackleton selbst wollte versuchen, Südgeorgien zu erreichen. Dort, an der Nordküste lagen mehrere Walfangstationen. 22 Gefährten blieben zurück. Mit nur fünf Männern begab er sich auf die gefährliche Reise, darunter Thomas Crean. Ursprünglich war er nicht für die Fahrt vorgesehen, da Shackletons Stellvertreter Frank Wild den zuverlässigen und ausgleichenden Crean unbedingt als Unterstützung auf der Insel halten wollte. Doch dieser bat Shackleton inständig, ihn in der *James Caird* mitzunehmen – und Shackleton gab nach. Die beiden bestiegen am 25. April 1916 mit Kapitän Frank Worsley, Schiffszimmermann Harry McNeish sowie den Matrosen Timothy McCarthy und John Vincent das Boot.

1 300 Meilen raue See lagen vor ihnen. In 17 Tagen durchquerten sie das aufgewühlte Meer in einem Boot, das mit seinen nur knapp sieben Metern Länge zwischen den Wogen einer Nussschale glich. In eisiger Kälte, auf und ab schaukelnd, durchnässt, frierend versuchten sie, immer mit drei Mann zu vierstündigen Schichten, steuernd, navigierend, Wasser schöpfend den Kurs zu halten, während die anderen drei sich im Schlaf zu erholen suchten, oft aber nur in einen erschöpften Dämmerzustand glitten. Crean war auch jetzt ein Vorbild von Standfestigkeit und Zuversicht. Während seines Dienstes an der Pinne sang er fortwährend und Shackleton notierte: »Niemand erriet je, welches Lied es war. Es war frei von jeglicher Melodie und monoton wie der Gesang eines buddhistischen Mönchs.«

Am 8. Mai sichteten sie Südgeorgien. Doch der schwere Seegang an der Küste, die Stürme machten das Anlanden lebensgefährlich. Die *James Caird* drohte, in der Brandung zu kentern. Nach zwei langen Tagen des Kreuzens schafften sie es. Als sie am Strand festen Boden betraten, waren sie am Ende ihrer Kräfte – und das Ziel war nach wie vor nicht erreicht. Wie weiter? Die Walfangstationen lagen im Norden der Insel. Entweder versuchten sie mit der *James Caird* das Eiland zu umrunden oder sie wählten einen Weg zu Fuß durch das Inselinnere. McNeish und Vincent konnten vor Erschöpfung kaum mehr einen Schritt tun.

Die *James Caird* war kaum noch seetüchtig und würde womöglich in den Atlantik hinausgetrieben.

Also beschloss Shackleton, mit zwei Mann die Insel zu durchqueren. Zunächst rasteten alle sechs Männer fünf Tage, um Kraft zu sammeln. Dann fuhren sie mit der *James Caird* an einen anderen Abschnitt der Küste. Dort ließen sie McNeish und Vincent unter der Obhut von McCarthy zurück. In der Nacht brachen Shackleton, Worsley und Crean auf.

Südgeorgien ist gebirgig und von Eis bedeckt. Die vor ihnen liegende Gegend hatte noch nie ein Mensch betreten. Als der Morgen graute, waren sie auf etwa 1 000 Meter hinaufgestiegen. Das Ziel, die Nordküste, lag am Horizont. Doch sie sahen auch, dass sie zu weit im Westen waren, um die vermeintlich nächstgelegene Walfangstation Stromness zu erreichen. Die drei mussten umkehren. Und das nicht nur einmal. Gegen Ende des Tages riskierten sie ihr Leben und rutschten einen Bergrücken hinab, um die Nacht nicht in der Höhe zu verbringen. Eine Rast kam nicht infrage und tatsächlich: Am nächsten Morgen hörten sie die Pfeifen der Schiffe in der Walfangstation Husvik. Noch ein schwieriger Abstieg und eine riskante Kletterpartie durch einen eiskalten Wasserfall – dann stolperten die jämmerlich aussehenden Helden den erstaunt blickenden Walfängern entgegen.

Shackleton, an sich kein religiöser Mann, sprach später davon, dass es ihm »während des langen und aufreibenden Marschs von 36 Stunden über die unbenannten Berge und Gletscher oft so vorkam, als wären wir zu viert und nicht zu dritt«. Sie hatten es geschafft.

Der Rest ist Geschichte. Worsley holte auf einem Walfänger die drei zurückgelassenen Kameraden vom anderen Ende der Insel. Shackleton benötigte mehrere Anläufe, um die 22 Männer auf Elephant Island zu retten. Dreimal mussten seine Schiffe wegen des Packeises umkehren. Dreimal begleitete ihn Crean. Am 30. August 1916 war es so weit. Als Shackleton auf Deck Ausschau haltend die Männer am Strand von Elephant Island stehen und winken sah, zählte er durch und wusste: Alle hatten überlebt.

187

»The South Pole Inn«

Thomas Crean kehrte im November 1916 nach England und in die Navy zurück. Im tobenden Ersten Weltkrieg hatte er das Glück, auf der *HMS Colleen* stationiert zu sein, die an der Küste der Britischen Inseln patrouillierte. So heiratete er 1917 seine Jugendliebe Nell. Sie bekamen drei Töchter, von denen allerdings Katherine bereits mit vier Jahren an Epilepsie starb. Nach Kriegsende verletzte Crean sich schwer bei einem Unfall während des Dienstes. Auch die gesundheitlichen Folgen der Entbehrungen in der Antarktis machten sich zunehmend bemerkbar. 1920 ging er mit erst 42 Jahren in Pension. Zu Hause in Kerry sprach er nie von seinen Erlebnissen. Seine Auszeichnungen sperrte er weg. Nur ein Name erinnerte künftig an den Ruhm, den sich Crean als Gefährte von Shackleton und Scott in den »Heldenjahren« erworben hatte: »The South Pole Inn«.

Den kleinen Pub eröffnete er 1927 mit seiner Frau in seinem Heimatort Anascaul. Elf Jahre danach klagte Crean über Schmerzen im Bauchbereich. Im Krankenhaus war kein Chirurg zur Stelle, um den entzündeten Blinddarm zu entfernen. Diesen letzten Wettlauf verlor Thomas Crean. Man brachte ihn in ein 80 Kilometer entferntes Krankenhaus. Als er dort eintraf, war es zu spät. Crean starb 1938 an einem Blinddarmdurchbruch. Sein Grab liegt in Ballynacourty nahe seinem Geburtsort. Der gläubige Katholik hatte es schon Jahre zuvor selbst gebaut.

16. Witold Pilecki – Der Pole, der Auschwitz befreien wollte

Wer Tomasz Serafiński an diesem 19. September 1940 im Warschauer Stadtteil Żoliborz beobachtet hätte, dem wäre dessen Verhalten merkwürdig vorgekommen.

Die deutschen Besatzer führten in den frühen Morgenstunden eine Razzia durch. Sie suchten nach Juden, Intellektuellen und potenziellen Widerständlern. Hatte der Mann seine Sinne beisammen? Als Soldaten ins Treppenhaus eindrangen, verließ er ruhigen Schrittes die Wohnung, in der er sich aufhielt, und ging einem der Uniformierten entgegen. Auf der Straße reihte er sich bei den Gefangenen ein, die sich in Fünferreihen aufstellen mussten.

Mit etwa 2 000 anderen Männern wurde er abgeführt. Zwei Tage lang stand er mit ihnen, wie er später berichtete, »in einer Manege«. Nachts lagen sie Körper an Körper, ein Scheinwerfer war auf sie gerichtet. Dann brachte man die Gefangenen in Lastwagen zum Bahnhof, wo sie in Güterwaggons gepfercht wurden. Die erste Etappe seines Ziels hatte er erreicht.

Die Waggons waren kaum zum Stehen gekommen, da wurden die Türen aufgeschoben und bedrohliches Gebrüll forderte die Gefangenen auf, auszusteigen. Sie stolperten hinaus und SS-Wachen schlugen mit Stöcken auf sie ein. Einige Menschen zerrte man willkürlich heraus und erschoss sie. Durch das Tor mit der zynischen Inschrift »Arbeit macht frei« betrat Tomasz Serafiński das Konzentrationslager Auschwitz.

189

Häftling Nr. 4859

Erst wenige Monate zuvor hatten die Nationalsozialisten das Lager errichtet und am 1. Mai 1940 Rudolf Höß als Kommandanten eingesetzt. Die ersten Gefangenen kamen am 20. Mai aus dem Deutschen Reich nach Auschwitz. Sie sollten später als sogenannte Kapos die Häftlinge beaufsichtigen. Am 14. Juni trafen die ersten polnischen Gefangenen ein, hauptsächlich junge Menschen, die nach Frankreich hatten flüchten wollen, um sich dort einer sich neu formierenden polnischen Armee anzuschließen.

Trotz aller menschenverachtenden Absichten, die man von Anfang an mit dem Lager verfolgte: Auschwitz war nicht als jener grauenhafte Komplex geplant, zu dem er in den nächsten Jahren nach und nach ausgebaut wurde. Ursprünglich sollte das Lager wegen seiner verkehrsgünstigen Lage an einer Bahnstrecke als Durchgangsstation für polnische Zwangsarbeiter dienen, die von hier aus weiter ins Deutsche Reich gebracht wurden. Sand- und Kiesgruben in der Nähe sowie ein geeignetes Gelände für Industriebetriebe ließen dann aber die Idee reifen, für die IG Farben ein Buna-Werk zu errichten. So entstand das Konzentrations- und Arbeitslager Auschwitz I, das »Stammlager«, in dessen Anfangstagen Tomasz Serafiński dort eintraf.

Sofort sollten die Häftlinge gebrochen werden. Man gab ihnen zu verstehen, dass es für jeden nur Nahrung für sechs Wochen gebe. Wer länger lebe, hieß es, von dem würde man dann wissen, er sei ein Dieb. Wie alle Gefangenen erhielt Serafiński die blauweiß gestreifte Häftlingskluft. Jedem wurde der Schädel geschoren, jedem tätowierte man eine Häftlingsnummer in den Unterarm. Tomasz Serafiński erhielt die Nummer 4859. Aber er war ein ganz besonderer Häftling, denn er war freiwillig nach Auschwitz gegangen – doch das durfte niemand wissen.

Tomasz Serafiński hieß eigentlich Witold Pilecki und gehörte der polnischen Untergrundarmee an, die aktiv war, seitdem die deutsche Wehrmacht auf Befehl Adolf Hitlers im September 1939 das Land überfallen und binnen weniger Wochen die Kapitulation der polnischen Armee erzwungen hatte. Pilecki hatte seinen Vorgesetzten den Vorschlag unterbreitet, sich in das Lager Auschwitz einschleusen zu lassen, um herauszufinden, was vor sich ging. Immerhin brachten die Deutschen zahlreiche Polen dorthin. Konnte er vielleicht, einmal im Lager, einen Aufstand organisieren? Pilecki war entschlossen, dies zu tun, und war es umso mehr, nachdem er in den Tagen der Verhaftung erlebt hatte, wie passiv und widerstandslos die Masse der Gefangenen auf die Repressalien der SS reagierte: »Mich beherrschte eine simple Idee: Ich wollte ihre Gehirne durchrühren und sie zu einer Massenaktion bewegen.«

Der Kampf für die Freiheit war in Pileckis Familie über Generationen verwurzelt. Witolds Großvater musste bereits im 19. Jahrhundert mehrere Jahre in Sibirien verbringen, weil er sich 1863 am Januaraufstand gegen die damalige russische Besatzungsmacht beteiligte. Der Enkel wurde am 13. Mai 1901 in Karelien geboren, wohin die Familie zwangsumgesiedelt worden war. Im Ersten Weltkrieg diente Witold Pilecki bei den polnischen Selbstverteidigungskräften und half vor allem bei der Waffenbeschaffung. Auch im Polnisch-Sowjetischen Krieg von 1920 kämpfte er für die Freiheit seines Vaterlandes, schließlich sogar als Partisan. Pilecki nahm an mehreren wichtigen Schlachten des Krieges teil, so 1920 auch an der Schlacht bei Warschau, die als »Wunder an der Weichsel« in die Geschichte einging, weil die polnischen Truppen unter Józef Piłsudski überraschend gegen die sowjetischen siegten. Nach dem anschließenden Frieden von Wilna, der dem jungen Staat Polen erhebliche Gebietsgewinne brachte, verließ Pilecki die Armee im Rang eines Kavalleriefähnrichs. Seine akademischen Ziele musste er wegen der wirtschaftlichen Bedürfnisse seiner Familie aufgeben. Er arbeitete auf deren Bauernhof in Sukurcze, baute diesen aus und modernisierte ihn. Pilecki heiratete und bekam zwei Kinder. In seinem Dorf setzte er sich auf vielfältige Weise für die Gemeinschaft ein und ging in der Freizeit seinen dichterischen und malerischen Neigungen nach. Bis heute hängen zwei von ihm gemalte Bilder in einer kleinen Kirche in Krupie.

In all den Jahren nahm Pilecki immer wieder an Manövern

und Trainingseinheiten der Armee teil. Nach der Niederlage gegen Hitlers Wehrmacht gründete er in Warschau mit Major Jan Włodarkiewicz eine der ersten Untergrundorganisationen in Polen.

Pilecki war in Auschwitz zu seinem Glück zunächst als Aufseher des Stubendienstes eingeteilt. Er half beim Bau eines Krematoriums, überlebte eine Lungenentzündung – und begann im Lager aktiv zu werden. Bald gründete er die militärische Untergrundorganisation *Związek Organizacji Wojskowych* (ZOW). Ziel war es, die Kommunikation mit der Außenwelt aufrechtzuerhalten, die Moral der Gefangenen zu stärken, sie mit zusätzlicher Nahrung und Kleidung zu versorgen und so zu organisieren, dass sie im Falle einer etwaigen Landung der Ersten Polnischen Unabhängigen Fallschirmbrigade, die in Großbritannien stationiert war, selbst in die Befreiung von Auschwitz eingreifen konnten.

Die ZOW wuchs. 1941 traten ihr unter anderem der Bildhauer Xawery Dunikowski und der bekannte Skisportler Bronisław Czech bei. Mitglieder arbeiteten in der Lagerverwaltung, in den Lagerhallen und in den Sonderkommandos, die die Leichen verbrannten. Bis zum Frühjahr 1942 gehörten 1000 Insassen des stetig wachsenden Komplexes Auschwitz der Organisation an.

Sie richteten eine eigene geheime Gerichtsbarkeit ein und verständigten sich mit anderen polnischen Widerstandskämpfern sowie mit Gruppen der Russen und Tschechen im Lager. Pilecki versuchte, sie alle in ihrem Widerstand zu einen. Dank der Hilfe der Bevölkerung im Umkreis von Auschwitz gelang es seinen Leuten, Nahrung und Medizin ins Lager zu schmuggeln. Sie bauten sogar einen Radiosender, der im Krankenhaus versteckt wurde. Pilecki fasste die Männer der ZOW immer zu Gruppen von fünf zusammen. Keine Gruppe wusste von der anderen. Sollte die eine auffliegen, konnte sie die anderen nicht verraten. So wusste niemand wirklich, dass und wie die Häftlinge organisiert waren.

Das Wort »Organisation« kursierte dennoch bald unter den Häftlingen wie ein Hoffnungsschimmer. Ganz im Sinne Pileckis blieb die Bedeutung des Wortes jedoch in der Schwebe, war nicht zu greifen, konnte für die SS nicht zum Verdacht werden, blieb aber in den Köpfen und Herzen der Gefangenen wie ein Windhauch der Zuversicht. Gab es da eine Gruppe, die Widerstand leistete, eine Gruppe, die half? Oder war das »Organisieren« letztlich doch nur das fast zufällig geschehende Abzweigen von Brot und Medikamenten, um andere Häftlinge zu unterstützen?

Seit März 1941 leitete der polnische Widerstand die Berichte von Pilecki und seinen Mitstreitern weiter. So gelangten äußerst wichtige Informationen darüber nach draußen, welche Verbrechen die Deutschen in Auschwitz und den nach und nach entstehenden Neben- und Außenlagern begingen. Vor allem Pileckis Schilderungen über die willkürliche Brutalität des Wachpersonals waren erschütternd. »Das Lager war wie eine große Mühle, die lebende Menschen zu Asche zermahlte«, schrieb er. Und immer wieder schimmerte die Absurdität des Grauens auf. Als Pilecki eines Tages den »Blutigen Alois«, einen besonders brutalen Kapo, wiedertraf, schüttelte der ihm ergriffen die Hand: »Was, du lebst noch?« Viele der anderen Kapos waren, trotz der etwas weniger schlechten Behandlung, die ihnen zuteilwurde, längst tot.

Im Untergrund

Bereits 1942 wussten Pilecki und seine Gefährten von den Gaskammern. Sie sahen, wie fensterlose Gebäude errichtet wurden, und später hörte Pilecki, dass man Menschen in Massen dort hineintrieb und tötete. Seine Nachrichten über den organisierten Massenmord drangen bis zu den Alliierten vor, doch wurden sie meist nicht geglaubt oder für stark übertrieben gehalten. Man vermutete, Pilecki habe die Meldungen frisiert, um das Engagement der Alliierten noch weiter zu verstärken, sie womöglich zur Landung in Polen zu zwingen.

So zerschlugen sich die Hoffnungen von Häftling Nr. 4859 auf eine Befreiung des Lagers. Er musste erkennen, dass es keinerlei Pläne gab, Waffen über dem Lager abzuwerfen oder hineinzuschmuggeln. Auch war kein Angriff der polnischen Heimatarmee vorgesehen. Gleichzeitig verstärkten die deutschen Bewacher, insbesondere die Geheime Staatspolizei (Gestapo), ihre Bemühungen, die Mitglieder der ZOW aufzuspüren. Pilecki entschloss sich zu fliehen. Wieder in Freiheit, wollte er sich für eine gewaltsame Befreiung des Lagers von außen einsetzen.

In der Nacht vom 26. auf den 27. April 1943 war er für eine Nachtschicht in der Lagerbäckerei eingeteilt, die außerhalb des Lagerzauns lag. Mit zwei Mithäftlingen wagte Pilecki den Ausbruch. Für den Fall ihrer erneuten Gefangennahme trugen sie Zyanidkapseln bei sich, denn keinesfalls durften die Deutschen ihr Wissen über die Widerstandsbewegung erfahren. Sie überwältigten einen Wachsoldaten, schnitten die Telefonleitung durch und rannten in die Nacht.

Nach mehreren Tagen gelang es ihnen, Kontakt zum polnischen Widerstand aufzunehmen und sich bis nach Warschau durchzuschlagen. Dort trat Pilecki als Mitglied der Nachrichtenabteilung in die polnische Heimatarmee ein, die nach wie vor im Untergrund arbeitete. Die Widerstandskämpfer kamen zu der Überzeugung, dass jede Befreiungsaktion von Auschwitz ohne Hilfe der Alliierten aussichtslos sei. Der von Pilecki verfasste detaillierte Bericht über die Zustände dort, der *Raport Witolda*, wurde nach London geschickt. Die Briten aber lehnten die Unterstützung einer Befreiungsaktion ab. Diese müsse aus der Luft erfolgen und sei zu riskant. Darüber hinaus hielt man die Schilderungen immer noch für übertrieben. Pilecki hatte berichtet, wie in den letzten Jahren Hunderttausende von Menschen in Auschwitz verschwanden. Er zog nun die Konsequenzen, schloss sich der geheimen antikommunistischen Untergrundorganisation NIE an und bereitete den Widerstand gegen die sich abzeichnende sowjetische Besatzung vor.

Beim Ausbruch des Warschauer Aufstands am 1. August 1944 kämpfte Pilecki, mittlerweile zum Hauptmann der Heimatarmee aufgestiegen, gegen die deutschen Besatzer. Der Warschauer Aufstand der Heimatarmee war die größte Erhebung in allen von den Deutschen besetzten Gebieten während des Zweiten Weltkriegs. Zunächst agierte Pilecki als einfacher Soldat. Dann enthüllte er seine wahre Identität. Er übernahm das Kommando der 2. Kompanie, die in der Towarowa- und Pańska-Straße erbitterten Widerstand leistete. Ihm und seinen Leuten gelang es, die »Große Bastion von Warschau« zwei Wochen lang gegen die Geschütze und Panzer zu halten, was zu großen Problemen beim deutschen Nachschub führte.

Nach 63 Tagen mussten sich die Aufständischen, die immerhin 45 000 Kämpfer in die Gefechte geführt hatten, Anfang Oktober 1944 der deutschen Übermacht beugen. Die Polen hatten 15 000 tote Kämpfer zu beklagen, auf deutscher Seite waren es vermutlich 10 000 Soldaten. Während der Kämpfe verübten die Deutschen unter der Zivilbevölkerung schreckliche Massaker. Manche Einheiten mieden sogar den Kampf mit den polnischen Aufständischen und konzentrierten sich ausschließlich darauf, Zivilisten zu ermorden. Schätzungsweise 20 000 bis 50 000 Männer, Frauen und Kinder starben.

In den Kapitulationsverhandlungen erreichten die Polen, ihre Kämpfer als Soldaten nach der Haager Landkriegsordnung anerkennen zu lassen. So kam Witold Pilecki erneut in ein Lager, dieses Mal als Kriegsgefangener. Für den Rest des Krieges war er in Łambinowice und Murnau am Staffelsee inhaftiert.

Verscharrt

Die polnische Heimatarmee war nach dem erfolglosen Aufstand geschwächt, besonders ihre Position gegenüber den von Osten heranrückenden sowjetischen Truppen. Als die Rote Armee am 17. Januar 1945 Warschau eroberte, hatte die sowjetische Geheimpolizei den Auftrag, verbliebene Kämpfer der Heimatarmee zu ergreifen. Viele wurden erschossen oder nach Sibirien in die Lager des Gulag geschickt. Die »Säuberungen«, die im Osten Polens längst begonnen hatten, wurden somit fortgesetzt.

Nach der endgültigen Vertreibung der deutschen Besatzung aus Polen durch die Rote Armee schloss sich Pilecki – aus der Kriegsgefangenschaft von alliierten Truppen im April 1945 befreit – den Streitkräften in Polen an, die noch der polnischen Exilregierung unterstanden. Es war Juli und noch immer kämpften viele von ihnen in den Wäldern. Nun gegen die Sowjetunion, die versuchte, Polen zu einem Satellitenstaat zu machen. Pilecki erhielt von der Exilregierung den Auftrag, in Polen ein geheimes Nachrichtennetzwerk aufzubauen. Und so kehrte er im Oktober 1945 unter falschem Namen in sein Heimatland zurück. Doch im Frühjahr 1946 gab die polnische Exilregierung aufgrund der politischen Situation die Hoffnung auf, in absehbarer Zeit ein freies Polen errichten zu können. Die Sowjetunion hielt das Land als neue Besatzungsmacht im Griff. Die Exilregierung wies alle Partisanen und Kämpfer an, aus den Wäldern zu kommen und entweder Polen zu verlassen oder in das bürgerliche Leben zurückzukehren.

Pilecki blieb in Polen, obwohl seine Vorgesetzten ihn zwischenzeitlich drängten, zu seiner eigenen Sicherheit das Land zu verlassen. Er wollte der Familie nahe sein. Seine Frau traf er zweimal im Monat in einem Apartment, das er angemietet hatte. Im Osten des Landes kümmerte sich Pilecki um die Auflösung von Partisaneneinheiten, und im April 1947 begann er, mittlerweile an einer Monografie über Auschwitz arbeitend, auch Material über Gräueltaten der sowjetischen Besatzer zu sammeln. Kaum einen Monat später verhaftete ihn die Geheimpolizei des kommunistischen Polen. Sechs Jahre nach seiner Einlieferung in Auschwitz wurden erneut Erkennungsfotos von dem Häftling Witold Pilecki angefertigt. Mehrfach folterte man ihn schwer. Pilecki aber verriet nichts, sondern versuchte seine Mitgefangenen zu schützen.

Der Schauprozess begann am 3. März 1948. Die Anklage lautete auf Spionage für die westlichen Alliierten und für General Władysław Anders, der zu einem der wichtigsten Politiker des nichtkommunistischen Exils geworden war. Józef Cyrankiewicz, selbst Auschwitz-Überlebender und später polnischer Premierminister, präsentierte belastendes Material gegen den ehemaligen Mithäftling. Am 15. Mai verurteilte man Pilecki mit drei weiteren Angeklagten zum Tode. Zehn Tage später wurde er im Mokotów-Gefängnis von Warschau erschossen.

Pileckis Verurteilung gehörte nach allgemeiner Ansicht von Historikern zur Verfolgung von Mitgliedern der Heimatarmee und anderen Verbündeten der von London aus agierenden polnischen Exilregierung. Die »Beweise« waren zu einem großen Teil gefälscht. Im Jahr 2003 wurden der Ankläger und einige andere Beteiligte des Prozesses wegen Mittäterschaft an Pileckis Ermordung verurteilt. Cyrankiewicz entging der späteren Strafverfolgung durch seinen Tod.

Bis 1989 wurden Witold Pileckis Taten und sein Schicksal vom kommunistischen Regime Polens verschwiegen, erst am 1. Oktober 1990 erfolgte die Rehabilitierung.

Seine Grabstätte hat man nie gefunden. Vermutlich wurde er auf einer Müllkippe in der Nähe des Warschauer Powazki-Friedhofs verscharrt.

17. Als Friedrich Lengfeld seinen Feind retten wollte

Vom Gedenkstein im Wald blickt man auf eine kleine, lang gebogene Landstraße, die im Wechsel von dichtem Baumbestand und grünen Wiesen in einem weiten Bogen vom Betrachter hinaus in die Ferne führt. An der anderen Straßenseite entlang verläuft ein Holzzaun, der eine Wiese begrenzt.

Damals lauerte in dieser Wiese der Tod. Ihr Erdboden war gespickt mit Minen und trug den Namen »Wilde Sau« – was dem Galgenhumor der Soldaten entsprach. Dort kämpfte Friedrich Lengfeld mit seinen Männern.

Der Albtraum im Hürtgenwald

Die Ereignisse fallen in die letzten Monate des Zweiten Weltkriegs. Nur wenige Hundert Meter von Gedenkstein und Wiese entfernt liegt ein Dorf. In dem nach ihm benannten Wald fand eine der blutigsten Schlachten statt, die je auf deutschem Boden geschlagen wurde: die berühmt-berüchtigte Schlacht im Hürtgenwald.

Gestern wie heute erlebt der Wanderer den Staatsforst in der Eifel im Dreieck von Aachen, Düren und Monschau als eine Landschaft aus tiefen Tälern, verschlungenen Bachläufen und dichtem Wald, mit teils hoch aufragenden Bäumen und oft undurchdringlichem Unterholz. In diesem Gelände begannen im nasskalten Oktober 1944 die Kämpfe. Sie endeten erst im Februar 1945.

Im kollektiven Gedächtnis der Amerikaner nimmt die Schlacht im Hürtgenwald einen sehr hohen Stellenwert ein. Es war die erste Schlacht auf deutschem Boden und zugleich eine der längsten, die die Amerikaner in diesem Krieg zu schlagen hatten. Schon bei der Landung an den Stränden der Normandie am 6. Juni 1944 erlitten sie durch deutsches Abwehrfeuer schwere Verluste. Doch Hitlers Atlantikwall fiel und den Alliierten gelang es in den nächsten Monaten, bis zur deutschen Reichsgrenze vorzustoßen. Nun standen sie an den Verteidigungsstellungen des Westwalls, jenem Sperriegel aus Tausenden Bunkern, Gräben und Panzersperren entlang der deutschen Grenze, dem ein furchterregender Ruf vorauseilte. War jenes Befestigungswerk unüberwindlich, wie die deutsche Propaganda sagte? Als eine geeignete Stelle für den entscheidenden Angriff sahen die Amerikaner den Hürtgenwald. Sollte es gelingen, die Deutschen dort zu überwinden, konnte man ihnen womöglich in die Flanke fallen und rasch ins Landesinnere vordringen.

Aber die Wehrmacht kämpfte noch immer zäh. Verblendet durch die nationalsozialistische Propaganda waren die deutschen Soldaten nach wie vor entschlossen, den fanatischen und rücksichtslosen »Endkampf« um jeden Quadratmeter Boden zu führen, zu dem Adolf Hitler und Joseph Goebbels in ihren Reden unablässig aufriefen. Und der Hürtgenwald erwies sich als ein ausgezeichnetes Gelände für eine Abwehrschlacht um jeden Preis. Etwa 120 000 amerikanische GIs, viele noch in ihren Sommeruniformen und die meisten bislang ohne jegliche Feindberührung, kämpften gegen rund 80 000 deutsche, meist kampferprobte Soldaten. Durch das dichte Unterholz konnten Mensch und Material kaum vordringen. Zudem war es feucht und kalt. Frost und Schnee wechselten mit Regen und Schlamm und setzten den Körpern und Seelen der Kämpfenden zu.

Hemingway und Salinger

Als die Konfrontation Anfang Oktober begann, nutzten sich die Kräfte beider Seiten in den nächsten Wochen in harten Gefechten ab. Ernest Hemingway war als Berichterstatter vor Ort. Er hatte am Ersten Weltkrieg teilgenommen, dann von der Front des Spanischen Bürgerkriegs berichtet und war noch immer vom Krieg begeistert. Doch nun erlebte der Amerikaner, wie ein Freund binnen drei Tagen 800 seiner Männer verlor und darüber wahnsinnig wurde. »Passchendaele mit geborstenen Bäumen«, nannte der spätere Literaturnobelpreisträger die Schlacht, und in einem Beitrag für *Collier's Weekly* urteilte er: »Wer Hürtgenwald überlebt hat, muss auf jeder seiner Schultern einen Schutzengel gehabt haben.«

Mehr und mehr verwandelte sich der dichte Wald zu einer dunklen kalt-feuchten Hölle, die Luft voll Dampf und Rauch, mit dem Geruch von verbrennendem Gummi und versengtem Holz. Über Baumstümpfe und kahl gebrannte Stämme hallten die Schreie der Sterbenden, knatterten die Gewehrsalven, barst das Krachen einschlagender Granaten. Der Wald umschloss die Kämpfenden wie ein jahrhundertealtes Ungeheuer, das an die Berichte Julius Caesars erinnerte, dem die baumreichen Regionen Germaniens dunkel und unheimlich erschienen waren. Hemingway dachte an »Wälder, in denen die Drachen hausen«. Ein amerikanischer Veteran erzählte später, die majestätischen Bäume hätten womöglich auf sie herabgesehen und gewusst, wie dumm sie sich verhielten. Würde das düstere Dickicht die amerikanischen Truppen ebenso verschlucken wie einst die römischen Legionäre in der Varusschlacht?

Hemingway schrieb seine Eindrücke in dem Roman *Über den Fluss und in die Wälder* nieder. Ein anderer, damals noch junger amerikanischer Schriftsteller war in jenen Tagen ebenfalls im Hürtgenwald. Der über zwei Meter große Jerome D. Salinger hatte an der Landung in der Normandie teilgenommen und gehörte zu den ersten Einheiten, die im befreiten Paris einmarschierten. Dort lernte er Hemingway kennen und die beiden freundeten sich an. Während Hemingway lediglich als Berichterstatter im Hürtgenwald war, kämpfte Salinger dort als Soldat. In den Gefechtspausen verfasste er die ersten Kapitel seines berühmten Buches *Der Fänger im Roggen*.

Ende Oktober wechselten die Amerikaner ihre Kampftruppen aus. Der jämmerliche Anblick der von der Front zurückkehrenden Soldaten war ein Schock für die unerfahrenen Kameraden, die ihnen auf dem Weg in den Hürtgenwald entgegenkamen. Was sie erwartete, war nicht weniger schlimm. Sie gerieten in ein Blutbad, das als Allerseelenschlacht in die Geschichtsbücher einging.

Mit aller Macht versuchten die Amerikaner, drei Dörfer südlich von Hürtgen einzunehmen. Die Kämpfe um Vossenack, Schmidt und Kommerscheidt – diese Namen sind in den USA bekannter als in Deutschland – brachten neues Grauen und hohe Verluste. Die Deutschen hatten sich in die Wälder hineingegraben, unzählige Minenfelder angelegt und schossen mit Granaten und Geschützen in die Baumkronen, um die vorrückenden Amerikaner durch das herabstürzende Holz zu erschlagen. Teilweise machten die Kämpfenden beider Seiten keine Gefangenen. Soldaten, die sich ergaben, wurden erschossen. Zuweilen verschoben sich stündlich die Fronten. Wo Freund und Feind verschanzt waren, war oft kaum noch zu erahnen.

Help me!

Doch in diesen Tagen, in denen alle Beteiligten ständig zwischen Leben und Tod kämpften, geschahen auch außergewöhnliche Dinge, weil Menschen sich plötzlich anders verhielten, als es die Situation zu gebieten schien. Im Kalltal, einer tiefen, dicht bewaldeten Senke, durch die sich das Flüsschen Kall wand, tobten besonders schwere Kämpfe. Dort handelte an der Kallbrücke der deutsche Stabsarzt Dr. Günter Stüttgen vom 7. bis 12. November mit den Amerikanern mehrstündige Waffenstillstände aus, um Verwundete beider Seiten zu versorgen. Einige Tage lang arbeitete Stüttgen in seinem Sanitätsbunker mit mehreren amerikanischen Sanitätern zusammen. Sie retteten sowohl deutschen als auch amerikanischen Soldaten das Leben. Für seinen Akt der Humanität wurde der Arzt nach dem Krieg vom Gouverneur des Staates Pennsylvania geehrt. Stüttgen starb 2003.

Unweit dieser Ereignisse nahmen am 12. November die Soldaten eines US-Infanterie-Regiments oben an der Straße, wo heute der Gedenkstein steht, nachts das Forsthaus Hürtgen ein und verloren es am Vormittag wieder. Von der Seite des heutigen Gedenksteins über die Straße blickend, lagen die Soldaten einer Wehrmachtskompanie unter dem Befehl des 23-jährigen Leutnants Friedrich Lengfeld. Er war an der Ostfront mehrfach verwundet worden.

Hubert Gees stand in jenen Tagen als Meldeläufer unter Lengfelds Kommando. Als Vorgesetzter, so berichtete er Jahre später, habe Lengfeld nie etwas von seinen Männern verlangt, das er nicht auch selbst getan hätte. In heiklen Situationen habe er nicht »Gehen Sie mal!« befohlen, sondern »Kommen Sie mal mit« gesagt.

Ein Fotoporträt von Lengfeld zeigt einen jungen Mann mit wachem, entschlossenem Blick und einem schmalen Gesicht, das ein ausgeprägtes Gefühl für Verantwortung vermuten lässt.

Am Vormittag dieses 12. November 1944 hörten die Soldaten von Lengfelds Kompanie plötzlich herzzerreißende Schreie. Sie kamen aus dem Minenfeld »Wilde Sau«, das zu diesem Zeitpunkt im Niemandsland zwischen den deutschen und den amerikanischen Linien lag. Nach schwerem Gefecht hatten sich die amerikanischen Soldaten so weit zurückgezogen, dass sie die verzweifelten Hilferufe ihres Kameraden nicht hören konnten, wohl aber Lengfelds Leute, die auf das Minenfeld blickten.

Der verletzte amerikanische Soldat lag an der Kante einer Böschung und hörte nicht auf zu rufen und zu schreien. Sein verzweifeltes »*Help me!*« schallte unablässig hinüber. Rasch gab Lengfeld den Befehl, auf keinen Fall zu schießen, sollte sich ein Trupp amerikanischer Sanitäter nähern, um den Mann zu retten. Doch niemand kam. Stunden vergingen und die Schreie des Verwundeten drangen noch immer zu den deutschen Soldaten hinüber.

Schließlich konnte Lengfeld die Hilferufe nicht mehr ertragen. Er befahl seinen Sanitätern, einen Bergungstrupp zusammenzustellen. Die Soldaten zogen sich Rote-Kreuz-Westen an, griffen eine Rote-Kreuz-Fahne und machten sich auf den Weg. Lengfeld, der wusste, wie gefährlich ihr Vorhaben war, setzte sich an die Spitze des Trupps. Zuerst führte er seine Männer an den eigenen Panzerminen vorbei, die noch relativ gut zu erkennen waren. Fast hatten sie den verwundeten Amerikaner erreicht, da passierte es. Lengfeld trat auf eine Personenmine und brach zusammen. Mit zwei Löchern im Rücken trugen seine Männer ihn eilig zum Verbandsplatz in der ehemaligen Lukasmühle. Doch die Verletzungen waren zu stark. Am Abend des Tages war Lengfeld verblutet.

In der »Death-Factory«, wie amerikanische Soldaten den Hürtgenwald tauften, verloren vermutlich 30 000 amerikanische und etwa 12 000 deutsche Soldaten ihr Leben oder wurden in den Kämpfen verletzt. Es gibt Schätzungen, die vor allem bei den amerikanischen Gefallenen weit höher liegen. Die tatsächliche Zahl der Toten wird wohl niemals auch nur annähernd ermittelt werden können, da der Wald nach Kriegsende wegen der zahlreichen Minenfelder schwer zugänglich war und die Toten kaum geborgen werden konnten. Noch immer – knapp 65 Jahre nach Ende der Schlacht – werden pro Jahr die Überreste von ungefähr sechs Gefallenen gefunden.

Die Schlacht im Hürtgenwald endete um den 8. Februar 1945. Kurz zuvor war mit der Ardennenoffensive der letzte Versuch der deutschen Armee gescheitert, den Vorstoß der Alliierten doch noch zurückzuschlagen. Im Februar überquerten die Alliierten endlich den Rhein und errichteten im März dann mit der berühmten Brücke von Remagen den ersten Übergang über den Fluss. Zwei Monate später kapitulierte das Deutsche Reich.

Auf jenem Gedenkstein im Wald mit Blick auf die Landstraße, hinüber zu der Wiese, die einst ein Minenfeld war, ist ein abgewandeltes Zitat aus dem Johannes-Evangelium zu lesen:

No man hath greater love than he who layeth down his life for his enemy.

»Niemand hat größere Liebe, als wer sein Leben hingibt für seinen Feind.«

Das Denkmal stiftete die Vereinigung der Veteranen der 22. US-Infanteriedivision zu Ehren von Friedrich Lengfeld. Sein ehemaliger Soldat Hubert Gees war dabei, als es am 7. Oktober 1994 enthüllt wurde. Dieser Gedenkstein ist vermutlich der einzige, den Alliierte für einen deutschen Soldaten des Zweiten Weltkriegs errichtet haben. Begraben wurde Friedrich Lengfeld in Rölsdorf auf einem Soldatenfriedhof.

Was aus dem verletzten Amerikaner wurde, den er hatte retten wollen, bleibt ungeklärt. Sein Schicksal steht beispielhaft für die Zehntausenden von Toten, Verletzten und Vermissten der Schlacht im Hürtgenwald.

18. Subhash Chandra Bose und der Pakt mit dem Teufel

Lieber wolle er wieder ins Gefängnis, sagte er später, als solch eine Tortur noch einmal zu erleben!

Seekrank war er schon seit Tagen. Nun musste er bei schwerem Seegang mit meterhohen Wellen in ein beängstigend kleines Schlauchboot steigen. Das Boot lief sofort voll Wasser. Würde er je wohlbehalten zu dem anderen Schiff hinüberkommen oder in der nächsten Sekunde an dessen Rumpf schlagen und in den Wellen ertrinken?

Subhash Chandra Bose hatte als Kämpfer für die Befreiung Indiens von der britischen Herrschaft schon vieles erleiden müssen. Zwischenzeitlich stand sogar zu befürchten, er würde an den Folgen seiner Kerkerhaft sterben. Doch jetzt? Die gesamte bisherige Fahrt war eine einzige unablässige Marter gewesen! Bose reiste als geheimer Passagier eines U-Bootes des Deutschen Reiches. Sein Gesicht, so ein Besatzungsmitglied, wechselte beständig die Farbe. Die Luft an Bord war entsetzlich, und die ganze afrikanische Westküste entlang litt der seekranke Inder, während sich das U-Boot permanent in Kampfhandlungen verwickelte. Und dann musste Bose vor Madagaskar auch noch zu einem U-Boot der Japaner überwechseln.

Ein indischer Freiheitskämpfer, der mitten im Zweiten Weltkrieg auf hoher See von einem deutschen U-Boot auf ein japanisches umsteigt? Wen das verblüfft, der steht erst am Anfang der abenteuerlichen, widersprüchlichen und tragischen Geschichte des Subhash Chandra Bose, der einen Pakt mit dem Teufel schloss.

Ein Mann des Wortes – und der Tat

Auf den ersten Blick sah Bose gar nicht aus wie ein Freiheits-kämpfer. Er trug vorzugsweise Anzüge, und seine Hornbrille mit den dicken runden Gläsern verlieh ihm die Anmutung eines Intellektuellen, der lieber der Macht der Worte vertraute. Fotos von ihm vermitteln ein widersprüchliches Bild. Bose hatte schon in jungen Jahren eine Glatze, war untersetzt und strahlte eine gewisse Besonnenheit und Gemütlichkeit aus. Andererseits lässt der Ausdruck in seinem Gesicht keinen Zweifel über die konzentrierte Entschlossenheit, die ihm nicht zufällig in seiner Heimat den Beinamen *Netaji* (»Führer«) eintrug. Tatsächlich war Subhash Chandra Bose ein Mann des Wortes, aber wohl noch mehr ein Mann der Tat.

Im Jahr 1897 als eines von 14 Kindern in Cuttack geboren, besuchte der Sohn eines Anwalts die britisch geprägten Schulen und Hochschulen seiner Heimatstadt. Die Familie zählte zur Kaste der Krieger und Fürsten und gehörte damit in der streng hierarchischen Ordnung der indischen Gesellschaft der Oberschicht an. Schon der Jugendliche war trotz des Einflusses der englischen Kultur tief verwurzelt im Denken seiner Heimat. Ihn beeindruckten die Weisheiten des hinduistischen Gurus Swami Vivekananda, der die Lehren des Mystikers Ramakrishna fortführte. Sowohl Vivekananda als auch Ramakrishna traten für ein gegenseitiges Durchdringen der Religionen ein. Für sie war jeglicher Glaube letztlich das Streben zu Gott, nur auf verschiedenen Wegen. Rabindranath Tagore soll zu dem französischen Schriftsteller Romain Rolland gesagt haben: »Wenn Sie Indien verstehen wollen, müssen Sie Vivekananda studieren.«

Während seiner Studienzeit reiste Bose durch Indien, wo ihn die Unterdrückung durch die Briten und das Elend der Menschen tief erschütterten. Die Briten nutzten die indische Landwirtschaft für Exporte von Tee, Getreide und Baumwolle – auf Kosten der Nahrungsmittelproduktion für die Menschen im Land. Viele starben an Hunger.

Auf Wunsch seines Vaters ging der junge Mann nach seinem

Abschluss in Philosophie an der Universität von Kalkutta nach Großbritannien, wo er in Cambridge als Viertbester seines Jahrgangs abschloss. Nach dieser Leistung war es selbstverständlich, dass man ihm sofort einen attraktiven Posten als Beamter des Britischen Königreiches anbot. Doch zum Entsetzen des Vaters lehnte Subhash Chandra Bose ab. Er hatte die Not seiner Landsleute nicht vergessen, verweigerte den Dienst für die Kolonialmacht und wählte den Freiheitskampf.

Mit Gandhi und Nehru

Zurück in Indien arbeitete er zunächst als Journalist. Dann begegnete er 1921 Mahatma Gandhi. Der hatte im Jahr zuvor den Vorsitz der Kongresspartei (INC) übernommen und die Kampagne des zivilen Ungehorsams – der Nichtkooperation mit den britischen Behörden – ausgerufen. Gandhi sollte die Kongresspartei in den nächsten Jahren zu einer Massenbewegung und zum Zentrum des indischen Unabhängigkeitskampfes entwickeln. Begeistert schloss sich Bose der Organisation an.

Gandhi vermittelte dem aufstrebenden jungen Mann eine Stelle als Mitarbeiter von Chittaranjan Das, dem Bürgermeister von Kalkutta und bedeutenden Verfechter der indischen Unabhängigkeit.

Subhash Chandra Boses außerordentliches organisatorisches Talent sprach sich schnell herum. Er stieg in der Stadtverwaltung Kalkuttas auf und wurde schließlich 1930 nach dem Tod von Das dessen Nachfolger als Bürgermeister. Immer wieder zeigte er offen seine antibritische Haltung, was ihm zwischen 1920 und 1941 elf Gefängnisaufenthalte einbrachte. Bei einem davon erkrankte er 1925 an Tuberkulose. Doch obwohl gesundheitlich schwer angeschlagen, arbeitete Bose unermüdlich an seinem Traum von einem freien Indien weiter und so wählte ihn 1927 die Kongresspartei gemeinsam mit Jawaharlal Nehru zum Generalsekretär.

Aber wie war die Freiheit für alle Inder zu erreichen? Gandhis

Politik der Gewaltlosigkeit sah Bose zunehmend skeptisch und bald lehnte er sie gänzlich ab. Gandhi, der die Strategie der Kongresspartei bestimmte, konnte es akzeptieren, wenn die Unabhängigkeit Indiens nach und nach in mehreren Phasen über den Dominionstatus erreicht wurde. Demnach würde das Land die Selbstverwaltung erhalten – mit dem britischen Monarchen als Staatsoberhaupt.

Für Bose eine unhaltbare Situation. Er forderte die sofortige Emanzipation vom Britischen Königreich, notfalls durch die Anwendung von Gewalt. Doch obwohl sich zwischenzeitlich Nehru hinter ihn stellte, konnte er seine Position nicht durchsetzen. Den Anfang März 1931 ausgehandelten Gandhi-Irwin-Pakt, bei dem Gandhi und der Indische Nationalkongress sich verpflichteten, die Kampagne des zivilen Ungehorsams zu beenden und Verhandlungen am runden Tisch aufzunehmen, lehnte er kategorisch ab.

Um die Mitte der Dreißigerjahre ging Bose auf eine Europareise. Die Briten gaben ihm wegen seiner angegriffenen Gesundheit die Gelegenheit zu einem Kuraufenthalt. Er besuchte mehrere Kurbäder, versuchte aber auch, Kontakte zu knüpfen, unter anderem zu dem italienischen Diktator Benito Mussolini, dem britischen Politiker Clement Attlee und Romain Rolland. Der Inder war überzeugt, dass die Unabhängigkeit seiner Heimat nur durch umfassende außenpolitische Unterstützung zu erreichen sei. Besonders eifrig studierte er die europäischen Nationalbewegungen. Der irische Freiheitskämpfer Eamon de Valera wurde zu einem Vertrauten.

In Wien fragte Bose einen indischen Freund, der dort studierte, ob er ihm jemanden vermitteln könne, der Englisch spreche. Er plane, ein Buch zu schreiben, und brauche dabei Unterstützung. Der Freund leitete eine englische Diskussionsrunde, an der die junge Österreicherin Emilie Schenkl, die Tochter eines Tierarztes, teilnahm. So lernten sich 1934 der indische Freiheitskämpfer und die junge Österreicherin kennen. Sie heirateten 1937 in Bad Gastein.

In Indien wählte der Indische Nationalkongress Bose im gleichen Jahr zu seinem Vorsitzenden. Am 7. März 1938 erschien er auf der Titelseite des *Time Magazine*. Subhash Chandra Bose war auch im Westen kein Unbekannter mehr.

Doch nun, spätestens ab 1939, begann er konsequent den bewaffneten Kampf zur Befreiung Indiens zu propagieren und entfernte sich damit immer weiter von Nehru und Gandhi. Als die Wahl zum Vorsitzenden der Kongresspartei anstand, stellte Gandhi sogar einen Gegenkandidaten auf. Bose gewann dennoch und versuchte nun eine Resolution einzubringen, die die Briten aufforderte, binnen sechs Monaten Indien an die Inder zu übergeben. Andernfalls würde man zur Gewalt greifen. Der nun immer stärker werdende Widerstand in der Kongresspartei, geführt von Gandhi, zwang ihn schließlich im April 1939 zum Rücktritt. Mit seinen Anhängern verließ Bose die Kongresspartei und gründete eine eigene Organisation: den Forward Bloc. Seine Verehrung für Gandhi nahm jedoch trotz der Ereignisse keinen Schaden.

Der Pakt

Beim Ausbruch des Zweiten Weltkriegs erklärten die Briten wie schon 1914, auch Indien befände sich im Kriegszustand mit dem Deutschen Reich. Viele Inder, obwohl sie keineswegs Sympathien für die Politik Hitlers hegten, missbilligten das. Bose kämpfte fortan für den Aufbau einer Bewegung gegen den Einsatz von Indern und indischen Ressourcen. Er wurde verhaftet, trat in Hungerstreik und erhielt schließlich Hausarrest in Kalkutta. Die Briten fürchteten gewaltsame Ausschreitungen, sollte Bose etwas zustoßen. Seine Flucht bemerkten die Behörden erst nach einigen Tagen.

Als Paschtune verkleidet, floh Bose 1941 zu Fuß, im Auto und per Zug nach Kabul. Dort bekam er Hilfe von der italienischen und der deutschen Botschaft. Mit einem auf falschen Namen ausgestellten italienischen Pass gelangte er in Begleitung eines deutschen Diplomaten nach Moskau. In völliger Unkenntnis des sowjetischen Staatsterrors bewunderte Bose Stalins Erfolge bei der Industrialisierung des Landes, das binnen kürzester Zeit Jahrzehnte der Rückständigkeit wettzumachen schien. Er wollte sich mit dem sowjetischen Diktator treffen. Doch der lehnte ab.

Im April 1941 traf Bose in Deutschland ein. Unterstützung in seinem Kampf für ein freies Indien erhielt er hier in den nächsten Monaten von dem Referatsleiter für Nordamerika und den Fernen Osten im Auswärtigen Amt, Adam von Trott zu Solz, der später zu den wichtigsten Köpfen des deutschen Widerstands gegen den Nationalsozialismus gehörte. Trott zu Solz versuchte – von Bose dringend gewünscht – ein Treffen mit Adolf Hitler zu arrangieren. Doch der zierte sich.

Davon unbeirrt gründete Bose in Deutschland eine indische Exilregierung und sprach auf Veranstaltungen. Bei einer von ihnen erklang zum ersten Mal das von ihm ausgewählte Lied für ein freies Indien. Es war nach einem Text von Rabindranath Tagore vertont und ist heute tatsächlich die indische Nationalhymne. Im Februar 1942 rief Bose in einer Rundfunkansprache zur Befreiung seiner Heimat auf. Der Appell konnte bis Indien im Radio empfangen werden, wo seine Mutter tief gerührt mithörte.

Eine indische Unabhängigkeitserklärung, gesendet aus jenem Land, das ein Volk nach dem anderen überfiel – der Pakt mit dem Teufel schien besiegelt. Dabei hatten sich Boses politische Vorstellungen von einem freien Indien in den letzten Jahren gewandelt. Bei seiner Antrittsrede als Bürgermeister von Kalkutta im Herbst 1930 favorisierte er noch eine Staatsform, in der »Gerechtigkeit, Gleichheit und Liebe, was die Basis des Sozialismus ist«, mit der »Disziplin des Faschismus« eine Einheit eingingen. Auch in dem 1934 verfassten Teil seines Werks *The Indian Struggle* setzte er sich für den Faschismus ein. Aber schon 1938, nach seiner Wahl zum Vorsitzenden des Indischen Nationalkongresses, distanzierte er sich. Einem Journalisten erklärte Bose, Indien solle den Weg zum Sozialismus beschreiten. Seine Aussagen zu einer Synthese von Kommunismus und Faschismus seien unglücklich gewesen. Die Aggressivität Italiens beim Angriff auf Abessinien hatte ihn ernüchtert. Und schon während seines ersten Aufenthaltes in Berlin Anfang der Dreißigerjahre stieß ihn der Rassismus ab. Was blieb, war die Disziplin, die ihn am Nationalsozialismus nach wie vor faszinierte. »Können diese Qualitäten nicht nutzbar gemacht werden für eine noblere Sache?«, fragte er in einem Leitartikel für die indische Zeitschrift *Forward*.

Das Indien, das ihm vorschwebte, sollte einer straffen staatlichen Führung unterliegen, ähnlich wie die Türkei unter Mustafa Kemal Atatürk. So hoffte Bose, auch in seinem Land archaische Strukturen und Gewohnheiten überwinden zu können, allen voran das Kastensystem und die Unterdrückung der Frau. Bose setzte auf eine bessere Bildung seiner Landsleute und hoffte die Bevölkerungsexplosion in den Griff zu bekommen.

Am 27. Mai 1942 traf Subhash Chandra Bose auf Vermittlung von Adam von Trott zu Solz endlich mit Hitler zusammen. Für den Freiheitskämpfer war Hitler trotz der zunehmenden Distanz zu dessen politischen Ansichten nach wie vor wichtig. Zwar gab es in Indien kaum Zustimmung für den Nationalsozialismus, doch Bose taktierte nach dem Motto »der Feind meines Feindes ist mein Freund«. Sollte Hitler auch so denken, erhoffte er sich in seinem eigenen Kampf gegen die Briten tatkräftige Unterstützung von ihm. Dafür war er bereit, einen Pakt mit dem Teufel einzugehen …

Was immer Bose erwartet hatte, das Treffen wurde zu einem Desaster. Der deutsche Diktator wich nicht von seinem rassistischen Standpunkt ab, die Inder als ein minderwertiges Volk zu betrachten. Indien blieb für ihn ein Land, das einer höheren »Rasse« unterjocht zu sein hatte. Nach wie vor bewunderte er, wie die Briten in ihrer Kolonie agierten, und sah dies als Vorbild für die Expansion des Deutschen Reiches. Schon früher hatte er Russland als das Indien der Deutschen bezeichnet.

Der indische Freiheitskämpfer hingegen missbilligte Hitlers Überfall auf Russland und machte keinen Hehl daraus. Auch ließ er den »Führer« im Gespräch wissen, dass er sich von ihm keine politischen Belehrungen anhören müsse. Hitler weigerte sich dann auch, mit Bose gefilmt zu werden. Lediglich ein Foto, auf dem sich die beiden Männer die Hand geben, erinnert an die Begegnung – und ein nach dessen Vorlage gefertigtes Wandgemälde in einer U-Bahn-Station in Kalkutta.

»Vorwärts nach Delhi!«

Der Teufel also hatte den Pakt mehr oder minder verweigert und sich lediglich dazu herabgelassen, eine Legion Freies Indien aufzustellen und auszurüsten. Daher begann Bose nun, um Freiwillige bei den indischen Soldaten unter den britischen Kriegsgefangenen zu werben, die vor allem dem Afrikakorps von Erwin Rommel in die Hände gefallen waren. Die sogenannte Indische Legion sollte auf deutscher Seite kämpfen und über Persien nach Indien vordringen, um dort die britische Herrschaft zu beenden.

In Annaburg waren seinerzeit etwa 10 000 indische Soldaten interniert. Bose gelang es zunächst, fast 3 000 Männer für seine Legion zu gewinnen, die in Königsbrück ausgebildet wurden. Die Inder schworen in deutscher Uniform ihren Eid auf Adolf Hitler und auf Subhash Chandra Bose. Deutsche Offiziere übernahmen die Ausbildung der Truppe. Bose achtete darauf, dass jeder Soldat – ob Hindu, Sikh oder Moslem – seine Religion ausüben und zum Beispiel fünfmal am Tag sein Gebet verrichten konnte.

Im Dezember 1942 stand die Indische Legion mit 3 500 einsatzfähigen Männern bereit. Doch mittlerweile war die Wehrmacht an der Ostfront ins Hintertreffen geraten, in Stalingrad wurde die 6. Armee eingekesselt. Lief die Indische Legion Gefahr, an der Ostfront als Kanonenfutter eingesetzt zu werden?

In dieser Situation war es ausgerechnet der Organisator des millionenfachen Massenmordes, Reichsführer SS Heinrich Himmler, der zu einer Art Mentor Boses und dessen Legion wurde. Himmler, der wie Hitler dem Wahn von einer germanischen Herrenrasse anhing, interessierte sich lebhaft für die indische Kultur und verstand sich persönlich gut mit Bose. Filmaufnahmen zeigen den indischen Freiheitskämpfer im dunklen

Anzug mit Offizieren an einem weiß gedeckten Tisch auf der Terrasse von Himmlers Feldkommandostelle. Himmler sitzt neben Bose und spricht angeregt mit ihm.

Tatsächlich hielt er seine schützende Hand über die Indische Legion und sorgte schließlich dafür, dass sie ab 1944 in Frankreich fern jeder Front am Atlantikwall Bunker bewachte. Bose war zu jener Zeit längst wieder in Indien. Am 9. Februar 1943 hatte er in Kiel ein deutsches U-Boot bestiegen. Seine Frau und die erst wenige Wochen alte Tochter Anita ließ er schweren Herzens zurück. Bose durchlitt jene strapaziöse Reise, bei der er nahe Madagaskar auf ein japanisches U-Boot überwechselte und mit diesem weiter durch den Indischen Ozean gen Osten nach Japan reiste. Dort wurde er weit freundlicher aufgenommen als zuvor in Deutschland.

Aus indischen Kriegsgefangenen war nämlich mittlerweile von Exilpolitikern in Asien die Indische Nationalarmee (INA) zusammengestellt worden, die aufseiten Japans gegen Großbritannien kämpfen sollte und deren direkte Befehlsgewalt Bose am 26. August 1943 übernahm. Die INA rekrutierte sich aus Indern, die den Japanern bei der Kapitulation Singapurs in die Hände gefallen waren. Außerdem gehörten ihr ehemalige Zivilisten aus dem östlich an Indien angrenzenden und 1942 ebenfalls von den Japanern besetzten Burma sowie aus Malaya an. Bose ließ sogar ein Bataillon aus Frauen aufstellen – mit 1 000 Kämpferinnen. In Indien selbst hingegen standen weit über zwei Millionen Inder für die britische Seite unter Waffen. Die meisten hatten sich freiwillig gemeldet, was jedoch weniger ein Beleg für ihre Loyalität zu Großbritannien als vielmehr Ausdruck ihrer Ablehnung der Achsenmächte Deutschland, Japan und Italien war. Die indischen Soldaten auf britischer Seite kämpften nicht nur in Afrika und in Asien, dort vor allem in Burma, sondern auch bei der Invasion in Italien. Ab Mitte 1943 schickten die Briten sich an, Burma zurückzuerobern. Monat für Monat rückte die direkte Konfrontation mit Boses Truppen der INA näher, die ihrerseits den Plan gefasst hatten, von dort gemeinsam mit den Japanern nach Indien vorzustoßen.

Am 21. Oktober 1943 gründete Bose *Azad Hind,* die von den Achsenmächten Deutschland, Japan und Italien anerkannte »Provisorische Regierung des Freien Indien«. Hauptstadt war Port Blair auf den zu Indien gehörenden und von den Japanern besetzt gehaltenen Andamanen. Im März 1944 beteiligte sich die INA – die als Armee der *Azad Hind* nun etwa 40 000 Soldaten zählte – an dem japanischen Angriff auf Indien. In seinem Tagesbefehl ermunterte Bose seine Soldaten, den Ruf »Vorwärts nach Delhi!« so lange auf den Lippen zu führen, »bis die Nationalflagge auf dem Haus des Vizekönigs« wehe. Es kam zu den schweren Schlachten bei Imphal und Kohima, aber der Vorstoß scheiterte. Unter großen Verlusten wurden die Japaner nach Burma zurückgeschlagen.

Bose versuchte nun allein mit der INA weiterzukämpfen, um so die Initialzündung für die Erhebung ganz Indiens gegen die britische Herrschaft zu liefern. Doch auch diese Hoffnung zerschlug sich. Zum einen erwiesen sich Kampfkraft und Ausrüstung der INA als unzulänglich, zum anderen verbrüderten sich viele seiner Soldaten mit den Landsleuten in der britischen Armee.

Am 4. Juli 1944 appellierte Bose in Burma an den Kampfeswillen seiner Landsleute für ein freies Indien. Er rief Männer und Frauen auf, sich dem Freiheitskampf anzuschließen und Opfer zu bringen. Endlich sei die Gelegenheit gekommen, dem geschwächten Britischen Königreich die Macht über den indischen Subkontinent zu entreißen. Am Ende der Rede rief er aus: »Gebt mir Blut und ich verspreche Euch die Freiheit!«

Doch es ging weiter bergab. Am Ende musste sich Bose mit den Resten seiner Kämpfer zu Fuß auf einen langen Weg zurück nach Bangkok begeben. Von Saigon aus wollte er an Bord eines japanischen Flugzeuges über Umwege nach Tokio fliegen. Die Maschine stürzte am 18. August 1945 nach einer Zwischenlandung in Taipeh kurz nach dem Start über Taiwan ab und Bose fand den Tod. Noch am Tag zuvor hatte er in einer Botschaft unterstrichen, keine Macht der Welt könne Indien in Fesseln halten. Das Land werde frei sein, »und das auch bald.«

Als Mönch in Faizabad?

Der tote Bose wurde rasch eingeäschert, aber viele seiner Anhänger glaubten nicht an den Tod des charismatischen Freiheitskämpfers, der so leidenschaftlich für ihre Unabhängigkeit gekämpf hatte. Zahlreiche Geschichten kursierten und kursieren noch heute. Er werde in der Sowjetunion gefangen gehalten oder hätte eine neue Identität als mysteriöser Mönch Bhagwanji angenommen, der erst 1985 in Faizabad starb. Doch Boses Tochter Anita Pfaff, die als Professorin für Wirtschaftswissenschaften an der Universität von Augsburg lehrte, ist überzeugt, dass er damals auf Taiwan ums Leben kam.

Subhash Chandra Bose verschwand aus dem allgemeinen welthistorischen Gedächtnis, denn es waren seine einstigen Gefährten und Rivalen Gandhi und Nehru, die Indien 1947 in die Unabhängigkeit führten und damit letztlich Boses Traum, wenngleich mit anderen Mitteln, erfüllten. Sie waren es auch, die weltweit als die großen Führer Indiens wahrgenommen wurden.

Aber in seiner Heimat lebte der Mythos vom leidenschaftlichen Kämpfer für die Freiheit Indiens weiter und mit ihm das Bild des zweifelhaften Helden, der für das Erreichen des Guten den Pakt mit dem Bösen wagte. Welche Gründe ihn dazu bewogen hatten, ist noch lange nicht hinreichend diskutiert. Jene Jahrzehnte, so viel steht fest, waren eine Zeit unheilvoller Allianzen. Auch Boses Gegner Winston Churchill sagte einmal während des Krieges, er würde dem Teufel vor dem Parlament ein günstiges Zeugnis ausstellen, wenn dieser die Hölle erobern wolle. Boses Teufel hieß Hitler. Der von Churchill hieß Stalin.

Churchill rettete die demokratische Welt, besiegte den Nationalsozialismus, das imperialistische japanische Kaiserreich und das faschistische Italien. Er ermöglichte mit seinem Pakt aber auch die Hegemonie der Sowjetunion über Osteuropa. Ob Bose Indien die Freiheit gebracht hätte, die er wollte, ob er sein Land auch zu einer Demokratie geführt hätte, bleibt so ungewiss und zweifelhaft wie sein Heldentum.

In Indien, insbesondere in seiner Heimat Bengalen, wird Bose jedoch nach wie vor als *Netaji* verehrt. Der Flughafen von Kalkutta ist nach ihm benannt und an seinem 100. Geburtstag am 23. Januar 1997 wurde er in einem Festakt in Delhi in den Pantheon der bedeutendsten Führer des indischen Freiheitskampfes aufgenommen.

19. Das zweifelhafte Pflichtgefühl des Hiro Onoda

Der 23-jährige Hiro Onoda war Leutnant für nachrichtendienstliche Aufgaben und im Dezember 1944 auf die kleine, von der japanischen Armee besetzte philippinische Insel Lubang gekommen. Die Insel ist etwa 30 Kilometer lang und misst an den breitesten Stellen nur zehn Kilometer.

Der Krieg im Pazifik zwischen Japanern und Alliierten unter Führung der Amerikaner tobte und es stand nicht gut um die japanischen Streitkräfte. Insel um Insel verloren die Soldaten des Kaisers in harten und verlustreichen Kämpfen. Doch geschlagen geben wollten sie sich nicht.

Auf Lubang erhielt Hiro Onoda den Auftrag, die Garnison auf einen Guerillakrieg vorzubereiten und diesen auch zu führen. Sollten die Amerikaner die Insel erobern, hatte er sich mit seinen Männern in den Dschungel zurückzuziehen und von dort zu versuchen, Flugfelder und Hafenanlagen zu zerstören. Onodas Kommandeur Major Yashimi Taniguchi gab den Befehl, auf keinen Fall durch eigene Hand zu Tode zu kommen: »Es mag drei Jahre dauern, es mag fünf Jahre dauern, aber was auch immer geschieht, wir kehren zu Ihnen zurück. Bis dahin, solange Sie auch nur einen Soldaten haben, werden Sie den Krieg weiterhin führen. Vielleicht müssen Sie sich von Kokosnüssen ernähren. Ist das der Fall, leben Sie von Kokosnüssen! Auf keinen Fall haben Sie freiwillig Ihrem Leben ein Ende zu setzen.«

Onoda hatte verstanden: Egal, wie viel Zeit verginge, er sollte ausharren und so viele feindliche Kräfte binden, wie er konnte.

Weder Kapitulation noch Selbstmord waren erlaubt. Taniguchi schärfte ihm ein: »Es ist Ihnen absolut verboten, durch eigene Hand zu sterben.«

Durchhalten um jeden Preis

Im Februar 1945 überrannten amerikanische Truppen tatsächlich die Insel Lubang. Onoda schlug sich wie befohlen mit einigen anderen Soldaten in den Dschungel. Der Kontakt mit ihren Befehlshabern riss ab. Wie es ihr Auftrag war, kämpften sie weiter, hielten aus. Doch sie wurden weniger. Manche von ihnen starben, andere wurden gefangen. Die Übriggebliebenen teilten sich schließlich in mehrere kleine Gruppen zu dreien oder vieren auf. Ihr Leben war hart, die Männer litten unter der Tropenhitze, unter Moskitos, unter Ratten. Zunächst hatten sie noch ihre Reisvorräte, dann verzehrten sie Kokosnüsse und andere Tropenfrüchte, meist unreife Bananen. Hin und wieder stahlen sie eine Kuh von den Bauern auf der Insel.

Als sie eines Tages im Oktober 1945 wieder eine Kuh erbeuteten, fand einer von Onodas Männern eine Flugschrift, auf der stand: »Der Krieg endete am 15. August. Kommt aus den Bergen!«

Japan hatte nach den Abwürfen der beiden Atombomben auf Hiroshima und Nagasaki endlich kapituliert. Aber die Nachricht war nicht bis in den Dschungel vorgedrungen. Die Männer berieten sich. Nein, es konnte nicht sein. Der Krieg dauerte an und der Zettel war nicht mehr als ein Täuschungsversuch der Alliierten, um ihren Kampfeswillen zu brechen! Schließlich war von den auf Lubang ausharrenden Soldaten des Kaisers nur noch Onodas Gruppe übrig. Zusammen mit Korporal Shimada Siochi und den beiden einfachen Soldaten Akatsu Yuichi und Kozuka Kinshichi blieb er in den Wäldern – Jahr für Jahr, unterbrochen von gelegentlichen Überfällen auf Bauernhöfe oder einen Armeeposten.

Derweil rissen die Versuche nicht ab, die vier japanischen

Guerillakrieger zur Aufgabe zu bewegen. Doch wie sollte man ihnen glaubhaft nahebringen, dass der Krieg zu Ende war? Wieder und wieder warf man Flugschriften aus Flugzeugen ab, legte Zeitungen aus und Briefe von Verwandten mit Fotos, die vom Kriegsende berichteten. All das werteten Onoda und seine Männer als mehr oder minder geschickte Täuschungsversuche. Niemals würden sie darauf reinfallen, sondern ausharren bis zum Letzten!

Nicht einmal ein über dem Dschungel abgeworfener Befehl zur Aufgabe ließ die letzten vier Kämpfer des Zweiten Weltkrieges aufgeben. General Tomoyuki Yamashita hatte ihn unterzeichnet, kurz bevor er im Februar 1946 als Kriegsverbrecher hingerichtet wurde. Die vier lasen versteckte Warnungen in den Sätzen Yamashitas und waren nur umso fester entschlossen, um jeden Preis weiterzukämpfen.

Für die Menschen auf Lubang, das nach Ende des Krieges an die Philippinen zurückgegeben wurde, stellten die vier Japaner ein handfestes Problem dar, da sie ihre Guerillaexistenz sehr ernst nahmen. Immer wieder kam es zu Feuergefechten mit der philippinischen Polizei, die für Onoda und seine Kameraden nichts anderes als Handlanger der Amerikaner war. Aber auch Schießereien mit den Einheimischen blieben nicht aus. Über die Jahre gab es mehrere Dutzend Tote und Verletzte.

Im Herbst 1949 hatte Akatsu genug von den Strapazen. Eines Tages schlich er sich davon. Er lebte noch Monate allein im Dschungel, bevor er sich der philippinischen Armee stellte. Später fanden seine drei Kameraden einen von ihm geschriebenen Zettel: Der Krieg sei vorbei und man habe ihn freundlich aufgenommen. Wieder waren die drei Kämpfer sich einig: Auch Akatsu war ein Instrument der Alliierten, in diese Falle würden sie nicht hineinlaufen.

Der Guerillakampf ging weiter. 1953 erlitt Shimada in einem Feuergefecht mit Fischern einen Beinschuss. Onoda und Kozuka schleppten ihn in den Dschungel. Trotz der mangelnden medizinischen Möglichkeiten gelang es ihnen, Shimada in den nächsten Monaten einigermaßen zu heilen. Dann, im Mai 1954, stießen die drei Männer auf einen bewaffneten Suchtrupp. In dem folgenden Scharmützel kam Shimada ums Leben. Fortan kämpften Onoda und Kozuka 19 lange Jahre zu zweit gegen den »Feind«. Und noch immer waren sie überzeugt: Eines Tages würden japanische Truppen die Insel zurückerobern. Für deren Erfolg war ihr einsames Aushalten ein bescheidener, aber wichtiger Beitrag.

In der Welt draußen war man mittlerweile nicht mehr sicher, ob die beiden Krieger nach all den Jahren im Dschungel tatsächlich noch lebten. Waren die Überfälle, die Viehdiebstähle, die Brandstiftungen Taten von Trittbrettfahrern, von gewöhnlichen Dieben und Banditen?

So gingen die Jahre dahin – dann kam es zu einem Zwischenfall, der alles veränderte.

Deus ex Machina

Im Oktober 1972 versuchten Onoda und Kozuka, eine Reisernte zu verbrennen. Es war für sie Teil ihrer Aufgabe, die Nahrungsversorgung des Feindes zu schwächen. Eine philippinische Polizeipatrouille durchkreuzte ihren Plan, schoss zweimal und traf Kozuka tödlich. Onoda floh in den Dschungel. Als man den Toten identifizierte, verbreitete sich diese Nachricht in Japan wie ein Lauffeuer.

Dort war im Januar gerade erst das Schicksal des Shoichi Yokoi durch die Medien gegangen. Er hatte 28 Jahre im Dschungel von Guam in einem selbst gebauten Erdloch gelebt, nachdem amerikanische Truppen die Insel erobert hatten. Yokoi hatte nie eine Nachricht vom Kriegsende erhalten. Zwei Einheimische entdeckten und überwältigten ihn. Mit seinem rostzerfressenen Gewehr über der Schulter kehrte Yokoi nach Japan zurück und erklärte zerknirscht: »Es ist mir sehr peinlich, lebend zurückzukehren.« Gerne zitieren Japaner heute scherzhaft diese Worte, wenn sie von einer Auslandsreise zurückkehren.

Seit 1959 galten die beiden japanischen Soldaten von Lubang

offiziell als tot. Doch wenn Kozuka so lange überlebt hatte, war es durchaus wahrscheinlich, dass auch Onoda sich nach all den Jahren noch im Dschungel versteckte. Erneut wurden nun zahlreiche Suchtrupps ausgesandt – die alle erfolglos zurückkehrten. Ganz Japan dachte darüber nach, wie man Onoda aus den Wäldern locken könnte. Manche schlugen vor, den Kaiser – wohlgemerkt mit allem Respekt – zu bitten, auf Band die Worte »Der Krieg ist zu Ende« zu sprechen und diese dann wieder und wieder über Lautsprecher in die Wildnis zu schicken, berichtet die Historikerin Beatrice Trefalt. Andere wollten eine Gruppe von Männern in alte japanische Uniformen stecken, damit diese zu Onodas Täuschung die Rückkehr der japanischen Armee nach Lubang vorspielten. Auch Shoichi Yokoi hatte eine Idee. Er riet, per Hubschrauber die ganze Insel mit Betäubungsmitteln zu besprühen.

Onodas älterer Bruder Tochio flog zum dritten Mal nach Lubang. Bereits 1954 und 1959 hatte er im Dschungel nach seinem Bruder gesucht. Auch andere Familienmitglieder kamen auf die philippinische Insel und versuchten ihn zur Aufgabe zu bewegen, darunter seine Schwester und sogar der bereits 83-jährige Vater. Doch was auch immer man unternahm: Onoda blieb hartnäckig im Dschungel verborgen. War er mittlerweile nicht mehr Herr seiner Sinne? Oder doch an den Verletzungen gestorben, die er womöglich bei der Schießerei davongetragen hatte? Im April 1973 war es schließlich Onodas Vater, der darum bat, die Suchaktionen einzustellen.

Aus der Welt des antiken griechischen Theaters kennt man den *Deus ex Machina*. Diesen »Gott aus der Maschine« ließ man immer dann auftauchen, wenn die Dinge so verfahren waren, dass nur noch ein Gott kommen konnte, um sie mit seinen übermenschlichen Fähigkeiten aufzulösen. Was bei Autoren verpönt ist, geschah im Fall von Hiro Onoda.

Die Rolle des *Deus ex Machina*, der nach Jahrzehnten der vielfältigen Bemühungen aus dem Nichts auftauchte und den Fall des Hiro Onoda löste, teilte das Schicksal dem japanischen Studenten Norio Suzuki zu. Er hatte eine Auszeit von seinem Studium genommen und sich auf eine Weltreise begeben. Freunden hatte er gesagt, er werde »nach Leutnant Onoda, einem Panda und dem entsetzlichen Schneemenschen suchen«. Und zwar in dieser Reihenfolge.

Suzuki reiste nach Lubang, schlug sich in den Dschungel, und eines Tages im Februar 1974 stand auf einer Lichtung, einige Meter von ihm entfernt: Onoda, hager und abgezehrt, jedoch noch immer in Uniform, auch wenn sie stark ramponiert und an vielen Stellen dürftig geflickt war. Onoda musterte seinen jungen Landsmann lange. Schließlich war er zum Gespräch bereit.

Sie unterhielten sich ausführlich und Suzuki war überrascht, wie gut informiert Onoda über die Welt außerhalb des Dschungels war. Die Erklärung dafür fand sich in einem Transistorradio. Onoda hatte es irgendwann erbeutet. Aber nicht einmal die Nachrichten aus dem Radio hatten ihn zur Aufgabe – und damit in seinen Augen zur Pflichtverletzung – bewegen können. Trotz des Vertrauens, das Onoda zu Suzuki fasste, konnte ihn der Student auch jetzt noch nicht überreden, sich zu stellen. Nur auf ausdrücklichen Befehl seines Vorgesetzten, ließ Onoda wissen, sei er bereit, den Dschungel zu verlassen.

Suzuki versprach, die Sache in die Hand zu nehmen. Er schoss Fotos von sich und Onoda als Beweis, dass dieser noch lebte, und rang ihm das Versprechen ab, sich in wenigen Wochen am gleichen Ort erneut einzufinden. Am 9. März kehrte Suzuki auf die Lichtung zurück. Er hatte über die japanische Regierung Onodas ehemaligen Vorgesetzten Taniguchi ausfindig machen können. Der Major – der mittlerweile Buchhändler geworden war – begleitete Suzuki nach Lubang und stand nun 29 Jahre später auf der Lichtung vor seinem ehemaligen Untergebenen. »Was auch immer geschieht, wir kehren zu Ihnen zurück«, hatte er vor fast drei Jahrzehnten gesagt. Nun erteilte Taniguchi persönlich den Befehl, sich zu ergeben.

Onoda wurde schwarz vor Augen. Ein Sturm begann in ihm zu toben, so schilderte er es später in seinen Erinnerungen. Endlich wusste er: Sein Kampf war zu Ende.

Am 12. März übergab er in einer Zeremonie sein Schwert an den philippinischen Präsidenten Ferdinand Marcos. Dieser reichte es an ihn zurück und begnadigte ihn. Onoda und seine Guerillakrieger hatten mindestens 30 Menschen getötet und über 100 verletzt. Als er aufgab, hatte er noch immer mehrere Hundert Schuss Munition.

In Japan wurde Onoda wie ein Held empfangen und durch alle Medien gereicht. Er heiratete 1976. In die sehr viel moderner gewordene japanische Gesellschaft einleben konnte er sich allerdings nicht mehr so recht. Schmerzlich vermisste er die »alten Tugenden«, sah die Werte, für die er gekämpft hatte, schwinden. Mit seiner Zeit im Dschungel war Onoda im Reinen: »Als der Zweite Weltkrieg für mich 1974 endete, erschien mir die Vergangenheit wie ein Traum.« Für ihn sei es nie eine Frage gewesen, dort so lange auszuharren. Er habe es für sein Land getan, dessen Selbstbewusstsein er jetzt am Boden sah.

Schließlich beschloss Onoda, nach Brasilien zu gehen, wo einer seiner Brüder lebte, und wurde dort ein erfolgreicher Rinderzüchter. 1980 kehrte er nach Japan zurück und gründete die *Onoda Nature School*, in der Jugendliche dazu erzogen werden, eine eigene innere Stärke zu entwickeln. Ähnliches scheint Onoda auch für seine ehemaligen Gegner vorgesehen zu haben: Als er 1996 noch einmal nach Lubang ging, spendete er dort einer Schule 10 000 Dollar.

20. Hugh Thompson und die Ereignisse von My Lai

Als die 75 amerikanischen Soldaten der Charlie-Kompanie (C-Kompanie) am frühen Morgen von neun Helikoptern absprangen und in die vietnamesischen Dörfer einrückten, wurde kein einziger Schuss auf sie abgegeben. Keinerlei Bewaffnete waren zu sehen. Nur Zivilisten, Alte, Frauen und Kinder.

Die Charlie-Kompanie des 1. Bataillons war im Dezember 1967 in Vietnam eingetroffen. Seit Beginn der Sechzigerjahre hatten sich die Amerikaner mehr und mehr in den Krieg dort verstrickt. Der kommunistische Norden kämpfte gegen den mit dem Westen verbündeten Süden. Es galt, mitten im Kalten Krieg die Ausbreitung des Kommunismus in Asien zu stoppen, aber es ging auch um die Glaubwürdigkeit der USA als Führungsmacht des Westens. Nahezu 500 000 junge Männer, die meisten von ihnen nicht einmal 20 Jahre alt und viele von ihnen Wehrpflichtige, waren aus ihrer behüteten amerikanischen Alltagswelt gerissen worden und kämpften nun in der Hitze des Dschungels gegen einen Gegner, der kaum zu greifen, daher unsäglich schwer zu besiegen war und der sie in ständiger Todesangst hielt.

Gleich im ersten Monat verlor die Charlie-Kompanie durch Sprengfallen und Minen 27 Männer, ohne je direkten Kontakt mit dem Feind gehabt zu haben. Erst wenige Tage vor dem Einsatz an diesem Morgen war genau dies wieder geschehen. Und schon am Tag zuvor, bei der Beerdigung eines sehr beliebten Sergeanten, hatten einige Soldaten nur Rache im Sinn.

»Wir sind noch nicht fertig«

Was der Auftrag der Charlie-Kompanie am Morgen jenes 16. März 1968 war, darüber gab es später widersprüchliche Aussagen. In einem Punkt waren sich alle einig: Sie sollten Häuser, Vorräte und Brunnen zerstören. Manche Soldaten sagten aus, es habe die Anweisung gegeben, Verdächtige, auch Frauen und Kinder, »auszuschalten«. Auf jeden Fall, so der 1970 veröffentlichte Bericht von General William R. Peers, gingen die Soldaten nach der Entgegennahme des Tagesbefehls durch den kommandierenden Hauptmann Ernest Medina in dem Glauben in den Einsatz, dass jeder Mensch, den sie antrafen, ein feindlicher Kämpfer sein konnte.

Die Kompanie näherte sich in mehreren Einheiten oder Zügen, *Platoons* genannt. Die Dörfer, die sie betraten, hatten sie auf ihren Karten der Einfachheit halber nummeriert: My Lai 1 bis 6.

Von Südosten drang der *1st Platoon* zu My Lai 4 vor. Der erste Kontakt war ein alter Mann, der aus einem Feld grüßend zu den Soldaten hinüberwinkte. Man erschoss ihn einfach.

Am frühen Morgen startete auch Stabsfeldwebel Hugh Thompson, Jr. als Pilot eines Aufklärungshubschraubers zur Unterstützung der Einsatzkräfte in My Lai. Thompson war 22 Jahre alt. Sein Vater hatte im Zweiten Weltkrieg und danach noch 30 Jahre als Soldat der Reserve gedient. Der Sohn war 1961 nach der High School in die Marine eingetreten. 1964 verließ er kurz die Armee und arbeitete als Bestatter. Dann kehrte er 1966 zurück und ging nach absolvierter Flugschule als Hubschrauberpilot nach Vietnam.

Der Hubschrauber vom Typ Hiller OH-23 war sehr leicht und klein. Wegen seiner Konstruktion, die ein rundum gläsernes Cockpit dominierte, nannte man ihn scherzhaft »Goldfischglas«. An den beiden Türöffnungen zur Seite saßen Thompsons Bordschützen Glenn Andreotta und Lawrence Colburn und bedienten die dort montierten Maschinengewehre.

Thompson überflog die Umgebung. Ganz zu Beginn seiner

Mission sah er einen Vietnamesen mit einem Gewehr in den Dschungel flüchten. Es sollte, wie er später angab, der einzige bewaffnete Vietnamese bleiben, den er an diesem Tag sah. Bei einem Deich außerhalb des Dorfes neben einem Reisfeld entdeckte die Crew eine verletzte vietnamesische Frau. Sie landeten und setzten eine Markierung mit grünen Rauchsignalen, was anzeigte, dass medizinische Hilfe benötigt wurde. Kaum gestartet, sahen sie, wie ein amerikanischer Soldat sich der Frau näherte, sie mit seinem Stiefel anstieß und erschoss. Kurz darauf entdeckten sie einen Bewässerungsgraben, in dem Dutzende von Leichen lagen. Es schienen ausnahmslos Zivilisten zu sein. Thompson war schockiert. Er wusste, seine Worte wurden im weiteren Funknetz mitgehört, und funkte: »Es scheint mir, dass da unten ein schreckliches Maß an überflüssigem Töten stattfindet. Irgendwas stimmt da nicht. Da sind überall Leichen. Wir haben einen ganzen Graben voller Leichen gesehen. Irgendwas läuft da verkehrt.«

Dann sah Thompson Bewegungen in dem Graben. Wieder landete er und stieg aus dem Hubschrauber. David Mitchell, ein Sergeant der C-Kompanie, kam herüber. Thompson fragte, wie man den Leuten helfen könne, und Mitchell entgegnete, die einzige Weise, wie man diesen Leuten helfen könne, sei, sie von ihren Qualen zu erlösen. Dann mischte sich Leutnant William Calley ein und es spielte sich in etwa dieser Dialog ab:

»Was geht hier vor, Leutnant?«

»Das ist meine Angelegenheit.«

»Was ist das hier? Wer sind diese Leute?«

»Wir befolgen nur Befehle.«

»Befehle? Was für Befehle? Das sind Menschen, unbewaffnete Zivilisten, Sir!«

»Hören Sie zu, Thompson, das ist meine Show. Ich habe hier die Verantwortung. Das ist nicht Ihre Sache. Gehen Sie besser zu Ihrem Hubschrauber und kümmern Sie sich um Ihren Kram.«

Thompson wandte sich zum Hubschrauber. Doch im Weggehen rief er Calley zu:

»Wir sind noch nicht fertig.«

Thompson startete wieder. Kurz darauf machte Andreotta ihn

darauf aufmerksam, dass Mitchell die Zivilisten in dem Graben erschoss. Sie nahmen Kurs über den nordöstlichen Teil des Dorfes und erblickten eine Gruppe von etwa zehn vietnamesischen Zivilisten, unter ihnen Kinder, die, verfolgt von einigen amerikanischen Soldaten, in einen selbst gebauten Schutzraum flohen. Thompson ahnte, was bevorstand, und landete kurz entschlossen den Hubschrauber zwischen den vietnamesischen Dorfbewohnern und den Soldaten. Er stieg aus. Colburn und Andreotta rief er zu: »Ihr gebt mir Schutz! Sollten die Dreckskerle auf mich oder auf diese Leute schießen, dann feuert auf sie! Versprecht es.«

Dann ging er dem Zugführer Leutnant Stephen Brooks entgegen.

»Halten Sie Ihre Leute zurück! Ich werde versuchen, die Leute aus diesem Bunker zu holen.«

»Wir können Ihnen helfen, mit einer Handgranate.«

»Halten Sie Ihre Leute zurück! Ich habe eine bessere Idee.«

Brooks unterließ eine weitere Entgegnung, obwohl er im Rang höher stand als Thompson. Diesem gelang es, die elf Vietnamesen zu überreden, den Bunker zu verlassen. Danach überzeugte er per Funk die Piloten zweier Kampfhubschrauber, gemeinsam die Männer, Frauen und Kinder zu evakuieren.

Beim Start sah Andreotta, wie sich unten auf dem Boden etwas in einem Bewässerungsgraben, der mit etwa 100 Leichen gefüllt war, bewegte. Sie landeten erneut und bargen ein Kind, das zwischen den Toten überlebt hatte.

Schweigen

Zurück in der Basis berichtete der aufgewühlte Thompson sofort seinen Vorgesetzten. Von dort gelangte die Nachricht an den verantwortlichen Kommandanten Oberstleutnant Barker. Der funkte Hauptmann Medina an, was in My Lai los sei. Medina gab umgehend Befehl, das Gemetzel einzustellen.

Aber das Massaker wurde vertuscht. Offiziell hieß es, in einem eintägigen blutigen Gefecht seien »128 Vietkong-Kämpfer und

22 Zivilisten getötet« worden. Oberbefehlshaber General William C. Westmoreland gratulierte den Männern der Charlie-Kompanie zu ihrem »außergewöhnlichen Job«. Trotz Thompsons offener und umfassender Aussagen drang nichts an die Öffentlichkeit. Einsatzberichte wurden gefälscht und Oberst Henderson, selbst in den Massenmord verwickelt, interviewte auf Anweisung des Brigadegenerals George H. Young mehrere Soldaten, die in My Lai dabei waren. Er verfasste im späten April 1968 einen Bericht, in dem von etwas mehr als 20 Zivilisten die Rede ist, die unabsichtlich den Tod fanden. Nach wie vor sprach man in der Armee von einem siegreichen Gefecht gegen gegnerische Kämpfer.

Ein halbes Jahr darauf wandte sich ein Soldat namens Tom Glen per Brief an den neuen Oberbefehlshaber der US-Streitkräfte in Vietnam, Creighton Abrams. Darin klagte er die US-Armee der fortgesetzten und umfassenden Brutalität gegen die Zivilbevölkerung an. Ein junger Major – sein Name war Colin Powell – erhielt den Auftrag, den Anschuldigungen nachzugehen. My Lai wurde nicht explizit genannt. Powell, Jahrzehnte später amerikanischer Außenminister, kam zu dem Schluss, es gebe keinerlei Anhaltspunkte für die Richtigkeit der Anschuldigungen.

Im März 1969 sandte Ron Ridenhour einen Brief in mehreren Kopien an 30 Kongressabgeordnete und Pentagonmitarbeiter. Der ehemalige Soldat der Charlie-Kompanie war in My Lai nicht dabei gewesen, hatte aber über die Vorgänge von mehreren Kameraden gehört. Diese Berichte schockierten ihn so, dass er beschloss, etwas zu unternehmen. Ridenhours Brief wurde weitgehend ignoriert. Eine Ausnahme bildete der Kongressabgeordnete Morris Udall. So kamen die Dinge zwar endlich ins Rollen, doch blieben auch die nun einsetzenden Untersuchungen und Ermittlungen der Öffentlichkeit verborgen. Man ging den Anschuldigungen nach – verlor aber darüber kaum ein Wort, zu ungeheuerlich schien das Geschehene zu sein.

Hugh Thompson persönlich berichtete 1969 General William R. Peers, der den Auftrag erhalten hatte, die Hintergründe des Massakers von My Lai zu untersuchen. Peers, als fair und objektiv bekannt, sammelte zunächst die Fakten. Im August begannen die Ermittlungen der Militärjustiz. Nur einen Monat später standen William Calley und 25 weitere Militärangehörige vor einem Militärgericht. Aber auch davon erfuhr die amerikanische Öffentlichkeit noch nichts.

Mitte Oktober hörte dann der Journalist Seymour M. Hersh über zwei Kontaktmänner im amerikanischen Pentagon von der Anklage gegen Calley. Nach und nach sprach er mit Soldaten, die in Vietnam beteiligt gewesen waren, unter anderen auch mit Lawrence Colburn, dem Bordschützen Thompsons. Hershs Artikel über die Vorfälle sorgte im November 1969 für großes Aufsehen. Gleich mehrere Dutzend Zeitungen veröffentlichten ihn, unter anderem *Time, Newsweek* und *Life*. Die in *Life* zusätzlich abgedruckten Fotos des Armeefotografen Ronald L. Haeberle, die dieser an jenem Tag in My Lai gemacht hatte, lösten allgemeines Entsetzen aus. Es folgten Fernsehinterviews mit Soldaten der Charlie-Kompanie. Eine geschockte Mutter sagte:

»Ich gab ihnen einen guten Jungen, und sie machten aus ihm einen Mörder.«

Die Wahrheit über My Lai

Im Jahr darauf erschien Peers' schonungsloser Bericht, der von bis zu 200 toten Zivilisten ausging. Einige kritisierten, er klage nur vier Offiziere an, die bereits tot seien, wie den wenige Wochen nach den Ereignissen von My Lai abgeschossenen Oberstleutnant Frank Akeley Barker. Dieser war der Kommandeur der gesamten Armeeeinheit, der sogenannten Task Force Barker, zu der auch die C-Kompanie und somit die in My Lai wütenden Soldaten gehörten. Barker und sein Vorgesetzter Oberst Oran K. Henderson hatten für jenen Tag den Einsatzbefehl gegeben und zu äußerster Unnachgiebigkeit angetrieben. Beide waren während des Einsatzes in Helikoptern über My Lai vor Ort gewesen.

Was war in My Lai geschehen?

Sergeant Kenneth Hodges gab später an, der Kommandeur der

C-Kompanie Hauptmann Ernest Medina hätte am Abend zuvor klar gesagt, es sollten keine Gefangenen gemacht werden. Es sei Zeit, abzurechnen.

Am Morgen des 16. März griffen die Soldaten des *1st Platoon* unter Leutnant Calley wahllos die Bewohner von My Lai auf, zerrten Menschen aus ihren Hütten und erschossen alle Lebewesen, die ihnen in den Weg kamen. Männer, Frauen, Kinder, Wasserbüffel, Hühner, Hunde, Schweine, zufällig vorbeifliegende Vögel. Menschen, die fliehen wollten, wurden in ihre Hütten zurückgedrängt, dann warf man Handgranaten hinein. Männer wurden mit Bajonetten erstochen, Frauen vergewaltigt und dann getötet. Ermordeten Männern schlitzten die Soldaten »C Company« auf den Oberkörper. In der Mitte des Dorfes trieben sie mehrere Dutzend Dorfbewohner auf einem Platz zusammen. Er solle sich »um sie kümmern«, hatte Calley zu Paul Meadlo gesagt. Der Soldat bewachte die Zivilisten, bis Calley nach mehreren Minuten verärgert zurückkehrte und ihn anschrie, warum die Leute noch lebten. »Kümmern« bedeute, sie zu töten! Daraufhin begann Calley eigenhändig die Zivilisten zu erschießen und zwang Meadlo, es ihm gleichzutun. Der gehorchte – und brach in Tränen aus.

Viele von den Ermordeten erschoss Leutnant Calley persönlich oder es taten Soldaten, die er für bestimmte Exekutionen auswählte. Später tötete er am Rand eines Wassergrabens mit einem Maschinengewehr Dutzende von Opfern. Ein Soldat verweigerte den Schießbefehl. Calley nahm ihm die Waffe ab und feuerte damit auf die wehrlosen Vietnamesen. Ein zweijähriger Junge wollte fortlaufen, Calley ergriff und erschoss ihn.

Der Soldat Varnado Simpson gestand Jahre danach, bei dem Massaker etwa 25 Menschen getötet zu haben. Einige Zeit später beging er Selbstmord. Soldaten des *2nd Platoon* unter dem Kommando von Leutnant Stephen Brooks ermordeten zahllose Vietnamesen beim Durchkämmen der Gegend. Das von Hauptmann Medina befehligte *3rd Platoon* erschoss schließlich alle noch Überlebenden und Verletzten, die sie entdecken konnten, außerdem etwa ein Dutzend Frauen und Kinder. Als das Morden gegen Mittag aufhörte, waren etwa 400 Zivilisten tot, manche Schätzungen sprechen von 500. Die genaue Zahl der Opfer wird man wohl nie erfahren.

Von den Tätern wurden nur wenige zur Rechenschaft gezogen. Das Militärgericht befand Medina nicht in allen Anklagepunkten für schuldig, vor allem nicht der aktiven Teilnahme. Seine Militärkarriere war jedoch beendet, da man der Ansicht war, er habe dem Massaker Vorschub geleistet und seine Männer so aufgehetzt, dass sie in jedem Dorfbewohner einen potenziellen Angreifer sahen. Medina initiierte und duldete die begangenen Grausamkeiten. Er tötete mindestens drei wehrlose Zivilisten durch eigene Hand und versuchte später aktiv die Ereignisse von My Lai zu vertuschen.

Oberst Henderson wurde freigesprochen. Sein mitangeklagter vorgesetzter General Koster, dem Peers' Bericht Vertuschung vorwarf, ging ebenfalls straffrei aus. Verurteilt wurde nur einer: Leutnant William L. Calley.

»Wir sind noch nicht fertig«, hatte Hugh Thompson zu Calley gesagt, bevor er wieder in seinen Hubschrauber stieg, um einige wenige Überlebende in My Lai zu retten. Nun sagte Thompson im Prozess gegen Calley aus. Der wurde zunächst des Mordes für schuldig befunden und am 31. März 1971 zu lebenslanger Haft verurteilt. Nur 24 Stunden danach wandelte US-Präsident Richard Nixon die Strafe in Hausarrest um, im November 1975 begnadigte er ihn sogar.

Und Thompson? Er flog noch zahlreiche Einsätze mit OH-23-Hubschraubern. Gemeinsam mit Andreotta und Colburn war er drei Wochen nach dem Massaker von My Lai ausgezeichnet worden – für Tapferkeit vor dem Feind. Thompson wurde während seiner Zeit in Vietnam achtmal durch feindlichen Beschuss getroffen, viermal verlor er dabei seine Maschine. Nach dem letzten Abschuss seines Hubschraubers musste der schwer verletzte Thompson eine lange Zeit der Rekonvaleszenz in einem japanischen Militärhospital erdulden. Seine schlimmsten Verletzungen jedoch waren unheilbar: Während seines gesamten weiteren Lebens litt er unter den psychischen Folgen seiner Erlebnisse in

Vietnam. Zurück in den USA arbeitete er als Fluglehrer beim Militär, 1983 quittierte er den Dienst. Der Held von My Lai arbeitete bis 2005 in der Veteranenbetreuung und suchte in Vietnam auch den Kontakt mit Überlebenden des Massakers. 1998, exakt auf den Tag 30 Jahre danach, erhielten Thompson, Colburn und posthum auch der noch in Vietnam nur drei Wochen nach dem Massaker von My Lai gefallene Andreotta die *Soldier's Medal* als höchste Auszeichnung der amerikanischen Streitkräfte – dieses Mal für Mut ohne direkten Feindkontakt.

Über die Männer der C-Kompanie, die an dem Massaker beteiligt gewesen waren, sagte Thompson 2004 – zwei Jahre vor seinem eigenen Tod – in der amerikanischen Fernsehsendung *60 Minutes*:

»Ich wünschte, ich wäre Manns genug, zu sagen, ich vergebe ihnen, aber ich schwöre zu Gott, ich kann es nicht.«

Literatur

1. Xenophon – Der Philosoph, der die Söldner führte

Crescenzo, Luciano de: *Geschichte der griechischen Philosophie*, Zürich 1990

Fox, Robin Lane (Hrsg.): *The Long March: Xenophon and the Ten Thousand*, New Haven, London 2004

Hesse, Helge: »Xenophon: Oikonomikos«, »Xenophon: Poroi (Die Mittel)«, in: Dietmar Herz, Veronika Weinberger (Hrsg.): *Lexikon der ökonomischen Werke*, Düsseldorf 2006

Stoll, Oliver: »Gemeinschaft in der Fremde. Xenophons Anabasis als Quelle zum Söldnertum im Klassischen Griechenland?«, in: *Göttinger Forum für Altertumswissenschaft* 5, 2002, S. 123–183

Vernant, Jean-Pierre (Hrsg.): *Der Mensch in der Antike*, Frankfurt/Main 1996

Waterfield, Robin: *Xenophon's Retreat: Greece, Persia and the End of the Golden Age*, Cambridge/Massachusetts 2006

Xenophon: *Anabasis*, Ditzingen 2005

2. Raedwald, ein König im Nebel der Zeit

Beda Venerabilis: *Kirchengeschichte des englischen Volkes*, Darmstadt 1997

Campbell, James: *The Anglo-Saxon State*, London 2000

Carver, Martin O. H.: *Sutton Hoo. A Seventh-Century Princely Burial Ground and its Context*, London 2005

Colgrave, Bertram / Mynors, Roger A. B. (Hrsg.): *Bede's Ecclesiastical of the English People*, Oxford 1969

Kirby, David Peter: *The Earliest English Kings*, London 1991

Newton, Sam: *The Reckoning of King Raedwald*, Brightlingsea 2003

Plunkett, Steven J.: *Suffolk in Anglo-Saxon Times*, Stroud 2005

Scarfe, Norman: *Suffolk in the Middle Ages*, Woodbridge 2004

Yorke, Barbara: *Kings and Kingdoms of early Anglo-Saxon England*, London 1990

3. Als Álvar Núñez Cabeza de Vaca vom Eroberer zum Medizinmann wurde

Adorno, Rolena / Pautz, Patrick Charles: *Álvar Núñez Cabeza de Vaca. His Account, His Life, and the Expedition of Pánfilo de Narváez*, Lincoln 1999

Cabeza de Vaca, Álvar Núñez: *Schiffbrüche*, Haar 1963

Cabeza de Vaca, Álvar Núñez: *Chronicle of the Narváez Expedition*, hrsg. von Harold Augenbraum, New York 2002

Cabeza de Vaca, Álvar Núñez: *The Narrative of Cabeza de Vaca*, übers. und hrsg. von Rolena Adorno und Patrick Charles Pautz, Lincoln 2003

Schneider, Paul: *Brutal Journey. The Epic Story of the First Crossing of North America*, New York 2006

Wehrheim-Peuker, Monika: *Die gescheiterte Eroberung*, Tübingen 1998

Zindel, Udo: »Nackt und verloren«, in: *Abenteuer Archäologie*, Spektrum 5, Heidelberg 2007, S. 52 ff.

4. Lady Jane Grey: Das Mädchen, das neun Tage Königin von England war

Diehl, Daniel / Donnelly, Mark P.: *Tales from the Tower of London*, Stroud 2006

Factsheet Lady Jane Grey »Nine Days Queen«, von Historic Royal Palaces Tower of London, www.hrp.org.uk/Resources/Lady%20Jane%20Grey.pdf, abgerufen am 3.3.2009

Jerome, Fiona: *Tales from the Tower: Secrets and Superstitions from a Glorious and Gory Past*, London 2006

Nichols, John Gough (Hrsg.): *The Chronicle of Queen Jane and of the First Two Years of Queen Mary*, London 1850

Panzer, Marita A.: *Englands Königinnen*, München 2007

Plowden, Alison: *Lady Jane Grey – Nine Days Queen*. Stroud 2004

Taylor, James D. (Hrsg.): *Documents of Lady Jane Grey, Nine Days Queen of England, 1553*, New York 2004

The Literary Remains of Lady J. G., with a Memoir of her Life by N. Harris Nicolas, London 1825

Wright, William Aldis (Hrsg.): *Roger Ascham. English Works*, Cambridge 1970

5. Ruprecht von der Pfalz: ein Hund in der Schlacht, Biberpelze und gläserne Tränen

Godfrey, Elisabeth: *A Sister of Prince Rupert*, London, New York 1909

Kitson, Frank: *Prince Rupert: Admiral and General-at-Sea*, London 1998

Kitson, Frank: *Prince Rupert: Portrait of a Soldier*, London 1994

Moers-Messmer, Wolfgang von: *Heidelberg und seine Kurfürsten*, Ubstadt-Weiher 2001

Morrah, Patrick: *Prince Rupert of the Rhine*, London 1976

Osborne, Anne, »Rupert of the Rhine, Anecdotes in the life of Prince Rupert-dog lover«, in: *Tail-Wagger Magazine*, Juni 1950, S. 146

Rebitsch, Robert: *Rupert von der Pfalz (1619–1682). Ein deutscher Fürstensohn im Dienst der Stuarts*, Innsbruck 2005

Thomson, George Malcolm: *Warrior Prince*, London 1976

Warburton, Eliot: *Memoires of Prince Rupert and the Cavaliers*, 3 Bände, London 1849

6. Samuel Bellamy, der Seeräuber aus Liebe

Clifford, Barry / Perry, Paul: *Das Piratenschiff. Die Geschichte der Whydah und die Hebung ihres Schatzes*, München 2000
  Johnson, Captain Charles: *A General History of the Robberies and Murders of the Most Notorious Pirates*, Guilford 2002
  Konstam, Angus: *Atlas der Beutezüge zur See*, Eltville 1999
  Levenson, Michael: »Remains are identified as a boy pirate«, in: *Boston Globe*, 2. Juni 2006
  Roder, Hartmut (Hrsg.): *Piraten – Die Herren der Sieben Meere*, Bremen 2000
  Strong, Ezra: *The Lives and Bloody Exploits of the Most Noted Pirates, Their Trials and Executions*, Hartford 1836
  Vanderbilt II, Arthur T.: *Treasure Wreck*, Atglen 2007
  Woodard, Colin: *The Republic of Pirates*, Orlando 2008

7. Wie Robert Jenkins' Ohr einen Krieg auslöste

Black, Jeremy: *Walpole in Power*, Stroud 2001
  Crewe, Duncan: *Yellow Jack and the Worm: British Naval Administration in the West Indies, 1739–1748*, Liverpool 1993
  Harding, Richard: *Amphibious Warfare in the Eighteenth Century: The British Expedition to the West Indies, 1740–1742*, London 1991 (Royal Historical Society: Studies in History, Vol. 62)
  Hartman, Cyril H.: *The Angry Admiral: The Later Career of Edward Vernon, Admiral of the White*, London 1953
  Le Fevre, Peter, Richard Harding (Hrsg.): *Precursors of Nelson: British Admirals of the Eighteenth Century*, London 2000, S. 151–176
  Pack, James: *Nelson's Blood: The Story of Naval Rum*, Annapolis 1982

Ranft, Brian (Hrsg.): *The Vernon Papers*, London 1958 (Naval Records Society, Vol. 99)

Richmond, Herbert William: *The Navy in the War of 1739–48*. 3 Bände, Cambridge 1920

8. Abraham Petrowitsch Gannibal – Puschkins rätselhafter Urgroßvater

Barnes, Hugh: *Der Mohr des Zaren*, München 2007

Gnammankou, Dieudonné: *Abraham Hanibal: L'aïeul noir de Pouchkine*, Paris 1996

Nabokov, Vladimir: *Notes on Prosody and Abram Gannibal*, Princeton 1964

Puschkin, Alexander: *Erzählungen*, München 2007

Troyat, Henri: *Peter der Große*, Berlin 1981

9. Wie Esther Abrahams zur First Lady Australiens wurde

Erickson, Carolly: *Die Gefangene aus Botany Bay*, München 2006

Gillen, Mollie: *The Founders of Australia: A Biographical Dictionary of the First Fleet*, Sydney 1989

Hagemann, Albrecht: *Kleine Geschichte Australiens*, München 2004

Phillip, Arthur: *Australien: Die Gründung der Strafkolonie*, Göttingen 2000

10. Warum Charles Dickinson mit einem Duell die Weltgeschichte hätte verändern können

Baldrick, Robert: *The Duel: A History of Duelling*, London 1965

James, Marquis: *The Life of Andrew Jackson*, Indianapolis 1938

Remini, Robert V.: *The Life of Andrew Jackson*, New York 1990

Schlesinger, Arthur M.: *The Age of Jackson*, Boston 1945

Ward, John William: *Andrew Jackson. Symbol for an Age*, New York 1955

11. Der Trommelschlag der Eleonore Prochaska

1000 Jahre Potsdam – Blätter aus der Stadtgeschichte, Teil II, Potsdam 1989

Cordes, Wilhelm:»Prochaska, das Heldenmädchen im Lützow'schen Freicorps«, in: W. O. von Horn (Hrsg.): *Die Maje. Ein Volksblatt für Alt und Jung im deutschen Vaterlande*, Wiesbaden 1862, S. 562 f.

Gessner, Klaus: Das »Heldenmädchen von Potsdam«, in: *Märkische Allgemeine*, 13.12.2005

Horn, Otto W.: *Vier deutsche Heldinnen aus der Zeit der Befreiungskriege*, Wiesbaden 1897, S. 47–76

Karstädt, Otto: *Heldenmädchen und -Frauen aus großer Zeit*, Hamburg 1913, S. 29–40

Noël, Louis: *Die deutschen Heldinnen in den Kriegsjahren 1807–1815*, Berlin 1912, S. 37–72

Preußischer Patriotenspiegel, 2 Bände, 2. Auflage, Quedlinburg, Leipzig 1817, S. 20–31

12. Wie James Beckwourth ein schwarzer Indianerhäuptling wurde

Ambrose, Stephen E.: *Der Häuptling und der General*, München, Zürich 1980

Bonner, Thomas D. (Hrsg.): *The Life and Adventures of James P. Beckwourth*, New York 1931 (Nachdruck der Ausgabe von Harper and Brothers, New York 1856)

Browder, Laura: *Slippery Characters. Ethnic Impersonators and American Identities*, Chapel Hill 2000

Evers, John C. (Hrsg.): *Five Indian Tribes of the Upper Missouri*, Norman 1961

Hughes, Langston: »James Beckwourth. Frontiersman«, in: Langston Hughes. *Collected Works of Langston Hughes*, Vol. 12, Columbia 2001, S. 234–239

Locke, Raymond Friday: *James Beckwourth*, Los Angeles 1995

Oswald, Delmot R.: »James P. Beckwourth«, in: Leroy R. Hafen (Hrsg.): *Trappers of the Far West*, Lincoln 1983

Wilson, Elinor: *Jim Beckwourth – Black Mountain Man, War Chief of the Crows*, Norman 1972

13. Harriet Tubman – Die Frau, die man »Moses« nannte

Bradford, Sarah: *Harriet Tubman: The Moses of Her People*, New York 1961

Bradford, Sarah: *Scenes in the Life of Harriet Tubman*, Freeport 1971

Clifford Larson, Kate: *Bound For the Promised Land: Harriet Tubman, Portrait of an American Hero*, New York 2004

Clinton, Catherine: *Harriet Tubman: The Road to Freedom*, New York 2004

Conrad, Earl: *Harriet Tubman: Negro Soldier and Abolitionist*, New York 1942

Douglass, Frederick: *Life and Times of Frederick Douglass: His Early Life as a Slave, his Escape from Bondage, and his Complete History, Written by Himself,* London 1969

Humez, Jean: *Harriet Tubman: The Life and Life Stories*, Madison 2003

Meissner, Joachim / Mücke, Ulrich / Weber, Klaus: *Schwarzes Amerika. Eine Geschichte der Sklaverei*, München 2008

Sernett, Milton C.: *Harriet Tubman. Myth, Memory and History*, Durham 2007

14. Der Krieg im Vorgarten des Wilmer McLean

Beauregard, Pierre G. T.: »The First Battle of Bull Run«, in: Clarence Clough Buel, Robert Johnson Underwood (Hrsg.): *Battles and Leaders of the Civil War*, 4 Bände, New York 1884–1887

Botkin, B. A.: A *Civil War Treasury of Tales, Legends and Folklore*, New York 2006

Cauble, Frank P.: *Biography of Wilmer McLean*, Lynchburg 1987

Grant, Ulysses S.: *Personal Memoirs*, 2 Bände, New York 1885–1886

Grant, Ulysses S.: *The Papers of Ulysses S. Grant*, hrsg. v. John Y. Simon, Carbondale 1967

Halkim, Joy: *War, Terrible War 1855–1865*, Oxford 2002

Herbert, Paul N.: »Fighting starts, ends with one family«, in: *Washington Times*, Special, 30.10.2004

Kunhardt, Dorothy: »The Lost Sad Doll of Appomattox«, in: *The Saturday Evening Post*, 7.4.1954

Lee Family Digital Archive: http://www.leearchive.info/index.html, abgerufen am 1.4.2009

Marshall, Charles: *Appomattox. An Address Delivered Before The Society Of The Army And Navy Of The Confederate States, In The State Of Maryland* (1894), Baltimore 1894

McPherson, James M.: *Für die Freiheit sterben*, München 1996

Pohanka, Reinhard: *Der amerikanische Bürgerkrieg*, Wiesbaden 2007

15. Die langen Beine des Thomas Crean

Alexander, Caroline: *Die Endurance. Shackletons legendäre Expedition in die Antarktis*, Berlin 2000

Cherry-Garrard, Apsley: *The Worst Journey In the World*, New York City 1989 (dt. Ausgabe: *Die schlimmste Reise der Welt*, Berlin 2006)

Evans, Edward: *South with Scott*, London 1921

Marshall, Logan: *The Story of Polar Conquest*, Philadelphia 1913

Scott, Robert F.: *The Voyage of the Discovery*, London 1905

Scott, Robert F.: *Tragödie am Südpol. Scotts Tagebücher 1910–1912*, München 2001

Shackleton, Ernest: *South: The Story of Shackleton's 1914–17 Expedition*, London 1982

Smith, Michael: *An Unsung Hero: Tom Crean – Antarctic Survivor*, London 2000

Worsley, Frank Arthur: *Der Untergang der Endurance*. München 2000

Worsley, Frank Arthur: *Shackletons Expedition in die Antarktis*, München 2000

16. Witold Pilecki – Der Pole, der Auschwitz befreien wollte

Foot, Michael: *Six Faces of Courage*, Barnsley 2003

Lewis, Jon E.: *The Mammoth Book of True War Stories*, New York 1999

Piekarski, Konstanty: *Escaping Hell: the Story of a Polish Underground Officer in Auschwitz and Buchenwald*, Dundurn Press, 1990

Pilecki, Witold: *Report by Captain Witold Pilecki*, aus dem Polnischen übersetzt von Jacek Kucharski, http://witoldsreport.blogspot.com/

Rees, Laurence: *Auschwitz. Geschichte eines Verbrechens*, Berlin 2007

17. Als Friedrich Lengfeld seinen Feind retten wollte

Hemingway, Ernest: »Krieg an der Siegfried-Linie«, in: Ernest Hemingway, *Gesammelte Werke*, 10 Bände, Band 10, Reinbek bei Hamburg 1989, S. 256–263

Hohenstein, Adolf / Trees, Wolfgang: *Hölle im Hürtgenwald,* Aachen 2002

Kilb, Andreas: »Ein Dreiklang aus Stille, Licht und Finsternis«, in: *Frankfurter Allgemeine Zeitung,* 27.11.2008

Konejung, Achim / Weis, Aribert: *You Enter Germany. Der lange Krieg am Westwall,* Dokumentarfilm, DVD, Weilerswist 2007

MacDonald, Charles B.: *The Battle of the Huertgen Forest,* Philadelphia 2003

Monnartz, Rainer: *Hürtgenwald 1944/45 – Militärgeschichtlicher Tourenplaner,* Aachen 2008

18. Subhash Chandra Bose und der Pakt mit dem Teufel

Bose, Mihir: *The Lost Hero. A Biography of Subhash Bose,* London 1982

Bose, Sisir Kumar / Bose, Sugata (Hrsg.): *Subhash Chandra Bose: The Alternative Leadership,* Hyderabad 2004, S. 81–82

Bose, Subhash Chandra: *The Indian Struggle, 1920–1942,* hrsg. von Sisir Kumar Bose und Sugata Bose, Kalkutta 1997

Getz, Marshall J.: *Subhash Chandra Bose. A Biography,* Jefferson 2002

Gordon, Leonard A.: *Brothers Against the Raj: A Biography of Sarat and Subhash Chandra Bose,* New York 1990

Günther, Lothar: *Von Indien nach Annaburg. Indische Legion und Kriegsgefangene in Deutschland,* Berlin 2003

Kuhlmann, Jan: *Subhash Chandra Bose und die Indienpolitik der Achsenmächte,* Berlin 2003

Reinert, Jochen: »Der vergessene Freiheitsheld«, in: *bpb Bundeszentrale für politische Bildung,* http://www.bpb.de/themen/TVO056,0,Der_vergessene_Freiheitsheld.html, 18.1.2007, abgerufen am 16.4.2009

Rose, Eugen: *Azad Hind. Ein europäisches Inder-Märchen oder Die 1299 Tage der Indischen Legion in Europa,* Wuppertal 1989

19. Das zweifelhafte Pflichtgefühl
des Hiro Onoda

»Words to Live by« – Judit Kawaguchi interviewt Hiro Onoda, Jan 2007, Japan Times, http://search.japantimes.co.jp/cgi-bin/fl20070116jk.html, abgerufen am 27.5.2009

»Hiroo Worship«, in: *Time Magazine*, 25.3.1974, S. 42–43

»Mission erfüllt«, in: *Der Spiegel*, Nr. 50, 04.12.1972, S. 112

»Schöner Soldat«, in: *Der Spiegel*, Nr. 12, 18.03.1974, S. 100

Coltheart, Max / Davies, Martin (Hrsg.): *Pathologies of Belief*, Oxford 2000

Cook, Haruko Taya / Cook, Theodore F.: *Japan at War. An Oral History*, New York 1992

Dilman, Ilham / Phillips, D. Z.: *Sense and Delusion*, New York 1971

Mercado, Stephen C.: The Shadow Warriors of Nakano. Dulles 2002

Morton, Louis: *The War in the Pacific. The Fall of the Philippines,* Washington D.C. 1953 (United States Army in World War II Series, Office of the Chief of Military History)

Onoda, Hiro: *No Surrender: My Thirty-Year War*, New York 1974

Trefalt, Beatrice: *Japanese Army Stragglers and Memories of the War in Japan 1950–1975*, London 2003

20. Hugh Thompson und die Ereignisse
von My Lai

Anger, Trent: *The Forgotten Hero of My Lai,* Acadian House Publishing, Lafayette/Louisiana 1999;

Bilton, Michael / Sim, Kevin: *Four Hours in My Lai*, London 1992

Calley, William: *Ich war gern in Vietnam*, aufgezeichnet von John Sack, Frankfurt/Main 1972

Greiner, Bernd: *Krieg ohne Fronten – Die USA in Vietnam*, Hamburg 2007

Hersh, Seymour M.: *My Lai 4: A Report on the Massacre and Its Aftermath*, New York 1970

The My Lai Courts-Martial 1970; http://www.law.umkc.edu/faculty/projects/ftrials/mylai/Myl_intro.html, abgerufen am 16.3. 2009

Personenregister

Die Personen, denen ein eigenes Kapitel gewidmet ist, werden in Halbfett mit Anfang und Ende des Kapitels angegeben.

Blackbeard 83, 90
Blake, Robert 75
Blas de Lezo 98f.
Bligh, William 121
Boleyn, Anne 62
Bonner, Thomas D. 151
Booth, John Wilkes 164
**Bose, Subhash Chandra
207–218**
Boswell, James 116
Bouche, Olivier La 85, 91
Bowers, Henry 182, 184
Bowley, John 160
Bowley Kessiah 160
Brandon, Francis 51, 64
Bratford, Sarah 167
Bridger, Jim 142, 145, 147, 152
Bridges, John 62f.
Broad, Mary (*siehe* Mary Bryant)
Brodess, Edward 156f.
Brodess, Eliza 157
Brooks, Stephen 230, 233
Brown, Basil 25
Brown, John 160, 163f.
Bryant, Mary 115f.
Buchanan, James 169
Bullinger, Heinrich 57

**Cabeza de Vaca, Álvar Núñez
35–49**
Calley, William 229, 232–234
Caroline, Königin 95
Castillo, Alonso del 45–47
Cheirisiphos 19, 21f.
Caesar, Julius 24, 201
Ceorl 28f.
Charlotte von Braunschweig-
   Wolfenbüttel 106

Charlotte von Hessen-Kassel
   76f.
Chivington, John M. 152
Churchill, Winston 217
Cicero, Marcus Tullius 24
Clifford, Barry 90
Coffin, Levi 158
Colburn, Lawrence 228, 230,
   232, 234f.
Colter, John 141
Connad 28
Cook, James 117
Cortés, Hernán 36f., 44
Crean, Thomas 179–188
Crean, Katherine 188
Crean, Nell 188
Crockett, Davy 129
Cromwell, Oliver 74–76
Custer, George Armstrong 174
Cwenburh 29, 32
Cynan 29
Cyrankiewicz, Józef 196f.
Czech, Bronisław 192

Das, Chittaranjan 209
Davis, Nelson 167
Davis, Thomas 89
Defoe, Daniel 87
Degenfeld, Marie Luise von
   76f.
Denig, Edwin T. 149
Descartes, René 70
Dickinson, Charles 123–131
Diderot, Denis 106
Dietrich von Bern 25
Diodoros 23
Diogenes Laertios 14, 23
Dioper, Jewdokija 109f.

Dank

Für ihre Hilfe bei diesem Buch danke ich von ganzem Herzen Carmen Kölz, Barbara Werner van Benthem, Reiner Hesse, Rosemarie Hesse, Henning Hesse, Thorsten Hesse und vor allem Josi Kemmann.